DVDだからよくわかる
基本の手話

NHKニュースキャスター
監修 田中《たなか》 清《きよ》

西東社

CONTENTS

DVD の使い方 ―― 6
本書付録 DVD をご使用になる前に ―― 9
手話って何？ ―― 10

STEP 1
あいさつから始めよう 12～30

1 あいさつ① ―― 12
2 あいさつ② ―― 14
3 あいさつ③ ―― 15
4 あいさつ④ ―― 16
5 話しかける ―― 17
6 天気の話題であいさつを ―― 19
7 ありがとう ―― 23
8 ごめんなさい ―― 24
9 返事をする ―― 25
10 いつ、どこで、何を、だれが、どうして？ ―― 27
11 お願いする ―― 29

STEP 2
自己紹介しよう 31～63

1 はじめまして、私は○○です ―― 31
2 友達を紹介しよう ―― 34
3 家族の話 ―― 39
4 現在、過去、未来 ―― 43
5 誕生日 ―― 50
6 交際の話 ―― 58
7 メールアドレスの交換 ―― 62

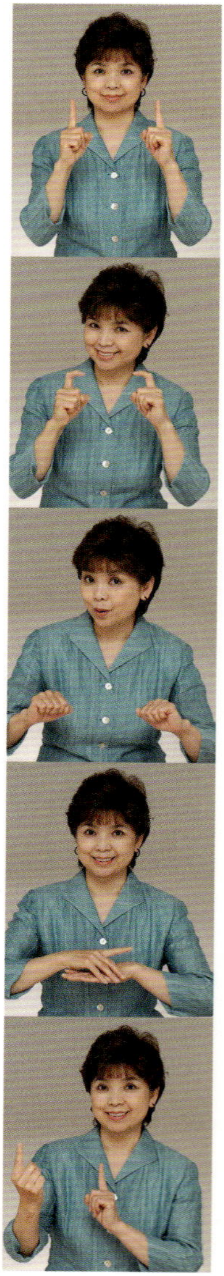

STEP 3

趣味について話そう 64～78

1 趣味は何ですか？ 64
2 好き、嫌い 70
3 得意、苦手 72
4 どんな色が好き？ 74

STEP 4

仕事・学校について話そう 79～98

1 ○○で働いています 79
2 仕事を探しています 82
3 ○○大学の○年生です 88
4 先輩、後輩、同級生 91
5 入試の発表があります 97

STEP 5

いっしょに出かけよう 99～115

1 約束しよう 99
2 都合を聞く 101
3 待ち合わせをする 107
4 時間を尋ねる 112
5 遅刻してしまった 114

単語

天気 21
家族関係 41
県名など 47
年月日など 53
交際関係 60
趣味、スポーツ 67
色 77
仕事関係 84
学校関係 94
日時、曜日、時間など 103
方角、場所 109
食事関係 119
飲み物、食べ物 125
症状 134
病院関係 142
病名 151
動詞 187
形容詞 197
副詞 207

必ず覚えよう

指文字 50 音 36
数詞など 54

STEP 6

食事に出かけよう 116～130

1 食事に行こう 116
2 お酒を飲みに行こう① 121
3 お酒を飲みに行こう② 123
4 今日は私のおごりです 127
5 いい店を知ってる？ 129

STEP 7

健康について話そう 131～152

1 調子はどうですか？ 131
2 休み、早退 137
3 病院に行く 139
4 風邪ですか？ 146
5 ダイエット 148

STEP 8

仕事で使おう【受付・窓口】 153～168

1 すみませんが、こちらに書いてください 153
2 公共機関で 154
3 図書館で 157
4 郵便局で 160
5 銀行で 162
6 病院で 165
7 テーマパークなどの窓口で 167

STEP 9

仕事で使おう【お店・デパート】 169～179

1 応対の基本 169
2 インフォメーションで 171
3 衣料品店（売り場）で 173
4 レストランで 175
5 薬局で 177

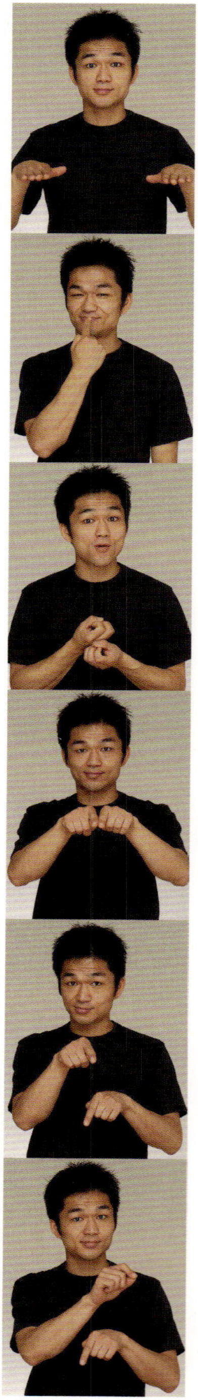

STEP 10

表現力をさらに豊かに 180～208

1 行く 180
2 食べる 182
3 人を送る、助ける、助かる 183
4 変える、変わる 185
5 感情を表そう 195
6 接続詞・副詞をうまく使おう 203

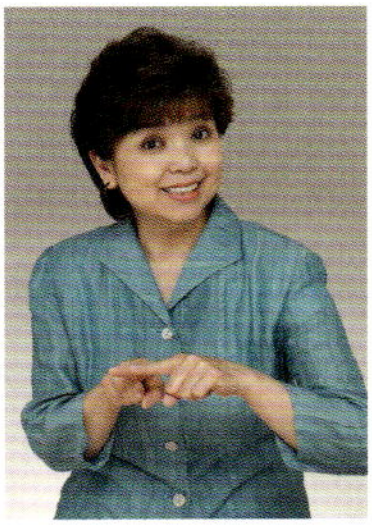

CHECK POINT

あいさつはにこやかに。表情たっぷりで表そう 13
サインネームをつくって自己紹介しよう 33
「習う」は、自分の意志で？ それとも相手から自然に？ 65
「私は○○です」と言うとき、最後に自分を指さす 81
食べ物の種類、形によって表し方も変わる 117
○階、○番の言い方は？ 1から何番目？ 155
同じ動詞でも、その形態、状況によって手話は変わる 181

ONE POINT MEMO

「あいさつ」の手話で「こんにちは」を表す 13
同じ「おはよう」でもお辞儀をすればていねいに 15
天気の話題を会話のきっかけに 19
口話をつけて、さらに手話の意味を確かなものに 25
質問するときは相手の目をよく見て 28
指文字をマスターして、何でも伝えられるようになろう 38
アドレスを交換して、すぐに連絡をとり合おう 63
「好き」と「幸せ」の手話はよく似ている 76
ろう者のクセによって手話の形もさまざま 115
体調が「よくない」は「よい」＋「ダメ」で表す 132
「思う」と「考える」の違いは？ 「気にしない」は？ 150
強調するときは同じ動作を何度もする 172

DVDの使い方

再生のしかたと便利な機能紹介

本書『DVDだからよくわかる　基本の手話』に付属しているDVDは、紙面では表現しきれない手話の動作を、映像を見ることによって正確に、そして確実に理解するためのものです。一つの動作を納得のいくまで何回でも見られるうえ、**字幕や音声の選択、クローズアップ、ミラーリング**など、練習の目的によって選べる便利な機能もついています。本書とDVDを使って、楽しく手話を勉強しましょう。

目的のSTEPを再生する

次の手順で、目的のSTEPを再生することができます。

1 メインメニューを画面表示する

DVDディスクをディスクトレイにのせ、ご使用のプレーヤーの使用手順に従って再生をスタートさせると、自動的にメインメニュー画面が表示されます。

※ご使用のプレーヤーによっては自動的に表示されない場合があります。その場合は取扱説明書をご参照ください。

2 目的のSTEPを選択する

メインメニュー画面には1から10までの全STEPの項目が表示され、はじめはSTEP1が選択された状態(ブルー)になっています。方向キーでSTEPを移動させると、そのSTEPの色がピンクからブルーに変わります。目的のSTEPまで移動したら決定ボタンを押して選択します(写真①参照)。

※STEPの移動のさせ方、および決定の仕方はご使用のプレーヤーによって異なる場合があります。

3 会話または単語を選択する

次に、選択したSTEPに収録されている「会話」と「単語」の項目選択画面が表示されます。方向キーで項目を移動させると、その項目の色がピンクからブルーに変わります。決定ボタンを押して選択すれば、その項目の再生がスタートします。

※項目の移動のさせ方、および決定の仕方はご使用のプレーヤーによって異なる場合があります。

メインメニュー

STEPを表示。方向キーで選択されると、色がピンクからブルーに変わる。

選択されているSTEPのタイトルを表示。

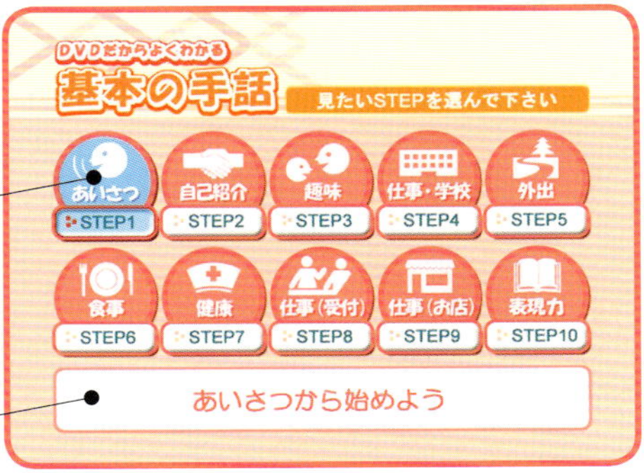

写真①

便利な機能

以下の３つの便利な機能を、練習の目的に合わせて、単独で、または組み合わせて使うことができます。

1 字幕の選択

目的によって、字幕表示の有無を選ぶことができます。はじめはonが選択された状態になっています。

字幕表示 on

映像に映し出されている手話の、日本語が表示されます（写真②参照）。

字幕表示 off

映像に映し出されている手話の、日本語が表示されません。

字幕の表示 on の場合

写真②

2 音声の選択

目的によって、日本語の音声の有無を選ぶことができます。はじめは日本語1が選択された状態になっています。

日本語1 音声有

映像に映し出されている手話の、日本語の音声が流れます。

日本語2 音声無

映像に映し出されている手話の、日本語の音声が流れません。

3 アングルの切り替え

目的によって、3つのアングル(アングル1、2、3)を選ぶことができます。はじめはアングル1が選択された状態になっています。

アングル1 ▶ 通常

通常の画面。人物の上半身が映り、手話の動作全体を見ることができます（写真③参照）。

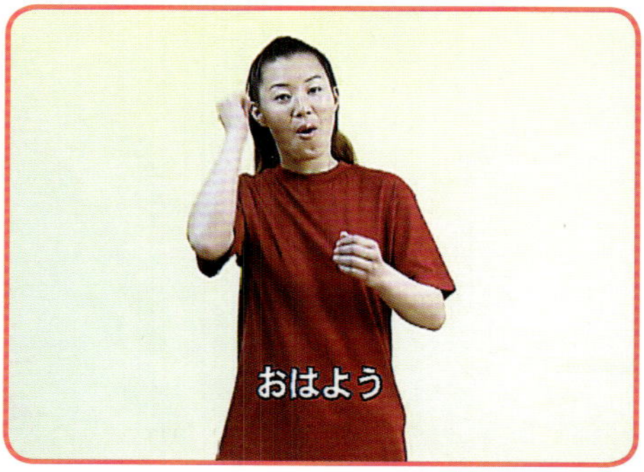

写真③

アングル2 ▶ クローズアップ

人物がクローズアップされ、手の形、指先の動きなど、細かい部分を見ることができます（写真④参照）。

※「単語」の項目については、クローズアップの機能は使えません。

写真④

アングル3 ▶ ミラーリング

鏡に映したように、人物の映像が通常の画面とは左右反対に映ります。そのため、手話の動作を練習する場合は、映像と同じ側の腕や手を動かせばOK。なお、画面右上に「ミラーリング」のマークが出ます（写真⑤参照）。

※「単語」の項目については、ミラーリングの機能は使えません。

写真⑤

本書付録DVDをご使用になる前に

使用上のご注意

- DVDビデオは、映像と音声を高密度に記録したディスクです。DVDビデオ対応のプレーヤーで再生してください。詳しくは、ご使用になるプレーヤーの取扱説明書をご参照ください。
- 本ディスクにはコピーガード信号が入っていますので、コピーすることはできません。

再生上のご注意

- 各再生機能については、ご使用になるプレーヤーおよびモニターの取扱説明書を必ずご参照ください。
- 一部プレーヤーで作動不良を起こす可能性があります。その際は、メーカーにお問い合わせください。

取扱上のご注意

- ディスクは両面とも、指紋、汚れ、傷等をつけないように取り扱ってください。
- ディスクが汚れたときは、メガネふきのような柔らかい布を軽く水で湿らせ、内周から外周に向かって放射線状に軽くふき取ってください。レコード用クリーナーや溶剤等は使用しないでください。
- ディスクは両面とも、鉛筆、ボールペン、油性ペン等で文字や絵を書いたり、シール等を貼らないでください。
- ひび割れや変形、または接着剤等で補修されたディスクは危険ですから絶対に使用しないでください。また、静電気防止剤やスプレー等の使用は、ひび割れの原因となることがあります。

鑑賞上のご注意

- 暗い部屋で画面を長時間見つづけることは、健康上の理由から避けてください。また、小さなお子様の視聴は、保護者の方の目の届く所でお願いします。

保管上のご注意

- 使用後は必ずプレーヤーから取り出し、DVD専用ケースに収めて、直射日光が当たる場所や高温多湿の場所を避けて保管してください。
- ディスクの上に重いものを置いたり落としたりすると、ひび割れしたりする原因になります。

手話って何？

手話は、聴覚障害者（ろう者）のコミュニケーション手段として使われています。つまり、通常健常者が使っている言語に代わるものです。

手話には日本音声語対応手話（日本語対応手話）と、日本手話があります。前者は、私たちがふだん話している日本語の順序どおりに手話の単語を当てはめていく方法です。後者は、「目で見てわかる言葉」で、実際に聴覚障害者たちが昔から日常生活の中で使用しています。現在は、この日本手話のほうが多く使われています。本書、そして DVD も、この日本手話の立場で表現しています。

手話を練習するときの注意点

1 日常のしぐさを意識する

ふだんの表情やしぐさをそのまま手話に使う要領で、リラックスして手話を行いましょう。

2 自然な感情表現を大切に

聴覚障害者たちは喜怒哀楽を豊かに表して会話することが多いので、感情を自然に表せるようにしましょう。

3 遠回しな表現はあまりしない

聴覚障害者たちの間では、婉曲な表現はあまりしません。聞きたいこと、伝えたいことを、できるだけ率直に表しましょう。

4 口話を付け足すことも大切

手話といっしょに口話（音声と口の形で伝える）もすると、より相手に伝わりやすくなります。

5 恐れずに、どんどんコミュニケーションを

手話に詰まったときは、筆談にしたり、ジェスチャーをしたりと、臨機応変に対応しましょう。手話の目的は、あくまで聴覚障害者たちとのコミュニケーションなのですから。

日本手話の成り立ち

1 物の形をもとにして表す

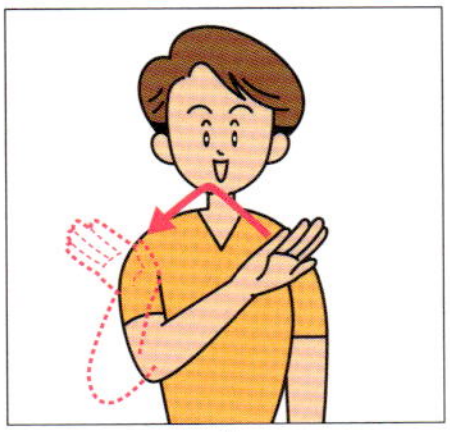

山
（山の形を描く）

家
（屋根の形を作る）

2 日常的な動作をもとに表す

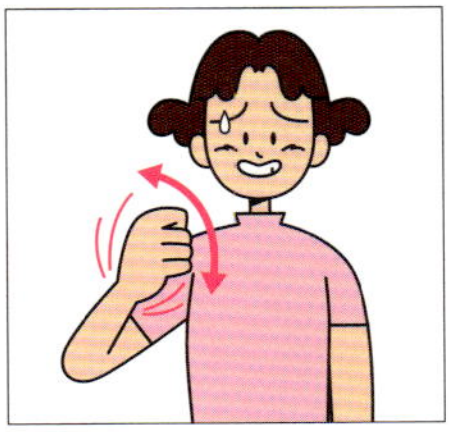

暑い
（扇子で扇ぐように）

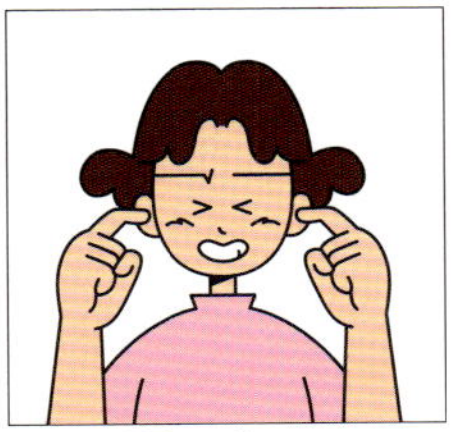

騒々しい
（耳を指でふさぐ）

3 言葉の特徴で表す

赤
（唇を指す）

星
（星が光るように）

4 慣用句やことわざから表す

怒る
（角が出る）

おいしい
（ほっぺたが落ちる）

5 指の動きで意味や状態を表す

男
（親指を立てる）

気温
（温度計の水銀柱）

6 動作の方向や位置で表す

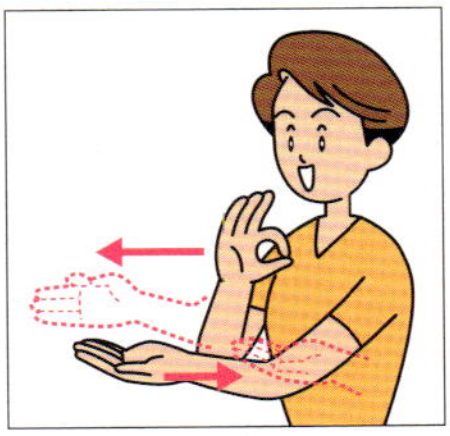

買う
（お金を出す）

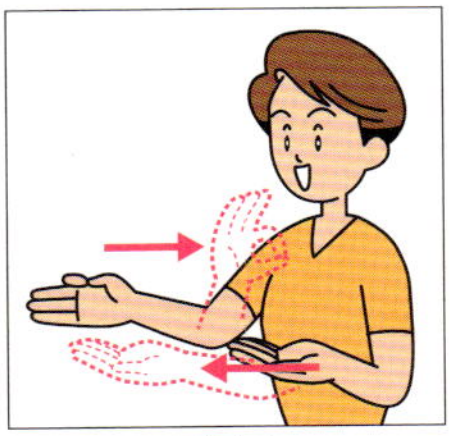

売る
（お金をもらう）

7 漢字の形やその意味を表す

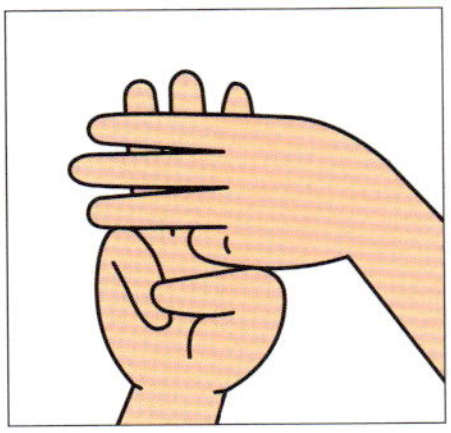

田
（両手の３本の指を交差）

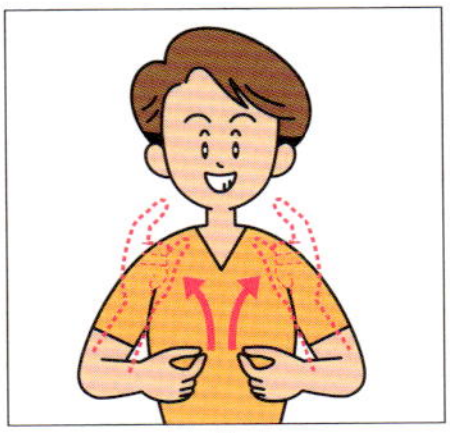

木
（木の幹を描く）

あいさつ①

「こんにちは。元気ですか？」

① あいさつ

両手の人差し指を立てて向かい合わせ、そのまま人差し指だけを少し折り曲げる。お辞儀するように。

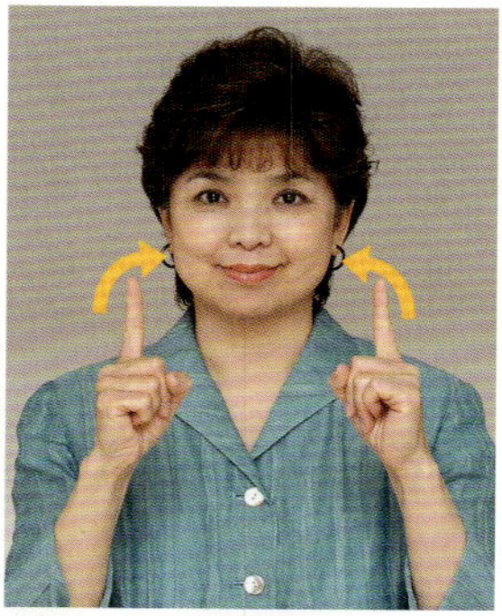

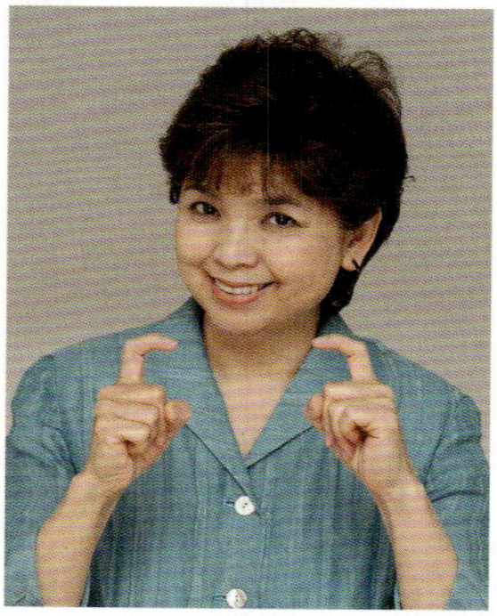

② 元気、生きる

ひじを曲げて両手のこぶしを体の前に置き、軽くひじから先の腕を上下に2回程度動かす。尋ねる表情で。

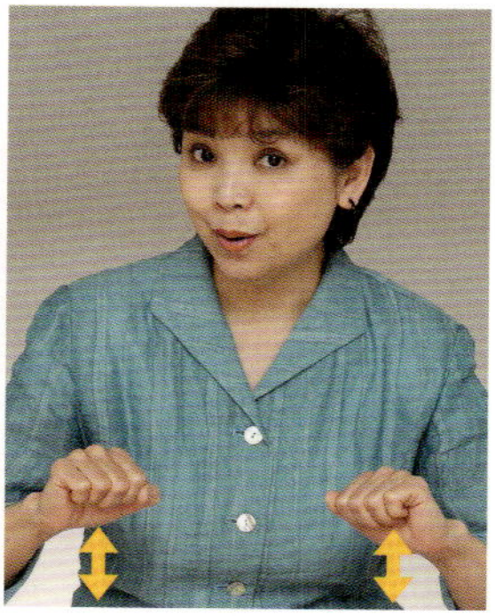

「まあまあです。あなたは？」

① まあまあ

右手の人差し指を小鼻の右側に当てるように置き、払うように2回程度動かす。

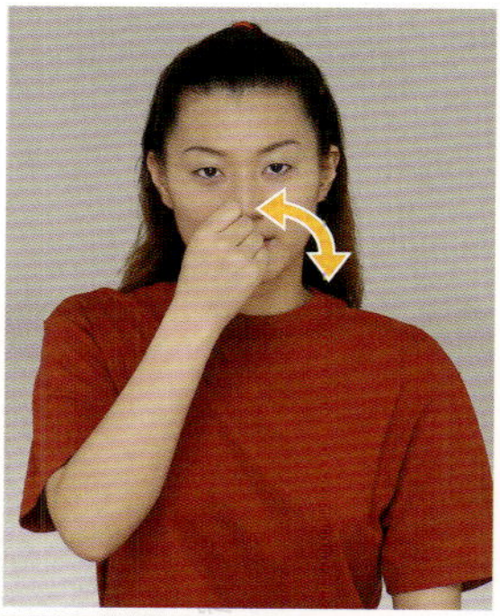

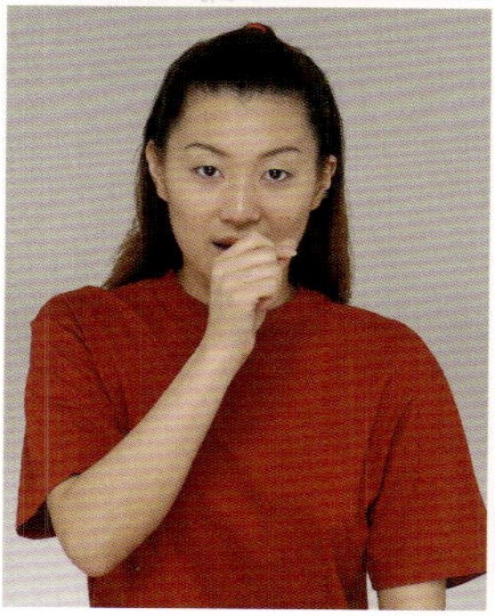

② どう？

右手を前に出し、「あなたはどう？」と尋ねるように左右に軽く振る。表情も重要。

CHECK POINT

あいさつはにこやかに。表情たっぷりで表そう。

同じ「元気」という手話でも、「元気？」と尋ねるときと、「元気よ！」と答えるときとでは、右の写真のように表情が違います。手話はその表情で、意味合いも違ってくるのです。

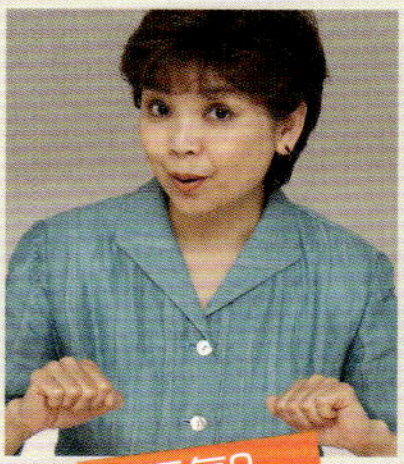
元気?

元気よ!

「とっても元気です」

1 とても、すごい

親指と人差し指の先をつけた右手を左胸の前に置き、その親指と人差し指を開きながら素早く右のほうへ移動させる。

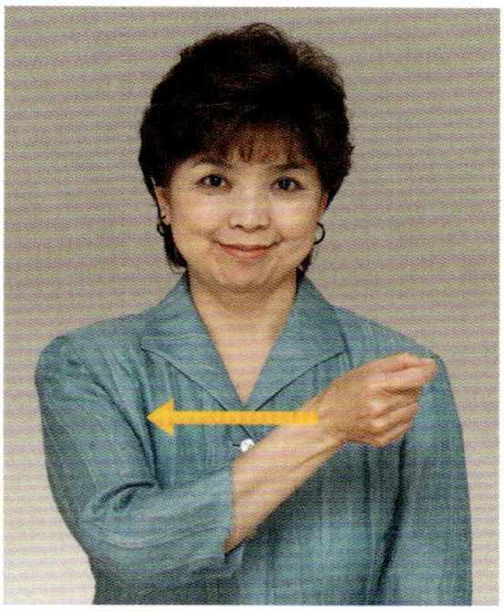

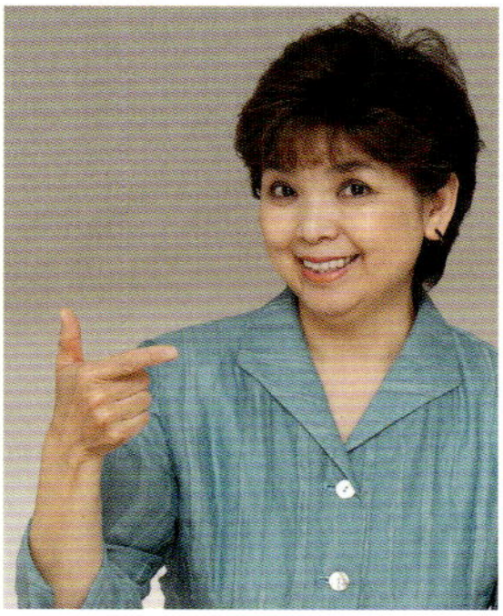

2 元気、生きる

ひじを曲げて両手のこぶしを体の前に置き、軽くひじから先の腕を上下に２回程度動かす。

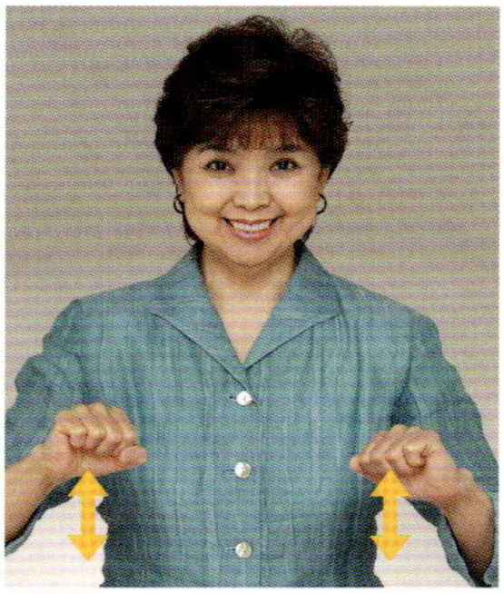

3 私

軽く自分を指さす。

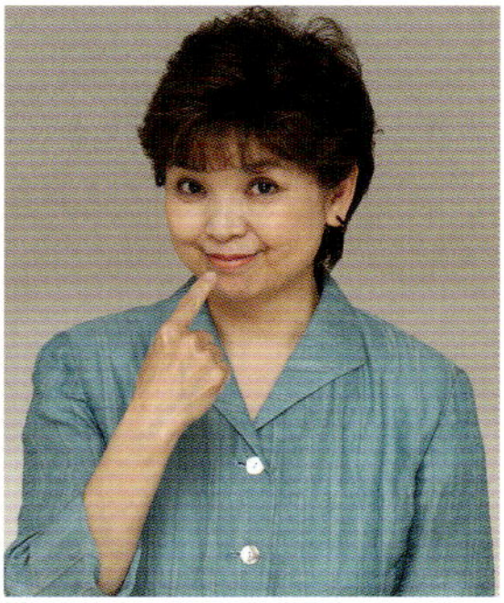

ONE POINT MEMO

「あいさつ」の手話で「こんにちは」を表す

「あいさつ」の手話は、人差し指を折り曲げて、人と人が向かい合ってお辞儀をするような形です。これで「こんにちは」になります。「おはよう」「こんばんは」「おやすみなさい」にもこの手話をつければ、よりていねいな感じになります。また、「あいさつ」の手話の代わりに「言う」の手話をつけて表す方法もあります。

あいさつ②

「おはよう」

1 朝

右手のこぶしを右目の横あたりに置き、そのまま真下に下げる。「朝」だけで「おはよう」を表すこともある。

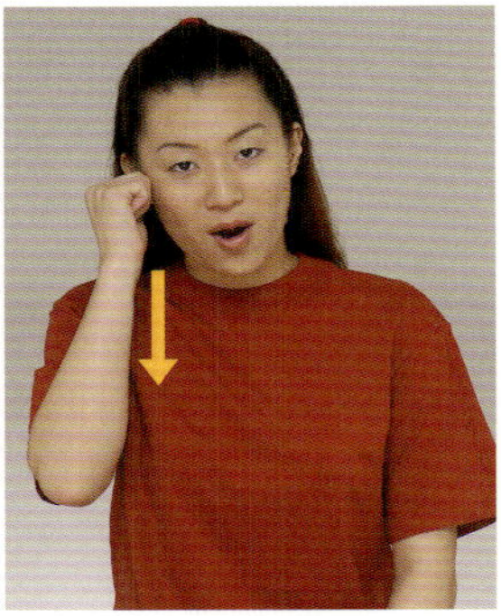

2 あいさつ

両手の人差し指を立てて向かい合わせ、そのまま人差し指だけを少し折り曲げる。お辞儀するように。

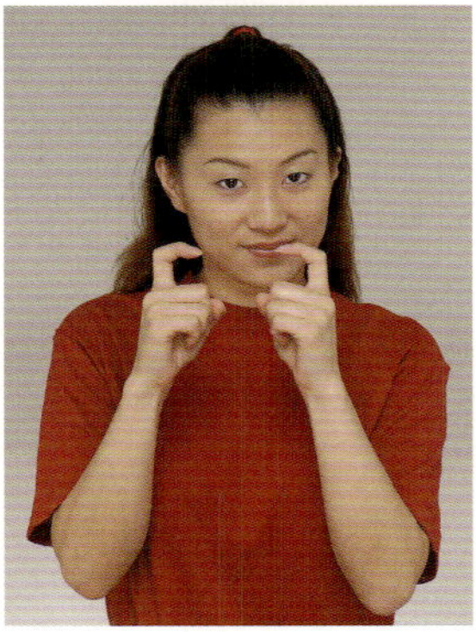

「今晩は」

1 夜、暗い

両手のひらを開いて前に向け、肩の位置に上げ、そのまま中央で交差させる。この手話だけで「今晩は」は表せない。

2 あいさつ

両手の人差し指を立てて向かい合わせ、そのまま人差し指だけを少し折り曲げる。お辞儀するように。

「おやすみなさい」

1 寝る

右手のこぶしに頭を傾ける。そして「さようなら」と軽く手を振る。

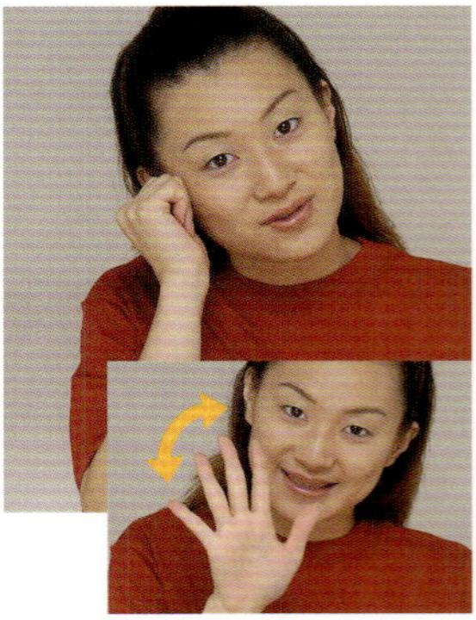

あいさつ③

「おはよう」

1 朝

親しい間柄で気軽にあいさつするときは「朝」の手話だけでOK。右手のこぶしを右目の横あたりに置き、そのまま真下に下げる。

「おはようございます」

1 朝

ていねいに「おはようございます」というときは、「朝」の手話をしながら、ていねいにお辞儀する。

ONE POINT MEMO

同じ「おはよう」でもお辞儀をすればていねいに

「おはよう」とあいさつするとき、親しい仲間とのあいさつでは軽快な感じで、目上の人などにはていねいにお辞儀しながら、あいさつしてみましょう。それだけで「おはよう」の意味合いが違ってきます。「おやすみなさい」も、親しい間柄なら、「寝る」の手話のあとで「さようなら」と手を振るととてもフレンドリーな感じになります。

あいさつ④

「さようなら」

1 さようなら

軽く手を振る。手の位置は、顔の横でも、胸の前でもよい。

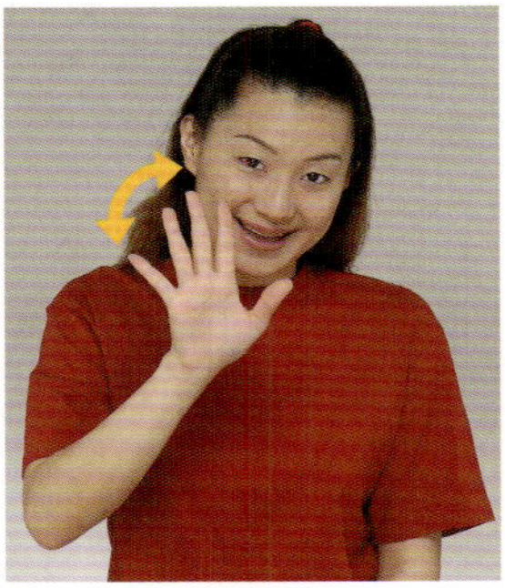

2 会う

両手の人差し指を立てて、間隔を開いて前に出し、そのまま近づける。

「また会いましょう」

1 また、再び

右手を肩の位置で軽く握り、胸の前に振り下ろしながら人差し指と中指を出す。

「またね」

1 また、再び

右手を肩の位置で軽く握り、胸の前に振り下ろしながら人差し指と中指を出す。

2 さようなら

軽く手を振る。手の位置は、顔の横でも、胸の前でもよい。

話しかける

「ちょっとお話ししていいですか？」

1 ねえ

相手に向かって「ねえ」と呼びかけるように右手を軽く胸の前で振る。

2 ちょっと、少し

右手の親指と人差し指を顔の前に出し、少しだけ間を開ける。「少ーし」という表情で。

3 話す

自分が相手に話すときは、右手の指先を相手に向けて左の手のひらに垂直に立てるようにして、軽く２回乗せる。

4 かまわないですか？

右手の小指を立ててあごに当てて「かまわない」を表し、左手は「どう？」と質問するように前に出す。

「私は、今、手話の勉強をしています」

1 今、今日

両手のひらを下にして胸の前に置き、上下に軽く２、３回動かす。

2 私

軽く自分を指さす。

❸ 手話

両手の人差し指を伸ばして、他の指は握り、胸の前に左右の手を上下の位置に置き、手前から前方に向かって互い違いにクルクルと回す。

❹ 勉強、○○学

両手のひらを自分の顔に向け、胸の前で少し引き寄せるしぐさを2、3回する。本を読んでいるように。

❺ ○○中

漢字の「中」をつくる。左手の親指と人差し指を横に伸ばし、右手をその中央に垂直に立てる。人差し指を立ててもよい。

❻ 私

軽く自分を指さす。

「だから、ゆっくり話してください」

❶ だから、関係

体の前で、両手の親指と人差し指で輪を作り、鎖のようにつなぐ。そのまま軽く前後に動かす。

❷ ゆっくり、遅い

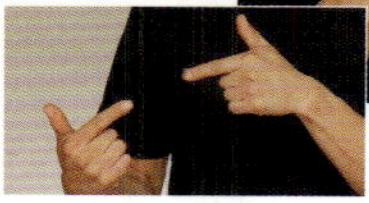

両手の親指と人差し指でL字を作って向かい合わせ、左から右へ、弧を描くように動かす。

❸ 話す

相手が自分に話すときは、右手の指先を自分に向けて左の手のひらに垂直に立てるようにして、軽く2回乗せる。

❹ お願い

右手を縦にして、顔の前で拝むようにする。両手を合わせて拝むようにしてもよい。

天気の話題であいさつを

「今日は暑いですね」

❶ 今、今日

両手のひらを下にして胸の前に置き、上下に軽く2、3回動かす。

❷ 暑い、夏

扇子を持ってパタパタと扇ぐように、手首から2、3回動かす。「暑い！」という表情も大事。

❸ ○○ですね

右手の親指と人差し指を開いて前に出し、その指先を何回か閉じたり開いたりする。相手に同意を得る感じで。

ONE POINT MEMO

天気の話題を会話のきっかけに

天気の話題は会話がほぐれるきっかけになります。積極的に活用しましょう。「暑い」「寒い」「暖かい」「涼しい」は、それぞれ「夏」「冬」「春」「秋」の手話で表します。しかし、四季の手話を表すときよりも、さらに表情豊かに表したいものです。「○○ですね」と同意を求める手話もよく使われます。マスターしておきましょう。

「本当に！」

❶ 本当

右手を縦にしてあごを2、3回、ポンポンとたたく。表情は強く同意する感じで。

「涼しい場所に入りましょう」

❶ 涼しい、秋

風が首の両側を通りすぎるように、両手を後ろに向けてパタパタと動かす。

❷ 場所

右手を体の前で、置いてあるものを軽くつかむような形にする。

❸ 行く

自分に向けた人差し指を、振り下ろすようにして前に向ける。

❹ ○○しましょう

右手の人差し指を軽く目の下に当てる。相手に同意を得る表情で。

STEP 1 【単語】天気

暖かい

両手のひらを上にして、フワフワと上下させる。

暑い

扇で扇ぐように、右手を振る。「暑い」という表情で。

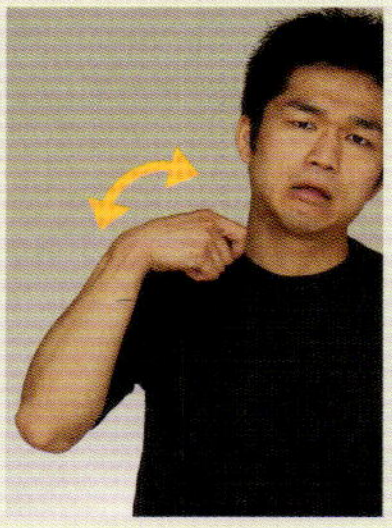

涼しい

風が首の両脇を通り過ぎるように、両手を前後にパタパタと2回動かす。

寒い

ブルブルッと震える感じで、こぶしを握った両手を胸元で小刻みに動かす。

晴れ

顔の前で両手を重ね、パッと大きく開く。

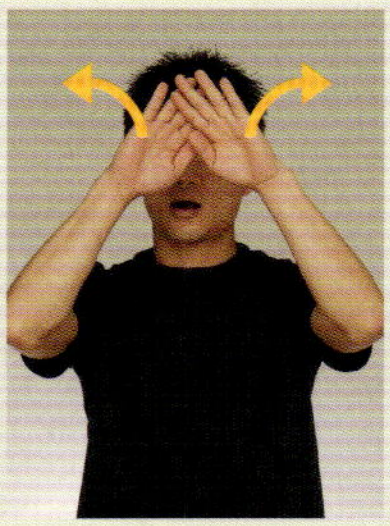

曇り

雲を描くように指をフワフワ動かしながら左から右へ移動させる。

雨

頭の上で両手を手首から垂らし、上下に2、3回動かす。顔の横でも、頭の横でもよい。

梅雨

❶梅干を食べて酸っぱいという表情で、右手を軽く握り、口元からこめかみのあたりまで動かす。

梅雨

❷「雨」の手話をする。

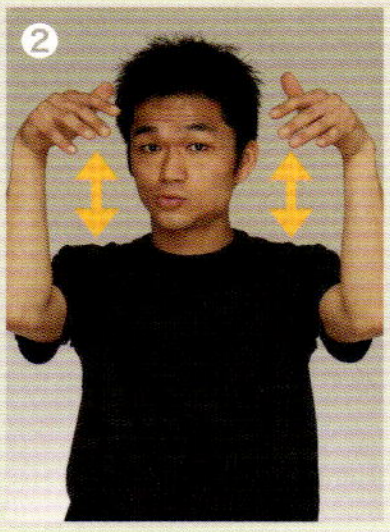

雪

❶右手の人差し指で歯を指して「白」を表す。
❷次に両手の親指と人差し指で輪を作り、雪がはらはらと降るように両手を動かす。

風

風が吹き下ろすように、右上に持ってきた両手をサッと左下に流す。2回程度往復させてもよい。

台　風

①風が激しく吹き下ろすように、右上に持ってきた両手を左下に激しく振り下ろす動作を2、3回する。
②両手の親指と人差し指でＬ字を作り、顔の右側から左側へ移動させる。

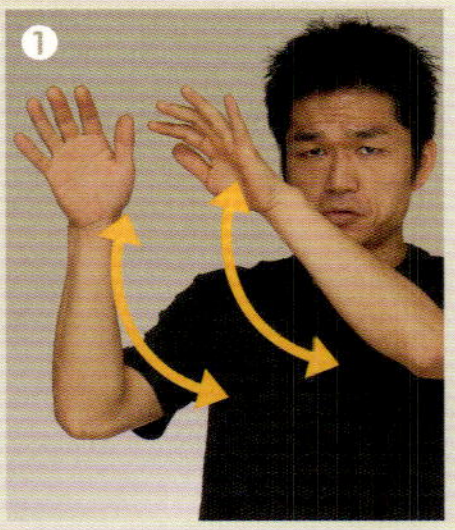

空

右手で大きく弧を描く。

霧

両手のひらを相手側に向け、霧が立ちこめるように細かく左右にゆらしながら下ろす。

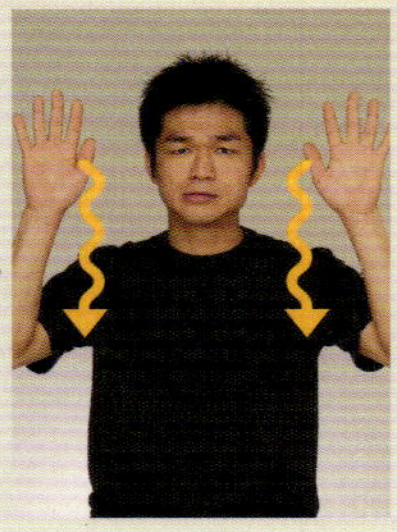

天気予報

①右手で大きく弧を描き、「空」の手話をする。

天気予報

②左手を胸に当てるように置き、その甲に右手の親指と人差し指で作った輪を当てる。
③両手の親指と人差し指をＬ字にして斜め下に広げながら前に出す。

気　温

左手のひらを相手に向けて立て、右手の人差し指を立てて添え、上下に動かす。

湿　度

①じめじめしている感じで、両手をもむようにしながら左右に広げる。
②左手のひらを相手に向けて立て、右手の人差し指を立てて添え、上下に動かす。

ありがとう

「先日はありがとう」

1 先日、過去

右手の甲を相手に向けて前に出し、手首から後ろに倒す。

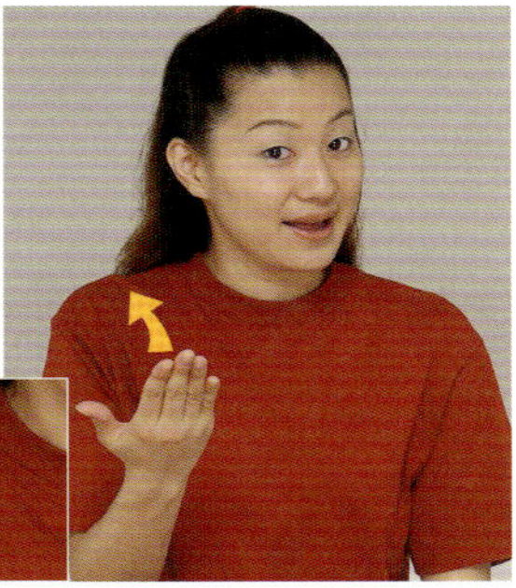

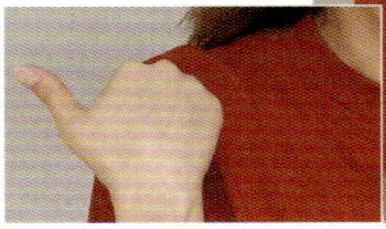

2 ありがとう、お礼

左手の甲の上に右手を垂直に乗せ、右手だけそのまま上げる。軽く会釈をしながら。

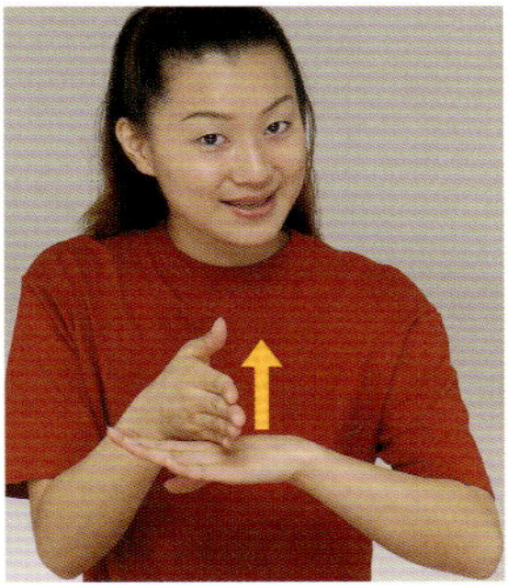

「大変助かりました」

1 大変、すごい

親指と人差し指の先をつけた右手を開きながら素早く右のほうへ移動させる。

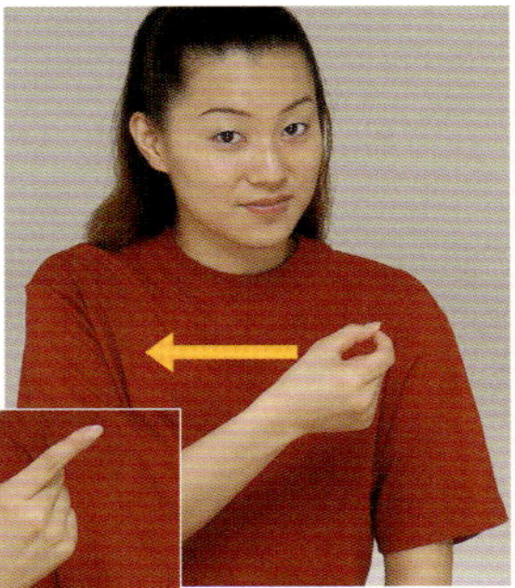

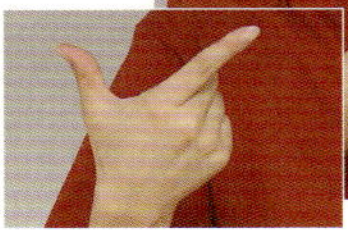

2 助かる

右手の人差し指と中指を軽く曲げ、鼻先から前方に弧を描いて下ろす。

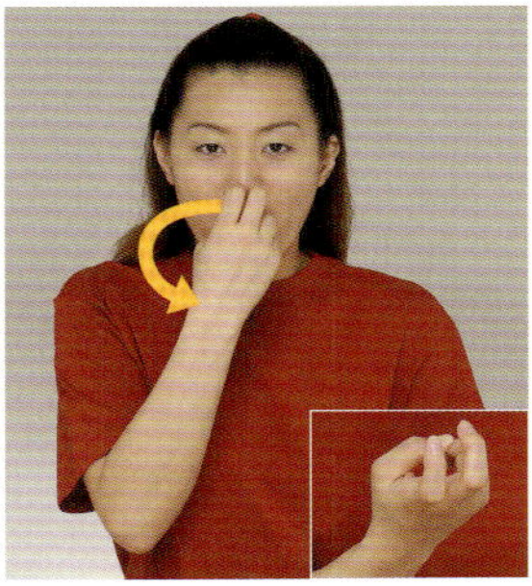

「どういたしまして」

1 いいえ

「どういたしまして」という表情で、右手を体の前で軽く振る。

「うれしかったです」

1 うれしい、楽しい

両手を写真のように左右交互に上下させ、最後に自分を指さす。

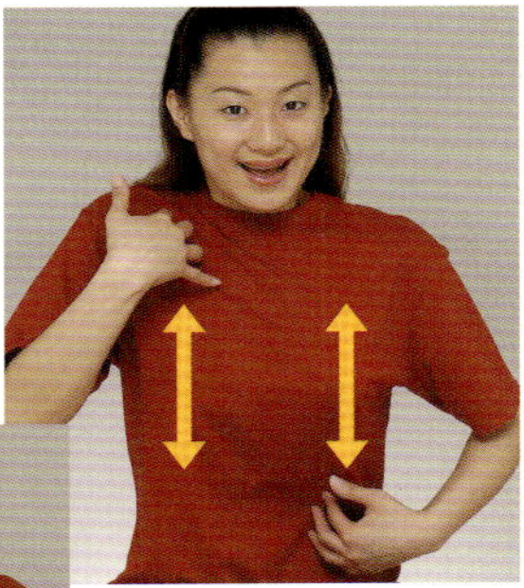

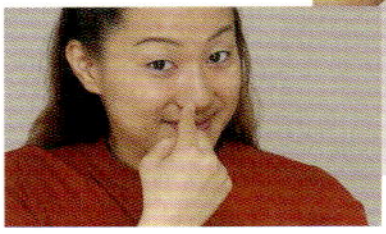

ごめんなさい

「ごめんね」

1 すみません

親指と人差し指の先をつけた右手を眉間に当て、その手を揃えて前に出す。

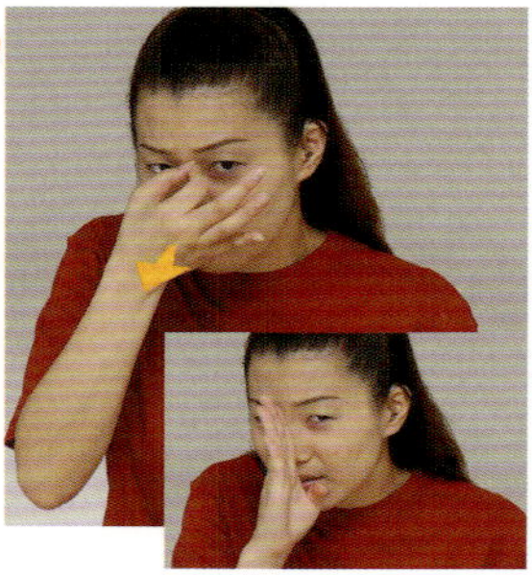

2 すみません

一生懸命謝るときは、両手を合わせて拝むようにして、気持ちを表す。

「いいですよ」

1 かまわない

右手の小指を立ててあごに当てる。

「気にしないで」

1 考える

人差し指でこめかみをグッと押さえる。

2 要らない

親指以外の指を揃えて、その指先を胸に当て、パッと前に払うようにして指先を前方に向ける。

「本当にごめんなさい」

1 本当

右手を縦にしてあごを2、3回、ポンポンとたたく。「ごめん」という表情で。

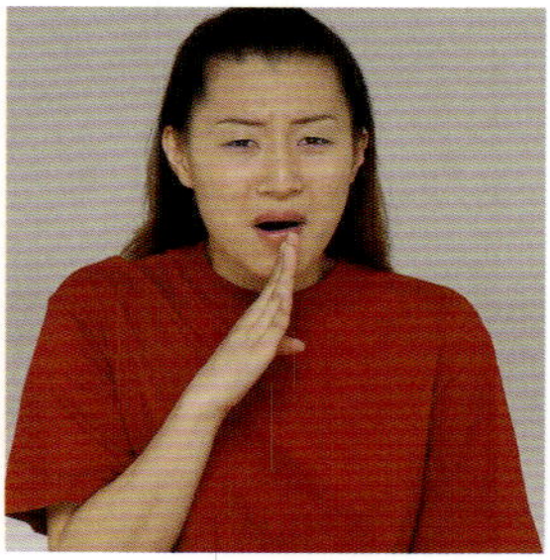

返事をする

「はい」

1 はい

口も「はい」と言うように動かし、軽くうなずく。

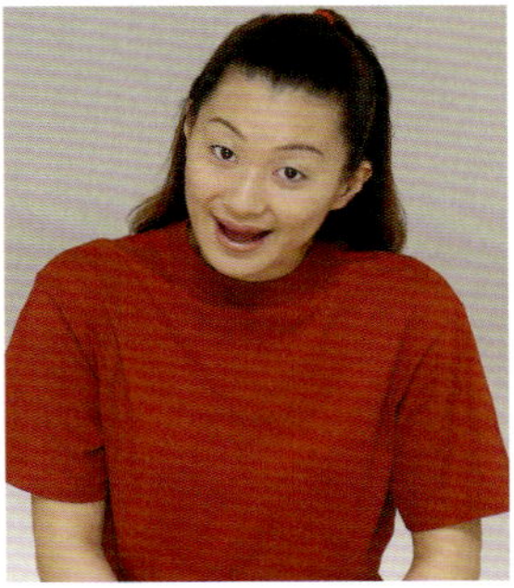

「わかりました」

1 わかる

胸の中央に右手を当て、そのままなで下ろすように下げる。

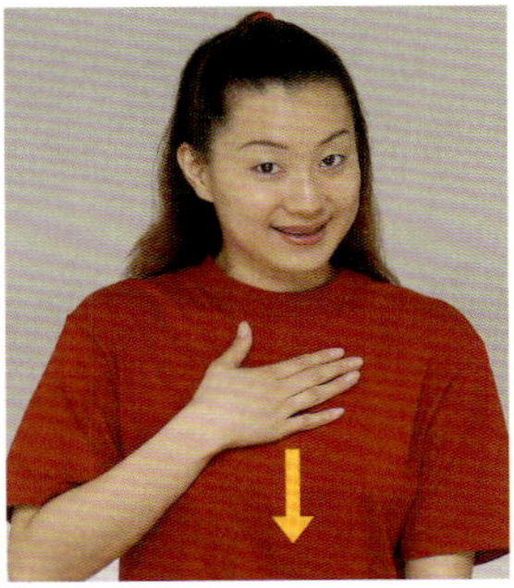

「いいえ」

1 いいえ

体の前で右手を2、3回左右に振る。

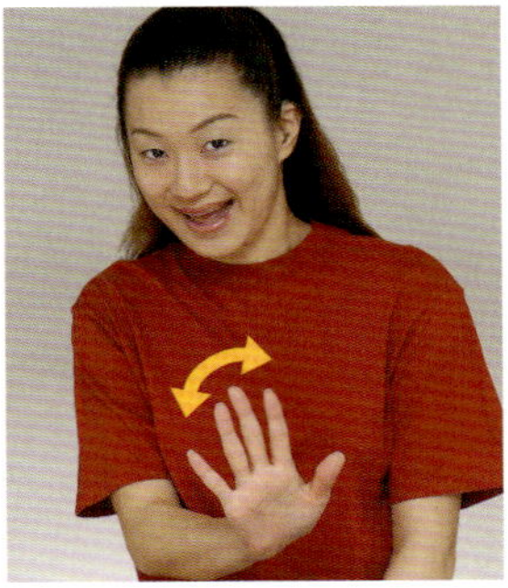

「よくわかりません」

1 わからない

人差し指の先を胸に当て、軽く上にチョンチョンと払うようにする。「わからない」という表情がだいじ。

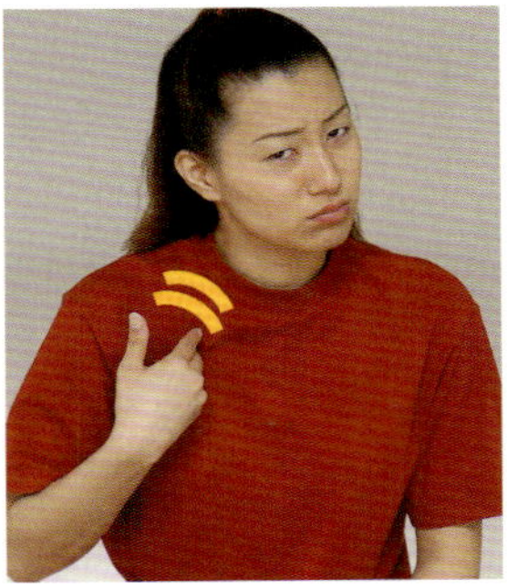

ONE POINT MEMO

口話をつけて、さらに手話の意味を確かなものに

手話を表すとき、表現したい手話の意味を口話をつけて表すと、さらにその意味が確実なものになります。例えば、「券」の手話に「パスポート」と口話をつけると、それは「パスポート」の手話になるのです。「駅」の手話に「切符」という口話をつければ「切符」の手話になります。手話は一つの形でいろいろな言葉を表現できるのです。

「いいですよ」

1 かまわない

右手の小指を立ててあごに当てる。

「できません」

1 できない、無理

親指と人差し指で頬をつねるようにする。

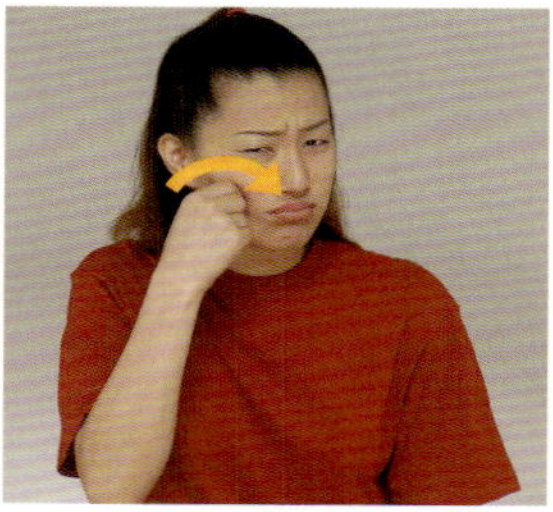

「考えさせてください」

1 考える

人差し指でこめかみをグッと押さえ、軽くグリグリとひねる。

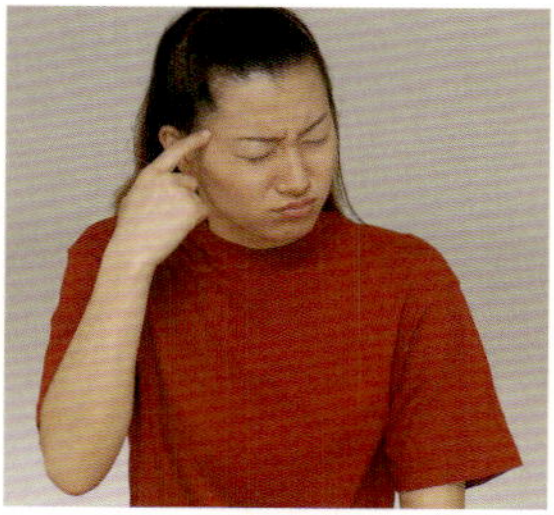

2 時間

左手の手首を右手人差し指で指す。腕時計を指すように。

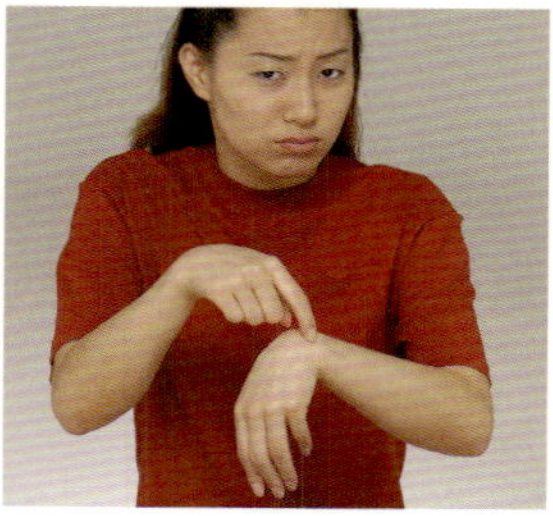

3 ください

「時間をください」という感じで、両手のひらを上に向けて重ねて前に出す。

「賛成です」

1 賛成

右手を立てて指先を前に向け、サッと顔の横に立てる。

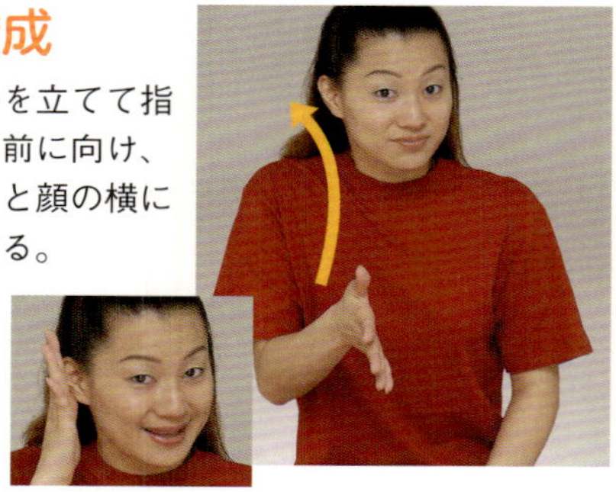

「反対です」

1 反対

両手の指を揃えて折り曲げ、左右に広げて、中央で勢いよく合わせる。

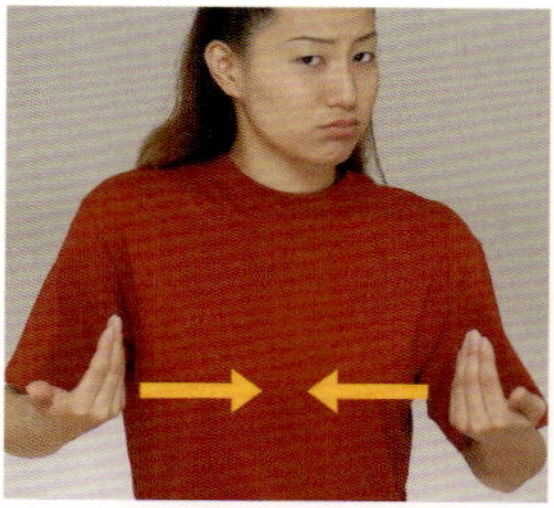

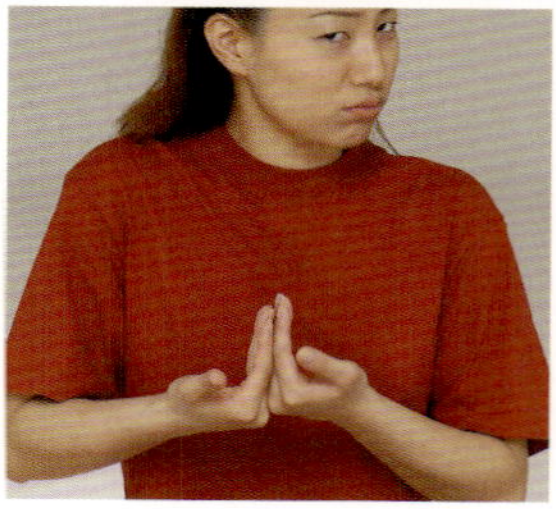

いつ、どこで、何を、だれが、どうして？

「これはあなたのものですか？」

1 これ

「これ」というものを指さす。

2 あなた

相手を指さす。

3 持ち物

右手の指を開いて前に出し、グッと握りながら引き寄せる。尋ねる表情で。

「いつ？」

1 いつ、何月何日

両手を上下に置き、開いた指を、親指から小指まで順に折り曲げていく。尋ねる表情で。

「どこで？」

① 場所

右手を体の前で、置いてあるものを軽くつかむような形にする。

② 何？

右手の人差し指を立て、軽く2、3回左右に振る。

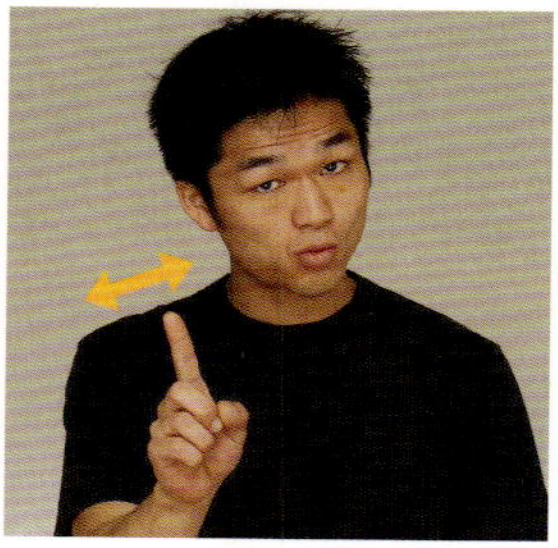

「何を？」

① 何？

右手の人差し指を立て、軽く2、3回左右に振る。

「だれが？」

① だれ？

右手の指を揃えて、その外側を頬につける。尋ねる表情で。

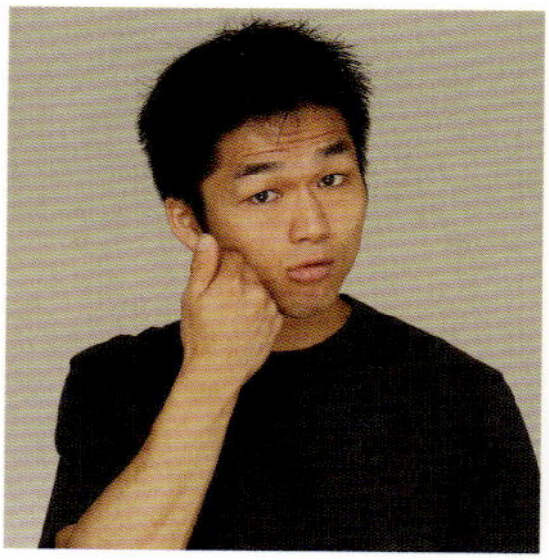

「どうして？」

① 理由、なぜ？

右手の人差し指を出し、左手の下を手前から相手側にサッと通すようにする。2回往復させてもよい。尋ねる表情で。

ONE POINT MEMO

質問するときは相手の目をよく見て

「あなたは○○ですか？」と質問するとき、必ず相手の目を見て尋ねるような表情をしましょう。そのときによく使うのは、会話の最後に相手の前に人差し指を立てて軽く左右に振り、「どう？」と尋ねる手話です。ていねいに尋ねるときは、相手に手のひらを差し出すようにし、その手を軽く左右に振り、「どう？」と尋ねます。

お願いする

「あなたにお願いがあるのですが」

1 ねえ

相手に向かって「ねえ」と呼びかけるように右手を軽く胸の前で振る。

2 お願い

両手を拝むように合わせ、軽く前に倒す。

3 かまわない

右手の小指を立ててあごに当てる。

「何ですか？」

1 何?

右手の人差し指を立て、軽く2、3回左右に振る。

「本を貸してください」

1 本

両手を胸の前で合わせ、本を開くように両手を左右に開く。

2 借りる

右手を前に差し出し、指をすぼめながら手前に引く。

3 お願い

右手を縦にして、顔の前で拝むようにする。両手を合わせて拝むようにしてもよい。

2 返してもらう

手のひらを相手のほうに差し出し、自分の体に引き寄せる。

3 お願い

右手を縦にして、顔の前で拝むようにする。両手を合わせて拝むようにしてもよい。

「明日には返してください」

1 明日

右手の人差し指を顔の横あたりに立て、手首を返して前に出す。あるいは人差し指を軽く前に倒してもよい。

「わかりました」

1 わかる

胸の中央に右手を当て、そのままなで下ろすように下げる。あるいは、ポンと軽く当てるだけでもよい。

はじめまして、私は○○です

「はじめまして」

1 はじめて、最初

左手の甲の上に、人差し指を出した右手を重ね、右手をそのまま上げる。「1番目」を意味する。

2 会う

人差し指を立てた両手を、左右から近づける。

「私は田中といいます」

1 私

軽く自分を指さす。

2 田

両手の指3本を垂直に重ねて漢字の「田」を作る。

3 中

漢字の「中」をつくる。左手の親指と人差し指を横に伸ばし、右手の人差し指をその中央に垂直に立てる。

4 き

指文字で「き」（P36参照）を表す。

5 よ

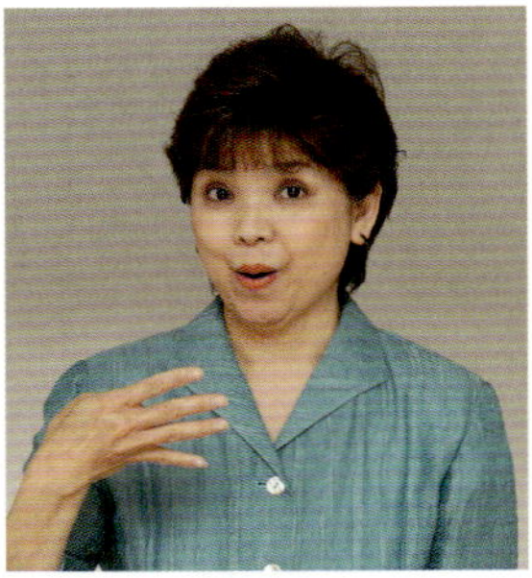

指文字で「よ」（P37参照）を表す。

6 きれい、美しい

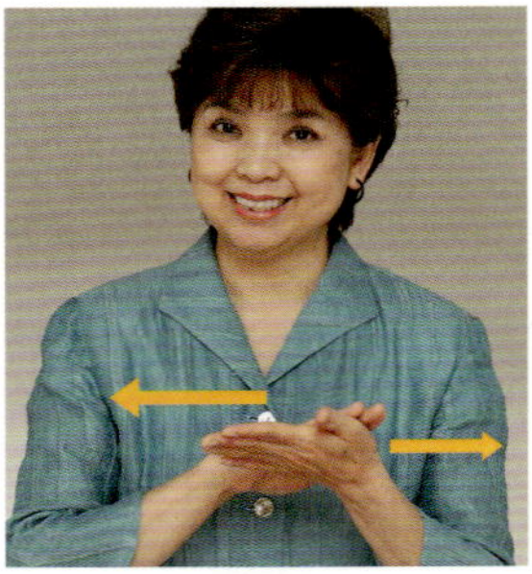

サインネーム（ニックネーム）として「清」を「きれい」の手話（P195参照）で表す。

7 言う

人差し指を口元から前に出す。

「あなたは？」

1 あなたは？

右手を相手に向けて出し、軽く左右に振る。尋ねる表情で。

「砂田アトムです」

1 私

軽く自分を指さす。

2 名前

左手のひらを相手に向けて出し、その手のひらに右手の親指を当てる。

3 砂、土

両手で砂をつまんでパラパラと落とすように指をこする。

4 田

両手の指３本を垂直に重ねて漢字の「田」を作る。

CHECK POINT サインネームをつくって自己紹介しよう

サインネームとは、周囲の人や自分が考えた手話のニックネームのようなもの。例えば、田中先生の名前の「清」は仲間が「きれい」で表し始めました。自分のサインネームを手話で考えてみましょう。

きれい=清

アトム

5 アトム

サインネーム(ニックネーム)としてマンガの「鉄腕アトム」が飛んでいる格好で表す。

6 あ

指文字で「あ」(P36参照)を表す。

7 と

指文字で「と」(P37参照)を表す。

8 む

指文字で「む」(P37参照)を表す。

9 言う

人差し指を口元から前に出す。

「よろしくお願いします」

1 よろしくお願いします

「よい」の手話(P59参照)のあと、その手を開いて前に出す(「お願い」)。

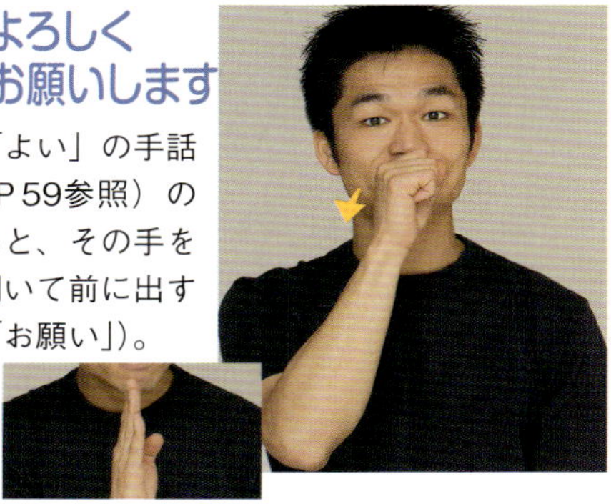

友達を紹介しよう

「そちらの方を紹介してください」

1 そちらの

「そちらの」人を、手のひらを差し向けてていねいに指す。

2 人々

両手の親指と小指を立て、中央から両側に、手首を返しながら移動させる。

3 紹介する

右手の親指を立て、口の前で2、3回往復させる。

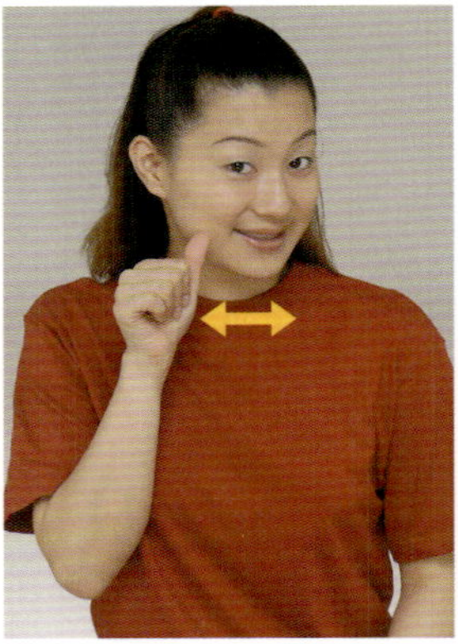

4 ください

紹介してくれる人に両手を差し出し、手前に引き寄せる。

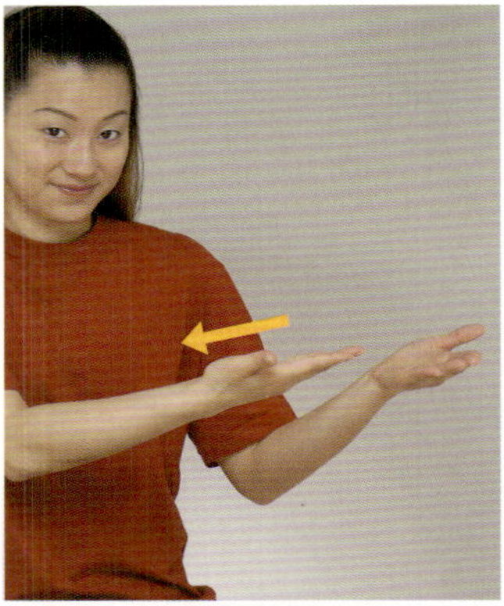

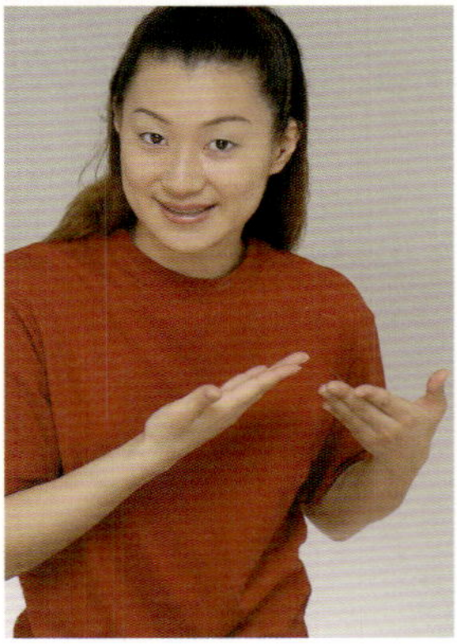

④ 村

左手の下に右手の人差し指を当て、鍬で掻くように手前に引く。右手の人差し指は左手の手首に当ててもよい。

⑤ お願い

右手を縦にして、顔の前で拝むようにする。両手を合わせて拝むようにしてもよい。

「彼は中村さんです」

① 彼

「彼」と紹介する人を指さす。

② 名前

左手のひらを相手に向けて出し、その手のひらに右手の親指を当てる。

③ 中

漢字の「中」をつくる。左手の親指と人差し指を横に伸ばし、右手の人差し指をその中央に垂直に立てる。

「私の友人です」

① 彼

「彼」と紹介する人を指さす。

② 私

軽く自分を指さす。

③ 友達

両手を組み合わせ、体の前で軽く2、3回たたく。

STEP 2 【必ず覚えよう】指文字50音

あ
右手の親指は出し，他の4本の指は握る。手の甲を自分側に向ける。

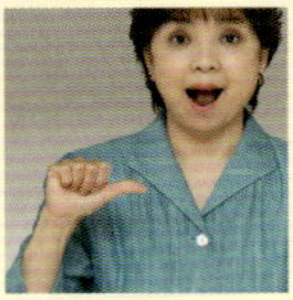

い
右手の小指は立て、他の4本の指は握る。手の甲を自分側に向ける。

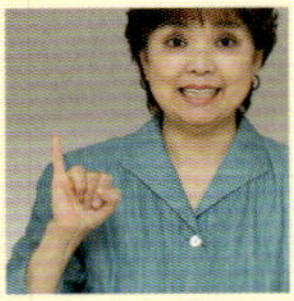

う
人差し指と中指を揃えて立てる。アルファベットの指文字「U」から。

え
手のひらを相手側に向け、親指と、4本の指先を少し曲げる。

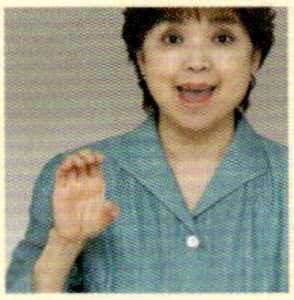

お
小指が相手に見えるようにアルファベットの「O」を作る。

か
人差し指を立てて、「K」のように斜め前を指した中指の中程に親指の先をつける。

き
キツネの耳のように、人差し指と小指を立て、他の指先を合わせる。

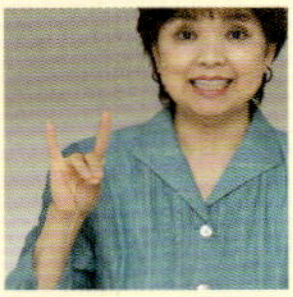

く
親指以外の指を少し内側に曲げる。数詞の「9」から。

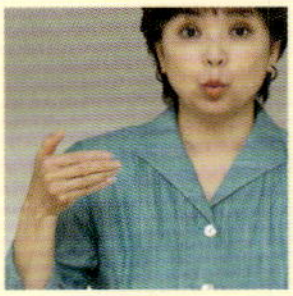

け
腕の前で手のひらを相手側に向けて立て、親指を内側に曲げる。

こ
カタカナの「コ」の上の部分のように、4本の指を直角に曲げる。

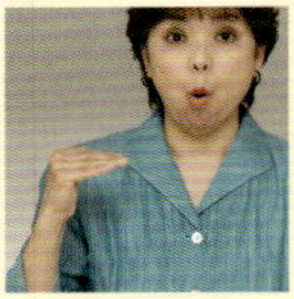

さ
親指を外側にして握り、甲を自分側に向ける。アルファベットの「S」から。

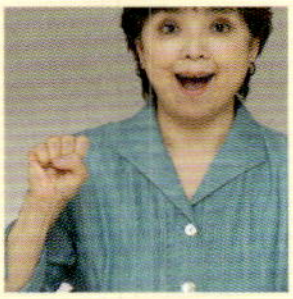

し
親指を立て、人差し指と中指を横に出す。カタカナの「シ」のように。

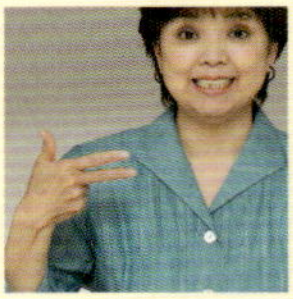

す
親指は横、人差し指と中指を下に向ける。カタカナの「ス」の形。

せ
中指を立て、他の4本の指は握り、甲を自分側に向ける。

そ
「それ」と人差し指で指す動作。人差し指は少し下向きに。

た
親指を立て、他の指は握る。親指の腹を相手側に。アルファベットの「T」の変形。

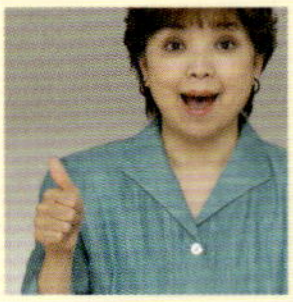

ち
小指を立て、他の指の先を合わせる。数詞の「千」（P56参照）を表す。

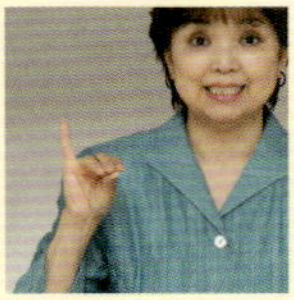

つ
親指の先に人差し指と中指の先をつける。カタカナの「ツ」の形。

て
手のひらを相手側に向けるだけ。「手」を示す。

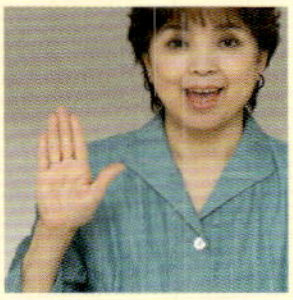

と
人差し指と中指を揃えて立て、手の甲を相手側に向ける。

な

人差し指と中指を立て、下に向ける。アルファベットの「n」から。

に

人差し指と中指を横に向ける。数詞の「二」（P54参照）、カタカナの「ニ」から。

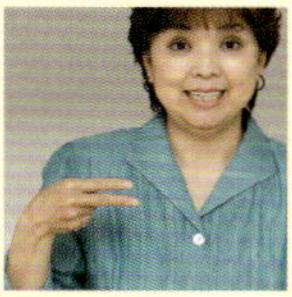

ぬ

人差し指をカギ型に曲げる。「スリ（盗人）」の手話で表す。

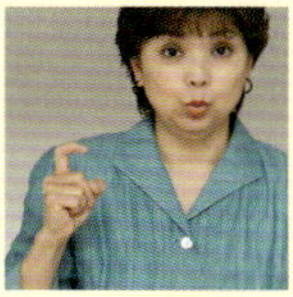

ね

木の根のように、全部の指を開いて下に向ける。

の

人差し指でカタカナの「ノ」を書くように動かす。

は

人差し指と中指を出して、前方下向きに。アルファベットの「Ｈ」から。

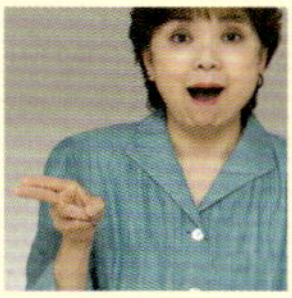

ひ

人差し指を立てて指の腹を相手側に。「ひぃ、ふぅ、みぃ」の「ひぃ」で、数詞の「1」と同じ。

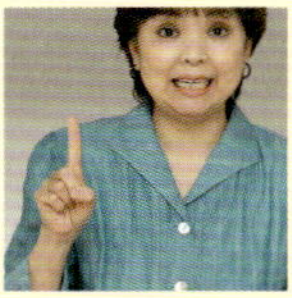

ふ

親指と人差し指でカタカナの「フ」の形を作る。

へ

親指と小指を出して下向きにし、「へ」の形にする。

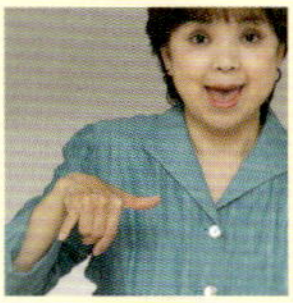

ほ

手の甲を相手側に向け、指を揃えて少し曲げる。船の帆のように。

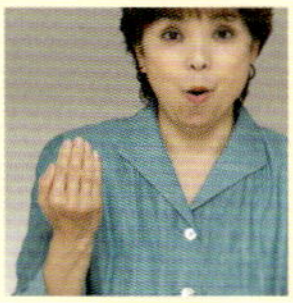

ま

中３本指を下に向ける。アルファベットの「M」から。

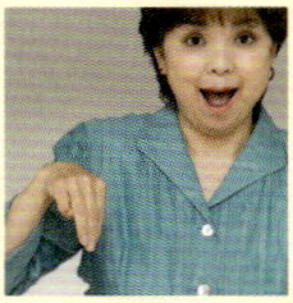

み

中３本指を横に出す。数詞の「三」、カタカナの「ミ」と同じ。

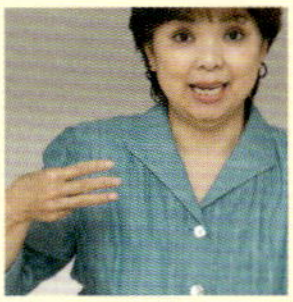

む

親指と人差し指でＬ字を作り、人差し指を横向きに。数詞の「6」から。

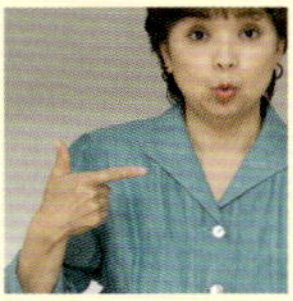

め

親指と人差し指で目の形を作る。他の指は立てる。

も

親指と人差し指を開き、下に下げながら指先を合わせる。「同じ」の手話から。

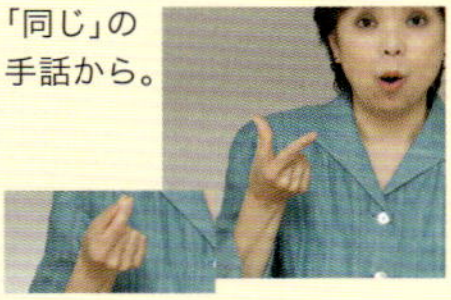

や

立てた親指と小指、そして腕で「Y」の形に。アルファベットの「Y」から。

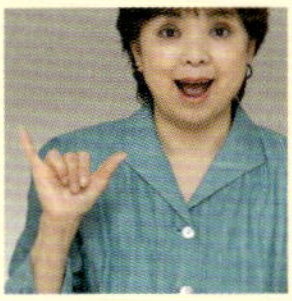

ゆ

中３本指を立て、手の甲を相手側に向ける。温泉マーク「♨」から。

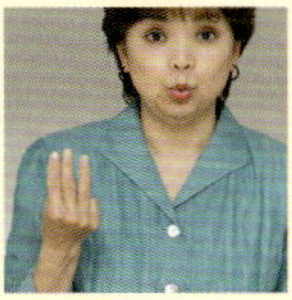

よ

親指は内側に曲げ、他の指は少し開いて伸ばし、手の甲を相手側に。数詞の「四」から。

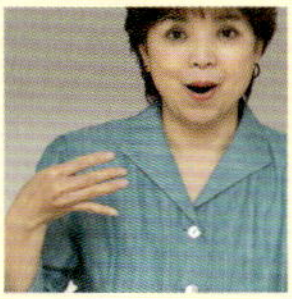

ら

小文字「ｒ」のように人差し指と中指を立てて重ねる。アルファベットの「R」から。

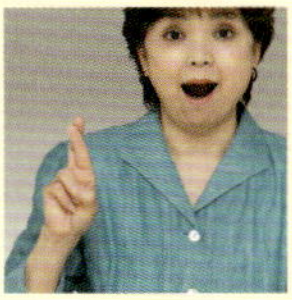

り

人差し指と中指で「リ」の形を書く。

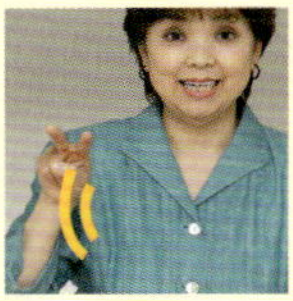

る

薬指と小指を折って、他の指は立て、相手から「ル」の形に見えるように。

れ

親指と人差し指を立て、相手から「レ」の形に見えるように。

ろ

人差し指と中指を揃えて曲げる。カタカナの「ロ」の一部。

わ

中3本指を立て、手のひらを相手側に向ける。アルファベットの「W」から。

を

指文字「お」の形を作りながら、手前に引き寄せる。

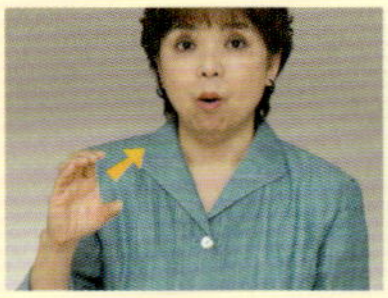

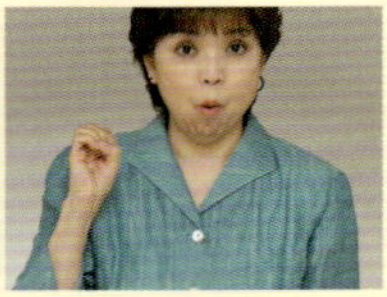

ん

人差し指でカタカナの「ン」を書くように動かす。

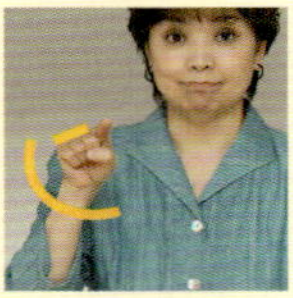

が（濁音）

親指「か」の形のまま、右に10 cmくらい動かす。他の濁音も同じ。

ぱ（半濁音）

指文字「は」の形のまま、上に10cmくらい動かす。他の半濁音も同じ。

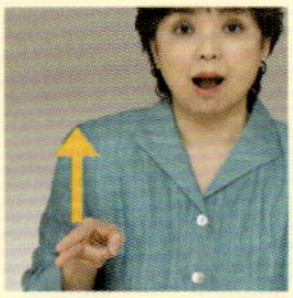

っ（促音）

「カップ」などの詰まる音は「つ」の指文字を手前に引く。

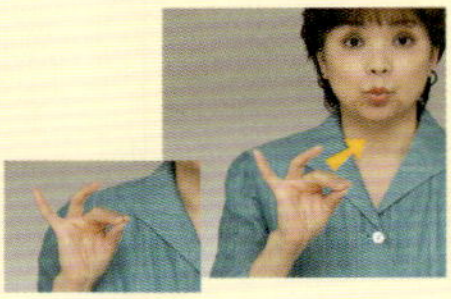

や（拗音）

指文字「や」の形のまま、手前に引き寄せる。他の拗音も同じ。

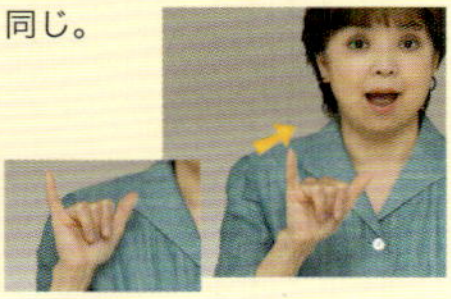

ー（音引き）

「スープ」のように伸ばす場合は、「ス」のあと人差し指で上から下に線を書く。

ONE POINT MEMO

指文字をマスターして、何でも伝えられるようになろう

指文字を覚えておくと便利です。名前や会社名、地名などの固有名詞を表すときはもちろんのこと、覚えていない手話を表すとき、カタカナ用語を表すときなどにも使えます。また、手話の各単語の中にも指文字の要素がたくさん使われています。覚えておくと、手話もより覚えやすくなるでしょう。

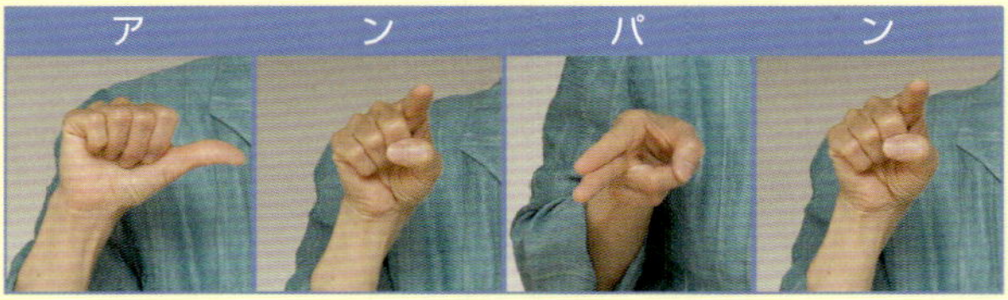

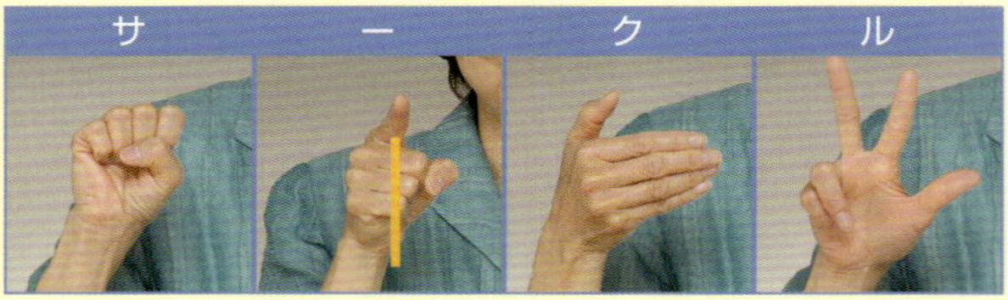

家族の話

「私は両親といっしょに住んでいます」

1 私の

「私の両親」という意味で、自分の頬に人差し指を当てる。「私は」の場合は、人差し指で顔を指さす。

2 両親

右手の親指と小指を立てる。そのまま手を少し振ってもよい。「私の」と「両親」の手話は素早くつなげて。

3 いっしょ

両手の人差し指の先を前方に向けて平行に出し、中央で合わせる。

4 暮らす、生活

両手の親指と人差し指をＬ字にし、そのまま同時に２回円を描いて右へ移動させる。

5 私

軽く自分を指さす。

「私は妹と弟がいます」

1 私

軽く自分を指さす。

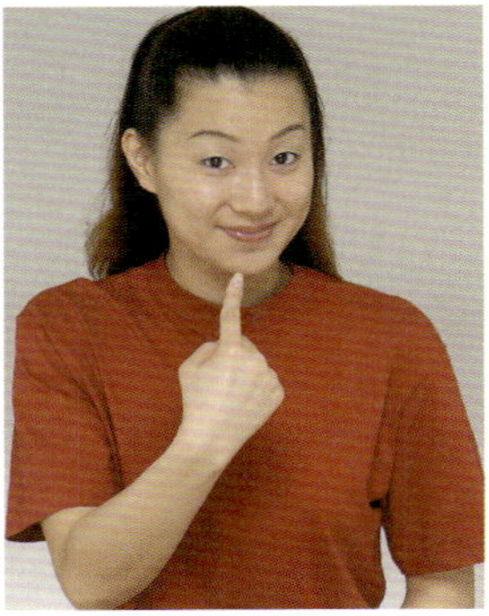

②妹

右手の小指を立て、ひじから下げる。

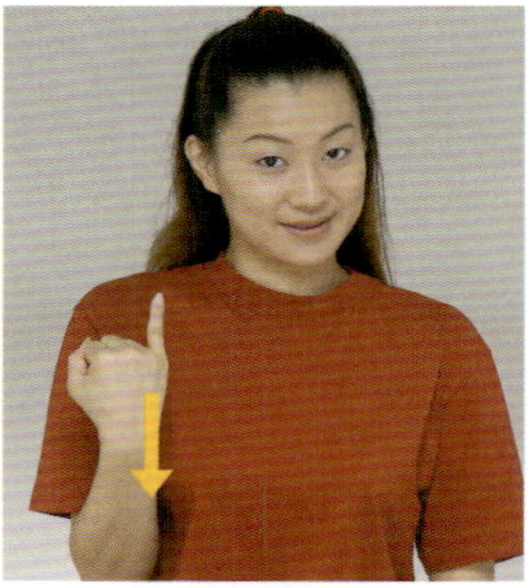

③弟

右手の中指を立て、ひじから下げる。

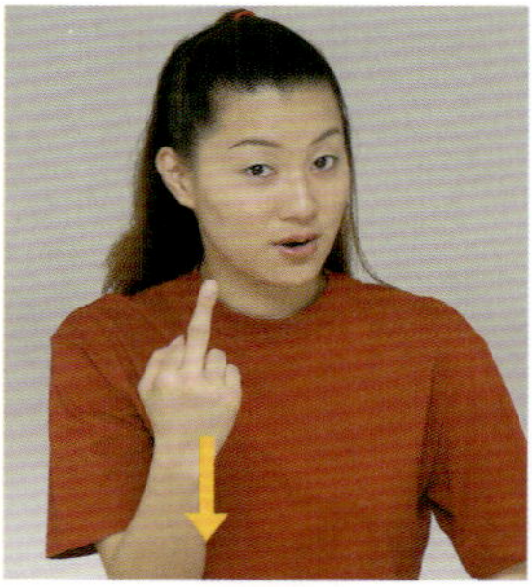

④いる

脇をしめるようにして両手を握り、こぶしをグッと下げる。

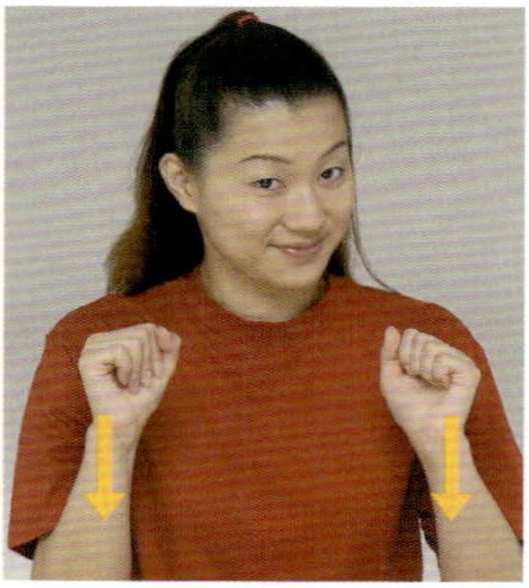

「私の息子は２歳です」

①私

軽く自分を指さす。

②息子

親指を立てて胸の中央からそのまま下に弧を描くように前に出す。

③年齢

あごの下で右手を開き、親指から順に折り曲げていく。数を数えるしぐさ。

④２

数詞の「２」を表す。

STEP 2 【単語】家族関係

家　族

❶両手の指先を合わせて屋根の形を作る。
❷左手はそのままに、右手の親指と小指を立てて手首をクルクル返しながら中央から右へ動かす（人々の意味）。

父

人差し指で頬を指し、同じ手の親指を立てて「男」を表す。

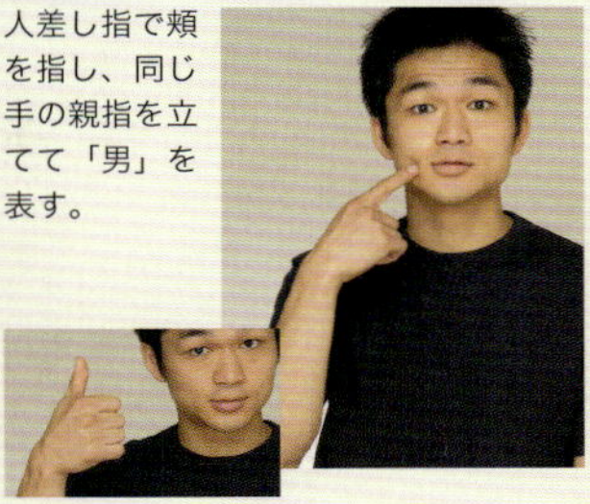

母

人差し指で頬を指し、同じ手の小指を立てて「女」を表す。

両　親

人差し指で頬を指し、同じ手の親指と小指を立てて横か前に出す。

兄

右手の中指を立て、ひじから上に上げる。

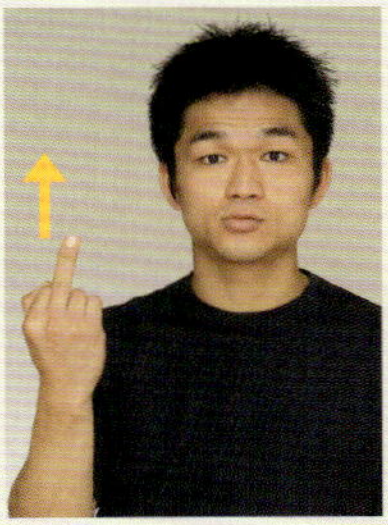

弟

右手の中指を立て、ひじから下に下げる。

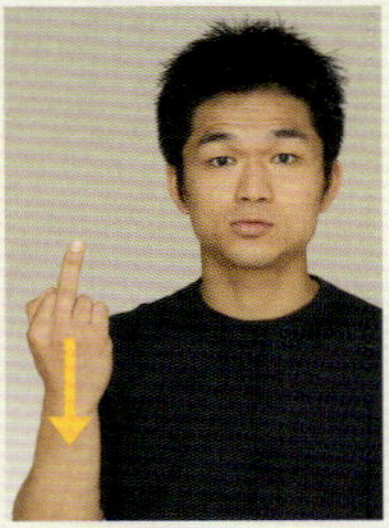

姉

右手の小指を立て、ひじから上に上げる。

妹

右手の中指を立て、ひじから下げる。

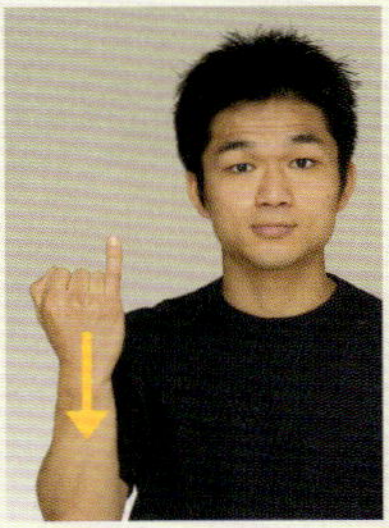

祖　父

右手の親指を立ててから少し曲げ（腰が曲がっている感じで）、小さく上下しながら右から左へ移動する。

祖　母

右手の小指を立ててから少し曲げ（腰が曲がっている感じで）、小さく上下しながら右から左へ移動する。

息　子

親指を立てて胸の中央からそのまま下に弧を描くように前に出す。

娘

小指を立てて胸の中央からそのまま下に弧を描くように出す。

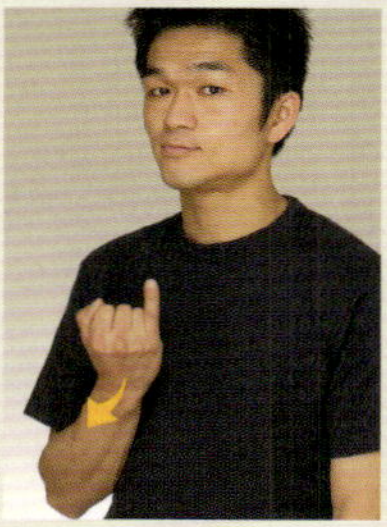

長女

❶両手のひらを下に向け、手首を返し手のひらを上にしながら、ひじを手前に折る。
❷右手の小指を立てる。

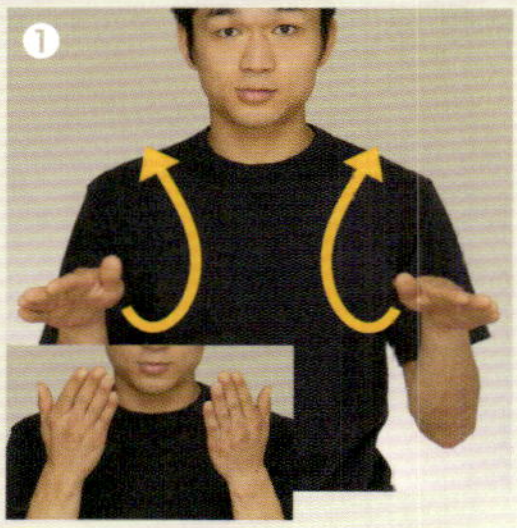

長男

❶両手のひらを下に向け、手首を返し手のひらを上にしながら、ひじを手前に折る。
❷右手の親指を立てる。

末っ子

右手の指を揃え、左手のひらの上に指先から下ろして当てる。

孫

右手のひらを下に向け、二段階に下に下ろす。子どもの子どもの意味。

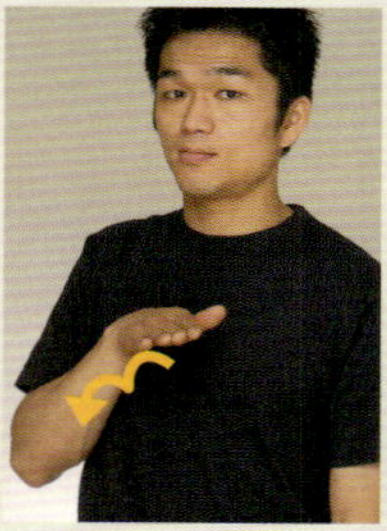

親戚

親指と小指を立てた両手を胸の前で交差させ、そのまま左右に2、3回閉じたり開いたりする。

おじ

❶親指と小指を立てた両手を胸の前で交差させ、そのまま左右に2、3回閉じたり開いたりする。

おじ

❷親指を立てて出す。

おば

❶親指と小指を立てた両手を胸の前で交差させ、そのまま左右に2、3回閉じたり開いたりする。
❷小指を立てて出す。

現在、過去、未来

「私は東京に住んでいました」

1 私

軽く自分を指さす。

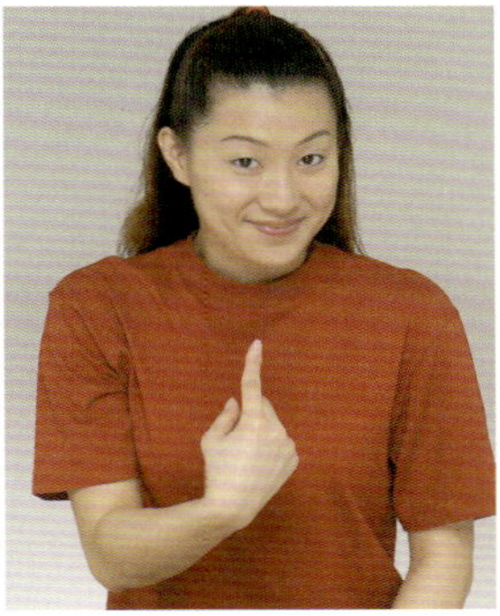

2 過去、以前

手の甲を相手に向けて立て、肩の後ろに持っていくように倒す。

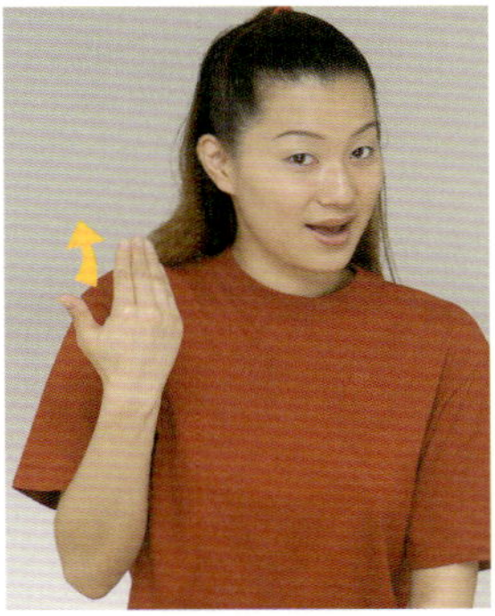

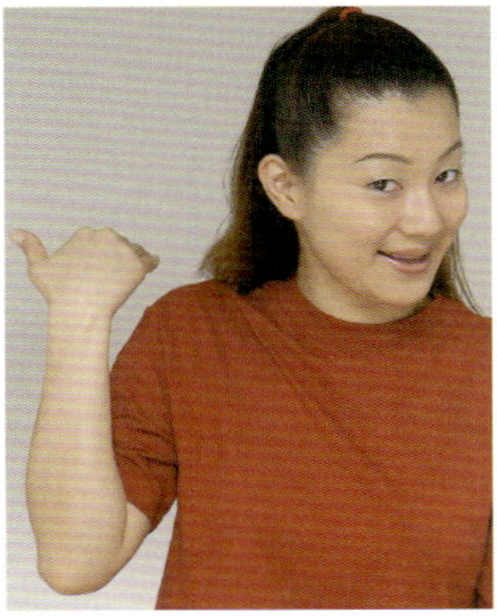

3 東京、東

両手の親指と人差し指をL字にし、太陽が昇るように両手を同時に軽く上下させる。

4 住む

両肩の高さに両手のこぶしを置き、ひじから下にグッと下げる。

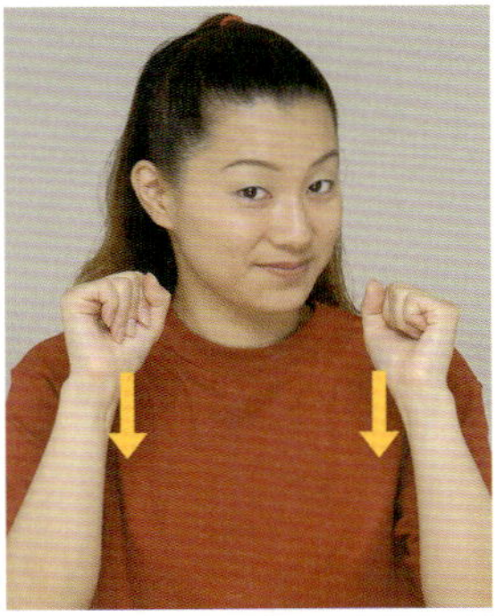

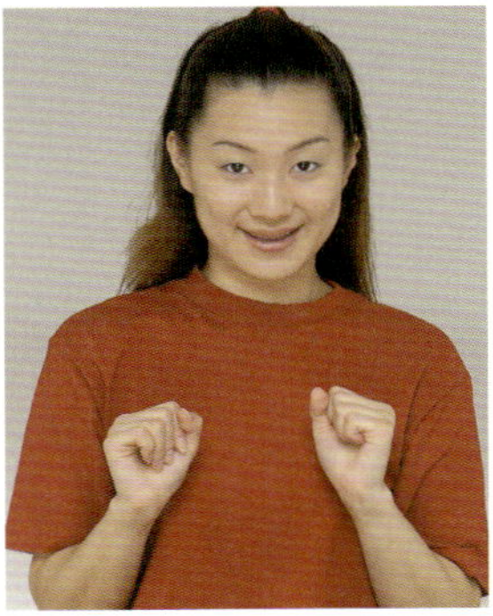

「私は2年前まで名古屋に住んでいました」

① 私

軽く自分を指さす。

② 2年

右手で数詞の「二」(P54参照)を表して左手のこぶしの上に置き、前方から一周させ、元に戻す。

③ 過去、以前

手の甲を相手に向けて立て、肩の後ろに持っていくように倒す。

④ ○○まで

左手の指先を正面に向けて出し、その手のひらに向かって、右手を右からまっすぐ移動させる。

⑤ 名古屋

両手の人差し指を折り曲げて向かい合わせる。名古屋城の金のしゃちほこを表す。

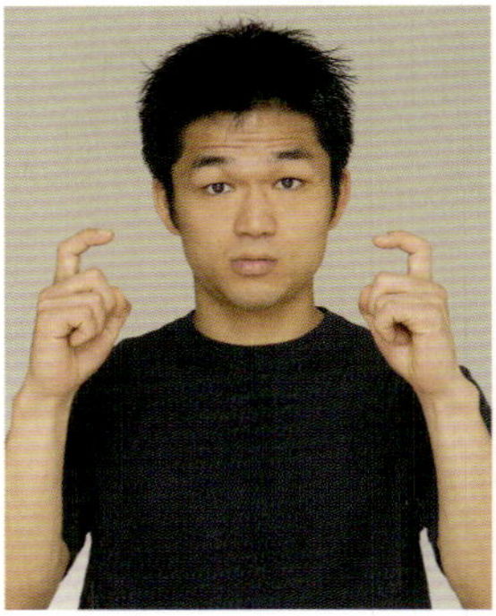

⑥ 住む

両肩の高さに両手のこぶしを置き、ひじから下にグッと下げる。

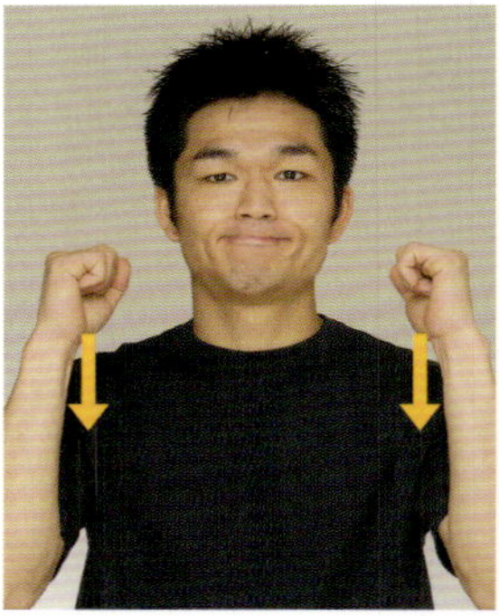

⑦ ○○した、終わり

両手のひらを上にして軽く開き、胸の前から、指をすぼめながら下げる。

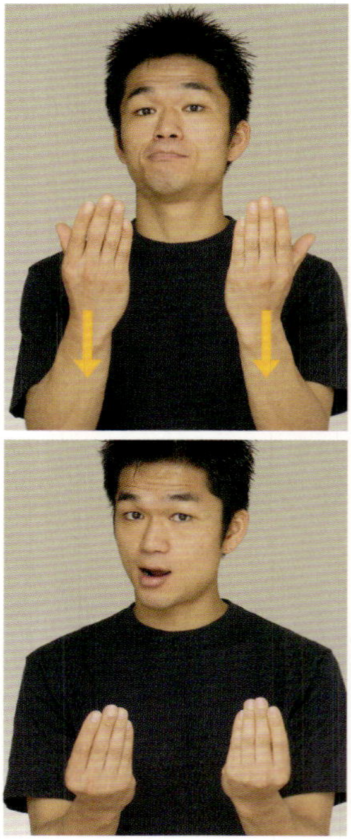

「今は横浜に住んでいます」

1 今、今日

両手のひらを下にし、上下に軽く2、3回動かす。

2 横浜

ひげ剃りのあとを示すように、耳の前に人差し指と中指を揃えてつけ、あごに沿って2回往復させる。

3 住む

両肩の高さに両手のこぶしを置き、ひじから下にグッと下げる。

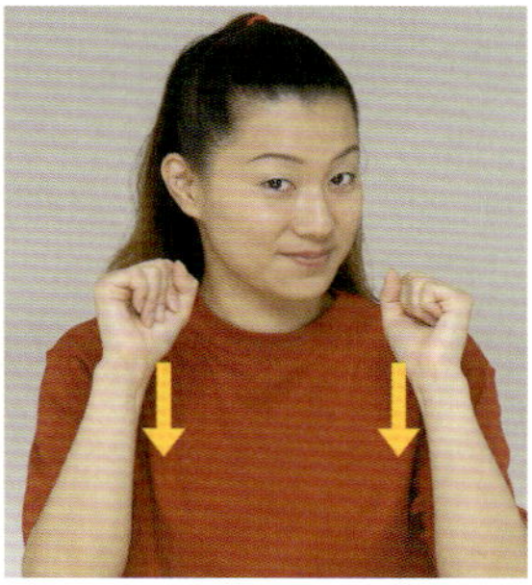

「私は昔、横浜に行ったことがあります」

1 私

軽く自分を指さす。

2 昔、過去

手の甲を相手に向けて立て、肩の後ろに持っていくように倒す。「先日」の手話より大きな動作で。

3 横浜

ひげ剃りのあとを示すように、耳の前に人差し指と中指を揃えてつけ、あごに沿って2回往復させる。

4 行く

自分に向けた人差し指を、振り下ろすようにして前に向ける。

5 経験

胸の前で手の甲を相手側に向けて指先が少し触れる程度に重ね、指先をはじきながら両手を交互に前後させる。

6 ある

右手のひらを下に向け、2回ぐらい軽くたたくようにする。「経験」＋「ある」で「～したことがある」を表す。

「私は来月、引っ越そうと思っています」

1 私

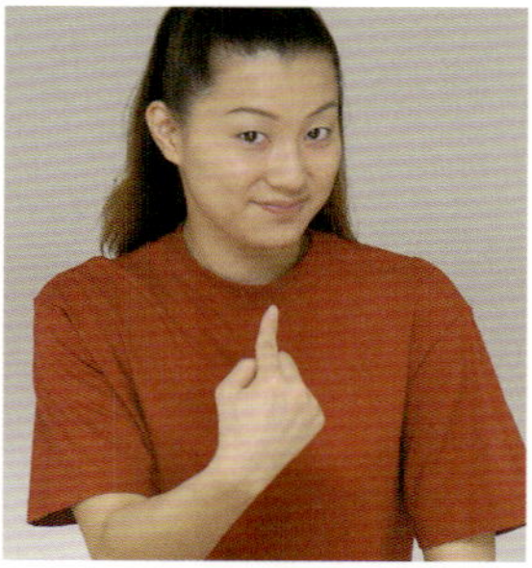

軽く自分を指さす。

2 次

右手の人差し指を横に出し、山なりに弧を描くようにして前に出す。

3 月

漢字の「月」を表す。右手の親指と人差し指の先をつけ、下に払うようにして広げる。「次」＋「月」で「来月」を表す。

4 引っ越し、引っ越す

両手で屋根の形を作り、そのまま右から左へ移動させる。

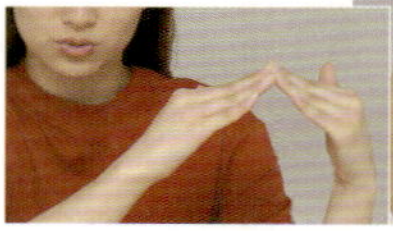

5 思う

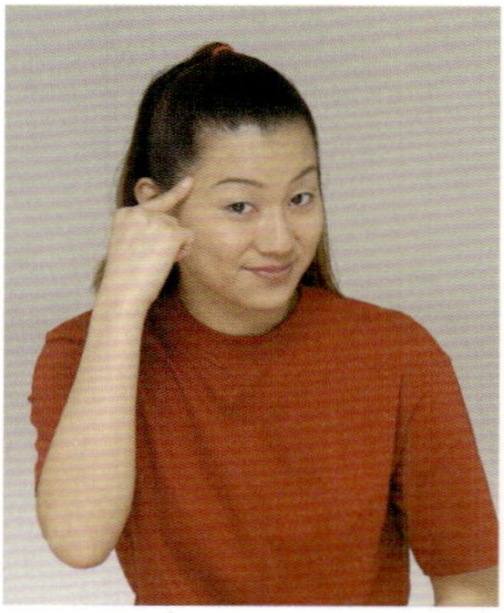

こめかみに人差し指を当て、ちょっと首を傾げる。

6 私

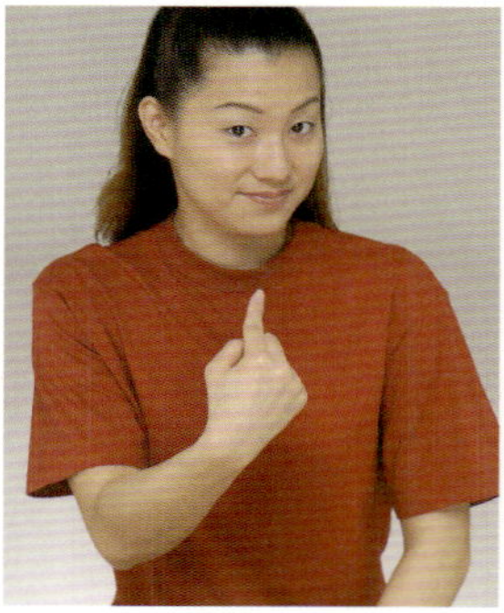

軽く自分を指さす。

STEP 2 【単語】県名など

北海道

両手の人差し指と中指を揃えて、北海道のひし形の形を描く。

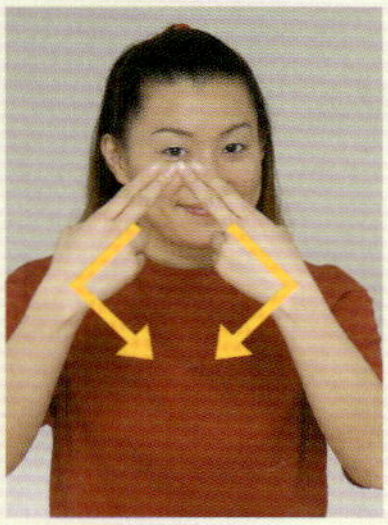

札　幌

両手の指を広げ交差させ、上にした右手を手前に引く。

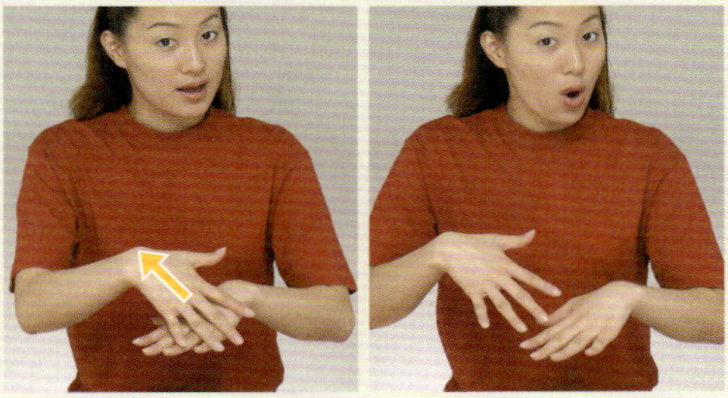

千　葉

左手の親指と人差し指を開き、そこに右手の人差し指を手前から当てて「千」を表す。

東　京

L字にした両手を、軽く上下させる。太陽が昇るように下から上に上げる「東」の手話。

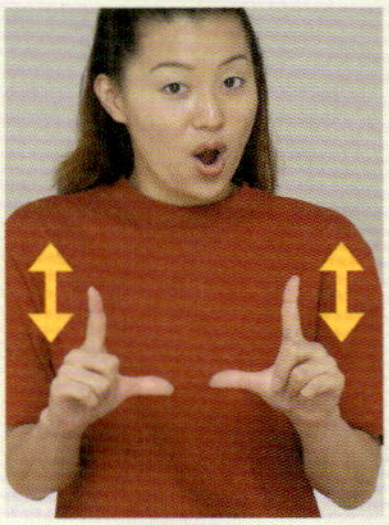

神奈川

❶柏手を打つように両手を合わせる。神奈川の「神」を表現。

神奈川

❷左手はそのままで、右手の3本指を縦にサッと下ろし、漢字の「川」を描く。

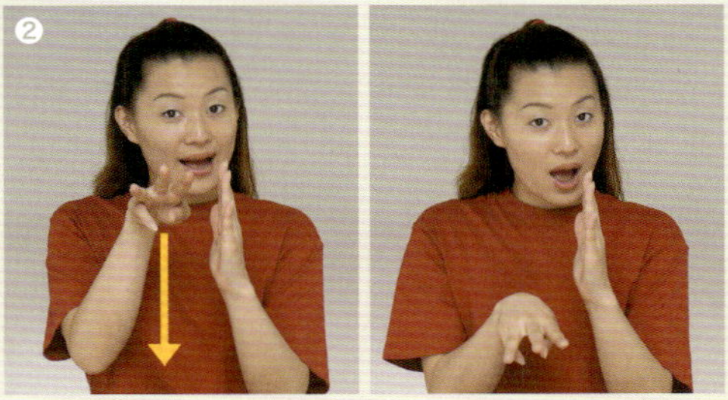

横　浜

ひげ剃りのあとを示すように、耳の前に人差し指と中指を揃えてつけ、あごに沿って2回往復させる。

名古屋

両手の人差し指を折り曲げて向かい合わせる。名古屋城の金のしゃちほこを表す。

京　都

「東」の手話の形を逆向きにした手を、軽く上下させる。太陽が沈むように下げる「西」の手話の動作。

大　阪

右手の人差し指と中指を揃えて出し、頭をポンポンと軽くたたく。

神戸

右手の親指と人差し指で輪を作り、額に当てて左から右へ移動させる。

広島

宮島の鳥居を表す。両手の人差し指と中指を開いて指先を合わせ、左右に開いたあと、下げる。

四国

左手で島の形、右手で数詞の「四」（P54参照）を作り、島を越えるように右手を前方から手前に動かす。

九州

❶右手で数詞の「9」(P55参照 を作る。

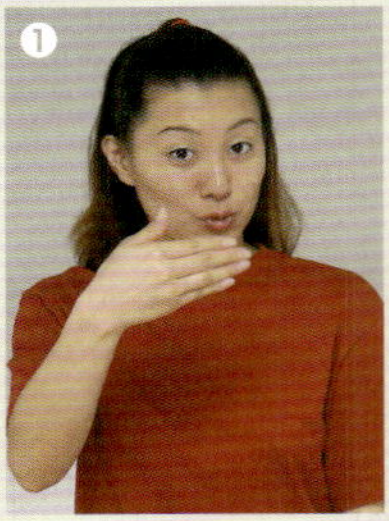

九州

❷漢字の「州」を表すように、右手の4本指を開いて前方に向け、サッと縦に下ろす。

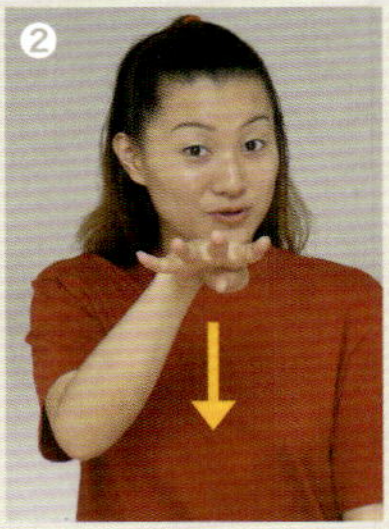

福岡

右手の親指と人差し指を開き、お腹のあたりを左から右へ移動させる。

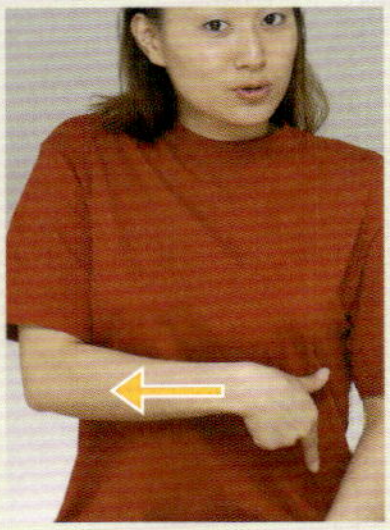

沖縄

人差し指と中指を揃え、右手を上、左手を下にして向かい合わせて顔の横に置き、手首を返しながら、左右の手の上下を変える。

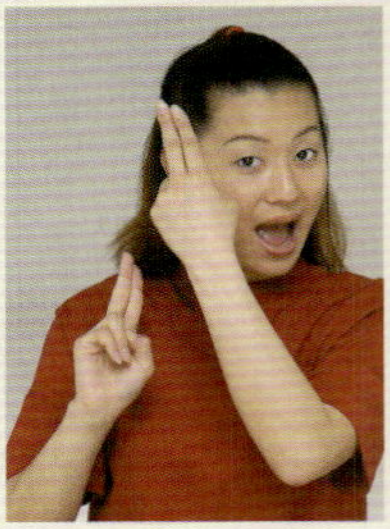

東北

❶L字にした両手を、太陽が昇るように下から上に上げる「東」の手話の動作をする。
❷両手の人差し指と中指で漢字の「北」を描く。

関　東

親指と人差し指で輪を作った両手を合わせ、前方に向かって水平に円を描く。

関　西

❶親指と人差し指で輪を作った両手を合わせ、前方に向かって水平に円を描く。
❷「東」の手話の形を逆向きにした手を下げ「西」の手話の動作をする。

都

指文字の「と」（P36参照）で表す。

県

両手のひらをずらして合わせ、それぞれの手を反対方向に回しながら手首を返す。

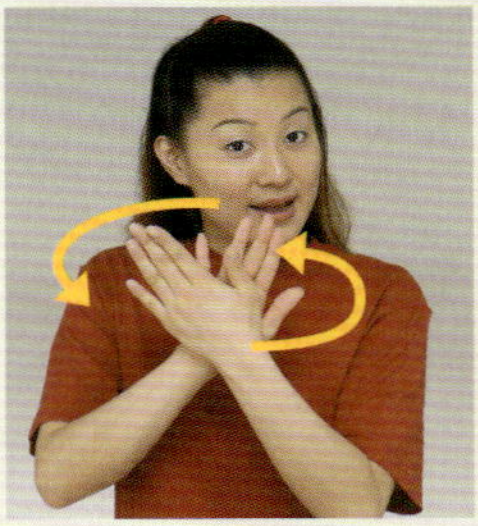

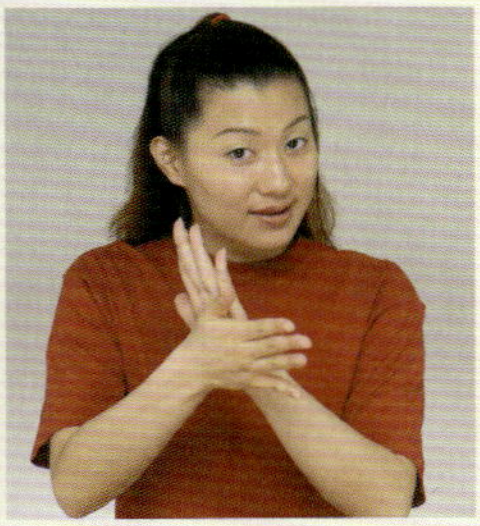

府

指文字の「ふ」（P37参照）で表す。

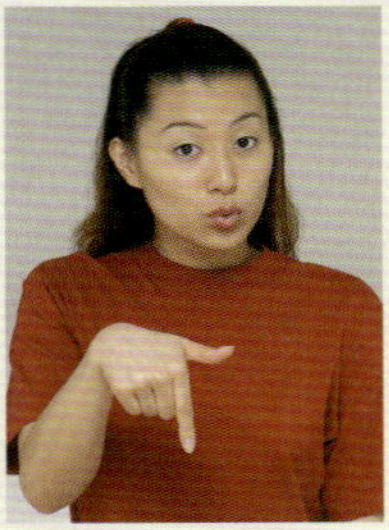

郡

❶指文字の「ぐ」（P36の「く」・P38の「濁音」参照）で表す。
❷指文字の「ん」（P38参照）で表す。

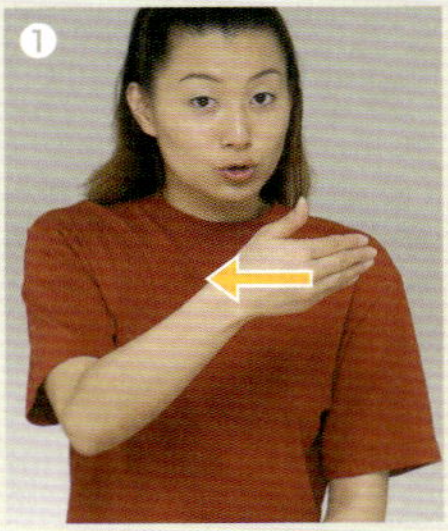

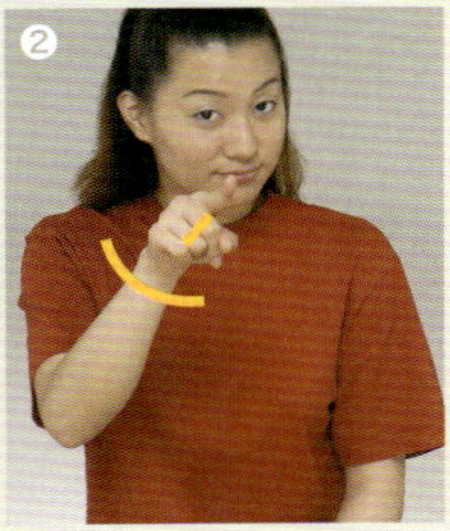

市

指文字の「し」（P36参照）で表す。

町

両手で屋根の形を作り、左から右へ、手首をひねりながら移動させる。

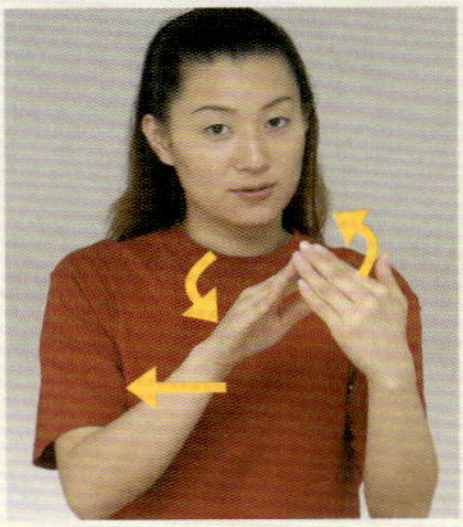

誕生日

「おいくつですか？」

1 年齢

あごの下で右手を開き、親指から順に折り曲げていく。数を数えるしぐさ。

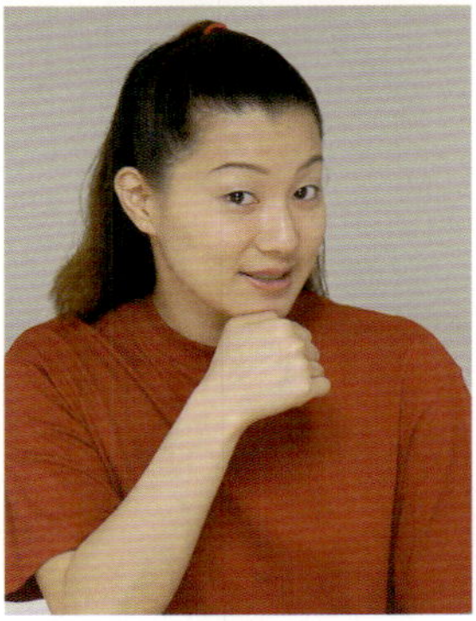

2 どう?

右手のひらを上にして、左右に軽く振る。尋ねる表情で。

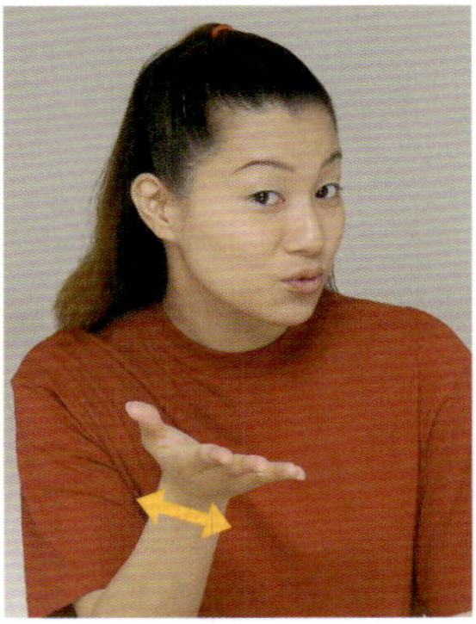

「32歳です」

1 私

軽く自分を指さす。

2 年齢

あごの下で右手を開き、親指から順に折り曲げていく。数を数えるしぐさ。

❸ 32

数詞の「30」（P55参照）を表してから、数詞の「2」（P54参照）を表す。

「私は昭和50年生まれです」

❶ 私

軽く自分を指さす。

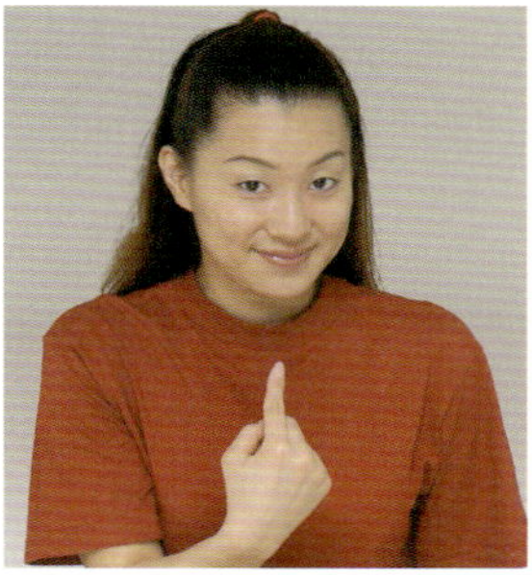

❷ 昭和

軽く曲げた人差し指を耳の下あたりに当てる。

❸ 50

数詞の「50」（P55参照）を表す。

❹ 年

左手のこぶしに右手の人差し指を上から当てる。

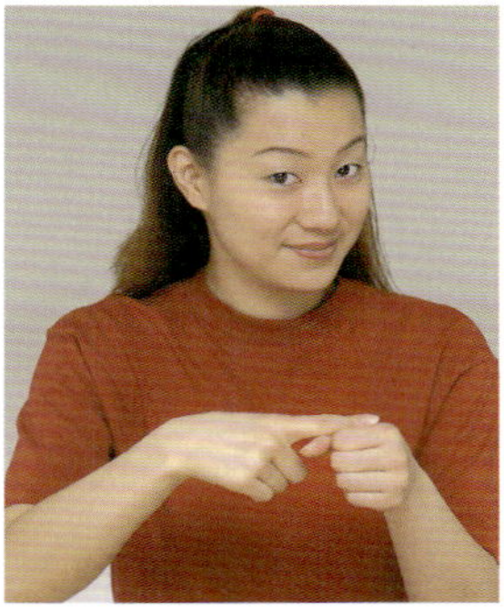

❺ 生まれる、誕生

おなかの前に、軽く握った両手を置き、指をパッと開きながら前に出す。

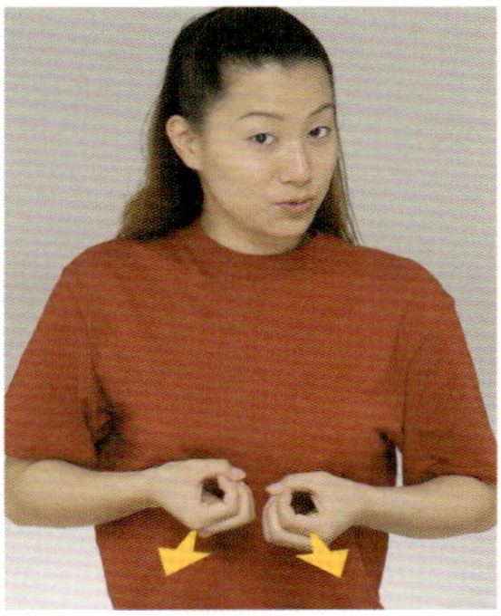

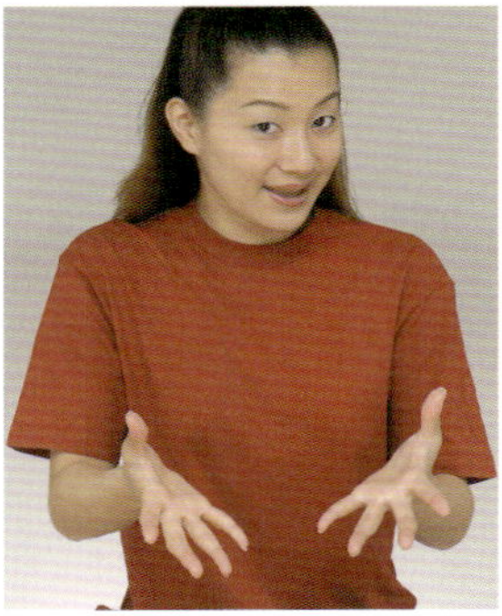

「誕生日はいつですか？」

❶ 生まれる、誕生

おなかの前に、軽く握った両手を置き、指をパッと開きながら前に出す。

❷ 日

漢字の「日」を表す。右手の甲を相手に向けて人差し指、中指、薬指を横に出し、その指先に左手の人差し指を立てる。

❸ いつ、何月何日

両手を上下に置き、開いた指を、親指から小指まで順に折り曲げていく。

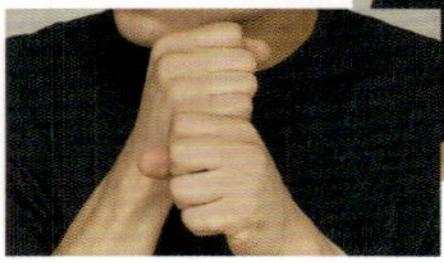

「8月23日です」

❶ 8月

左手で数詞の「8」（P54参照）を表し、その下で右手で「月」の手話をする。「月」は右手の親指と人差し指の先をつけ、下に払うようにして広げる。

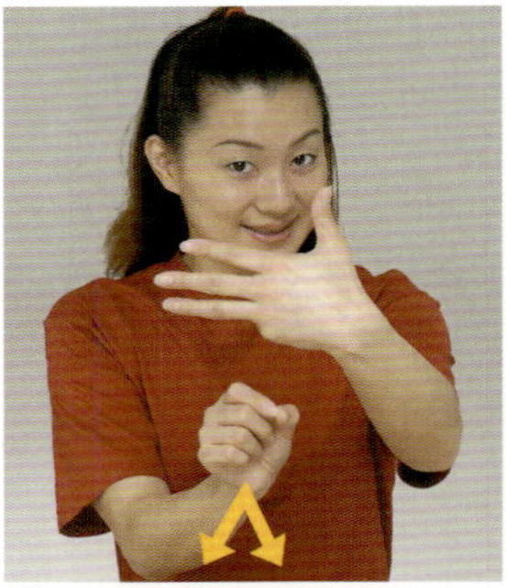

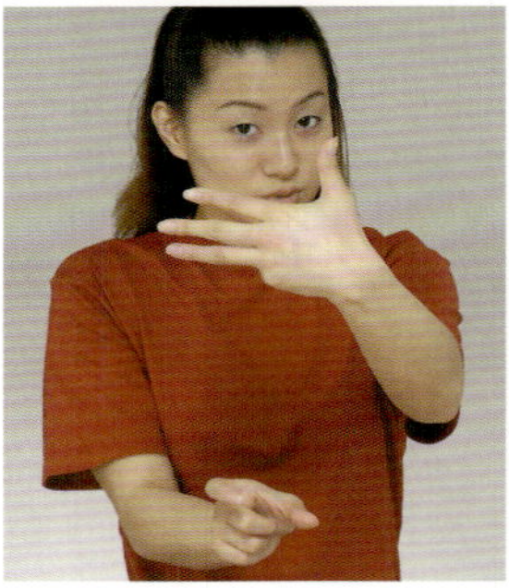

❷ 23

数詞の「20」（P55参照）を表してから、数詞の「3」（P54参照）を表す。

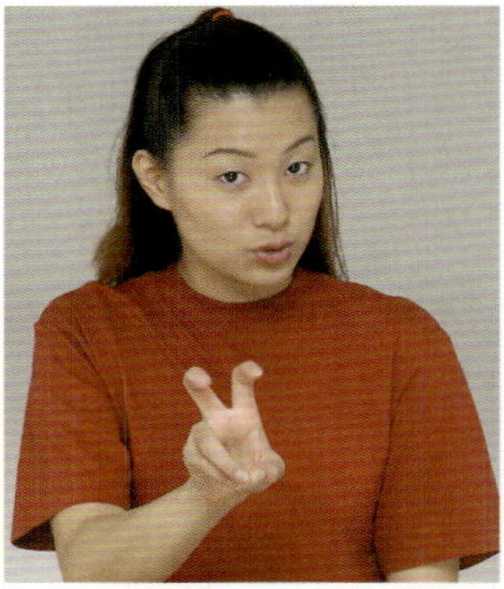

STEP 2 【単語】年月日など

昭　和

首の横に人差し指の指先を当てる。

平　成

手のひらを下に向け、左から右へ移動させる。

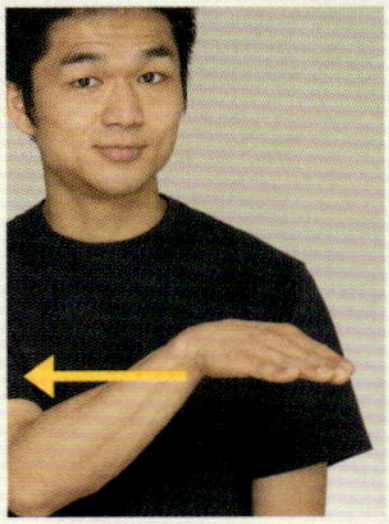

15　年

❶数詞「10」（P55参照）を表す。

❷数詞「5」（P54参照）を表す。
❸右の人差し指を左のこぶしに乗せ「年」の手話をする。

2004年

❶数詞の「二」（P54参照）の形のまま、漢字の「千」を書くように動かす。

❷数詞の「4」（P54参照）を表す。
❸右の人差し指を左のこぶしに乗せ「年」の手話をする。

1　月

左手は数詞「一」（P54参照）、右手は左手の下から親指と人差し指の先を合わせ、開きながら下ろし「月」を表す。

5　日

❶数詞の「5」（P54参照）を表す。
❷親指と人差し指を少し曲げ、「日」の手話をする。両手を使った「日」の手話でもよい。

誕生日

❶両手を軽く握り、パッと開きながら斜め下に出す。「誕生」を表す。
❷漢字の「日」を形作る。

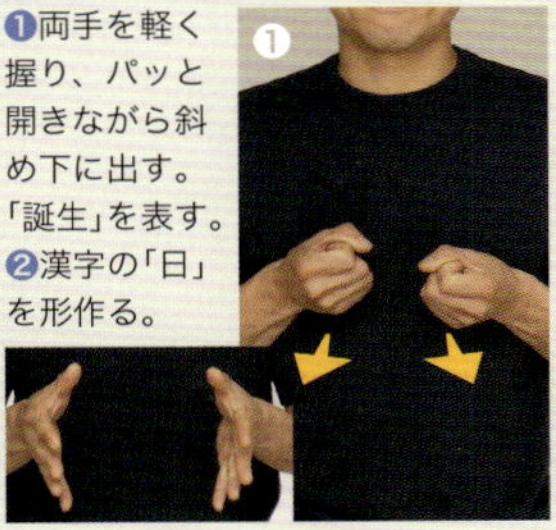

STEP 2 【必ず覚えよう】数詞など

一

人差し指を横に伸ばし、手の甲を相手側に向ける。

二

人差し指と中指を横に伸ばし、手の甲を相手側に向ける。

三

人差し指、中指、薬指を横に伸ばし、手の甲を相手側に向ける。

四

親指は内側に折り、他の指は横に伸ばし、手の甲を相手側に向ける。

1

人差し指を立て、指の腹を相手側に向ける。

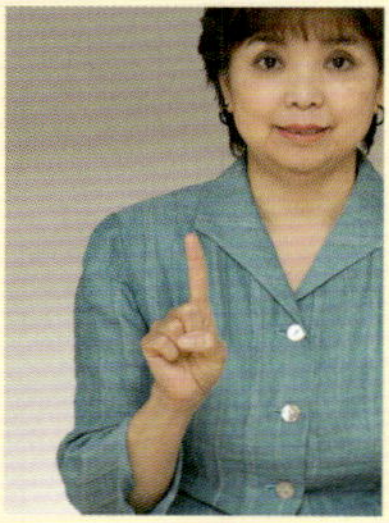

2

人差し指と中指でVサインを作り、指の腹を相手側に向ける。

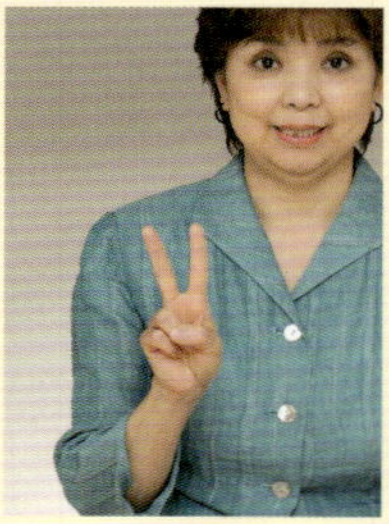

3

人差し指、中指、薬指を立て、指の腹を相手側に向ける。

4

親指は内側に折り、他の4指を立て、手のひらを相手側に向ける。

5

親指を横に出して、他の指は握る。手のひらを相手側に向ける。

6

親指を縦に、人差し指を横に伸ばし、他の指は握る。手の甲を相手側に向ける。

7

親指を縦に、人差し指と中指を横に伸ばし、他の指は握る。手の甲を相手側に向ける。

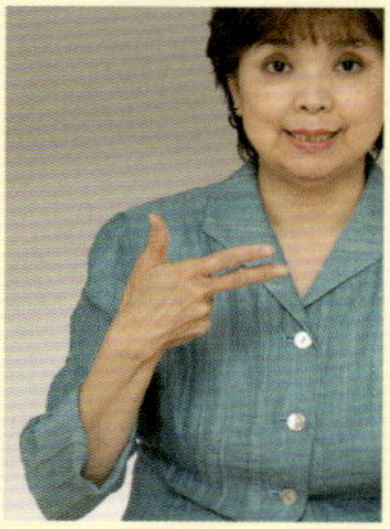

8

小指だけ折り、残りの指は伸ばす。手の甲を相手側に向ける。

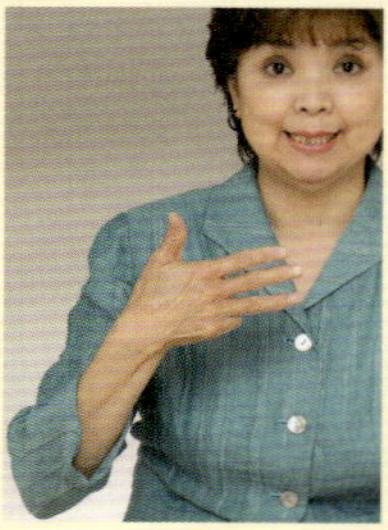

9

親指を縦に、他の指は横に伸ばす。手の甲は相手側に向ける。

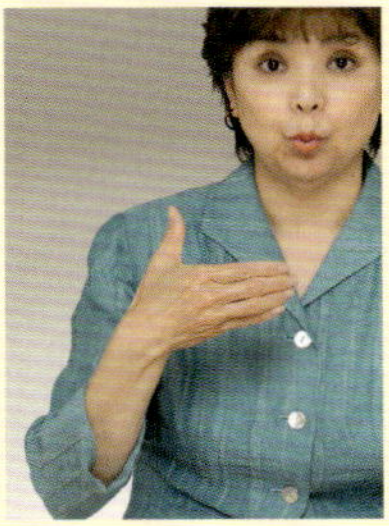

10

人差し指を立てて「1」を表してから、そのまま前に折り曲げる。

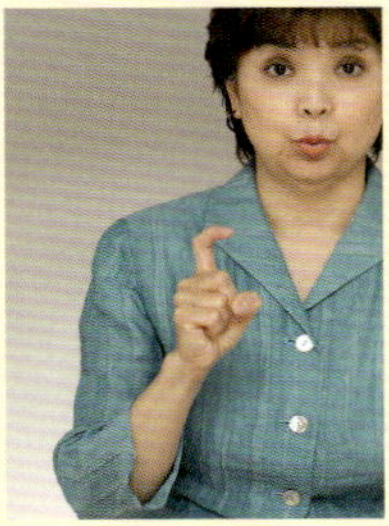

11

まず「10」を表し、次に「1」を作る。12〜19の数字も同様に「10」+「2、3、4、…」とする。

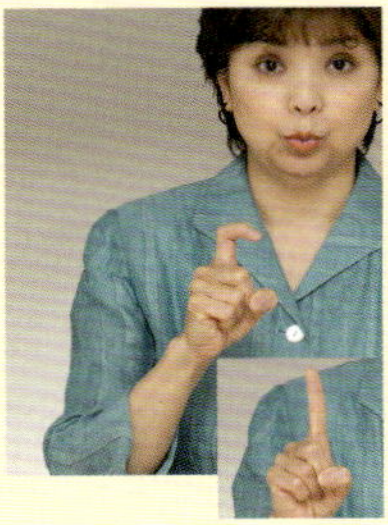

20

「2」を表してから、「10」と同じように指を折り曲げる。

30

「3」を表してから、「10」と同じように指を折り曲げる。

40

「4」を表しから、「10」と同じように指を折り曲げる。

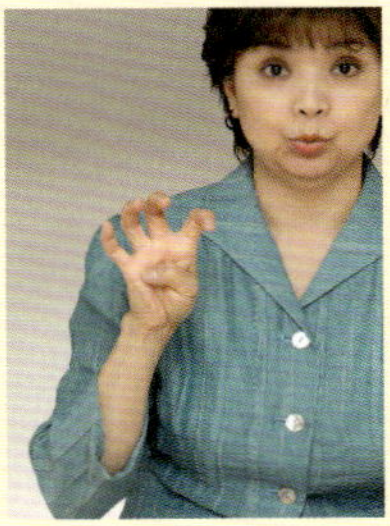

50

親指だけ立てて他の指は握り、次に親指を折り曲げる。

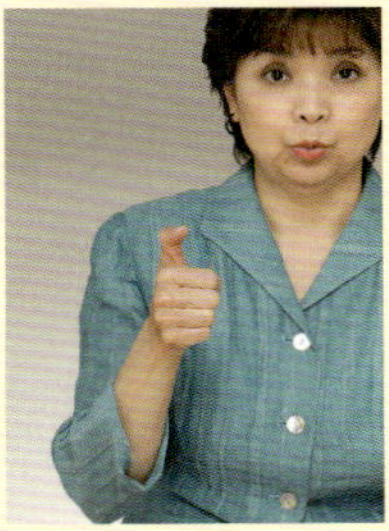

60

「6」を表してから、指を折り曲げる。

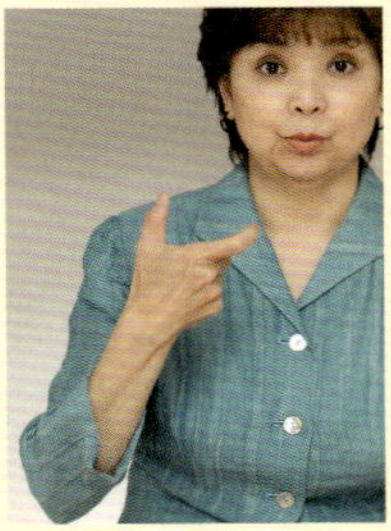

70

「7」を表してから、指を折り曲げる。

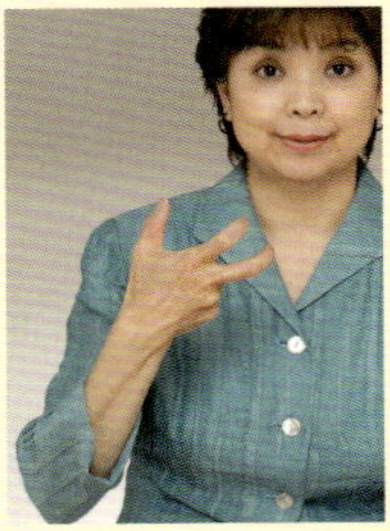

80

「8」を表してから、指を折り曲げる。

90

「9」を表してから、指を折り曲げる。

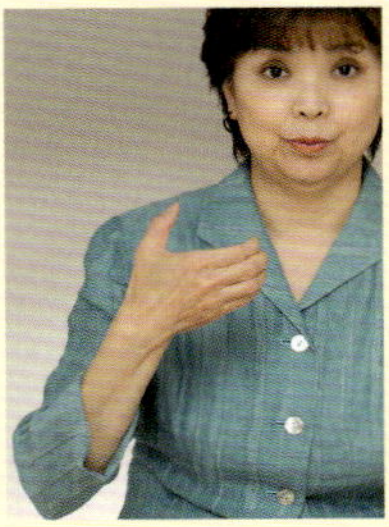

100

数詞の「一」を表し、そのまま人差し指を跳ね上げる。

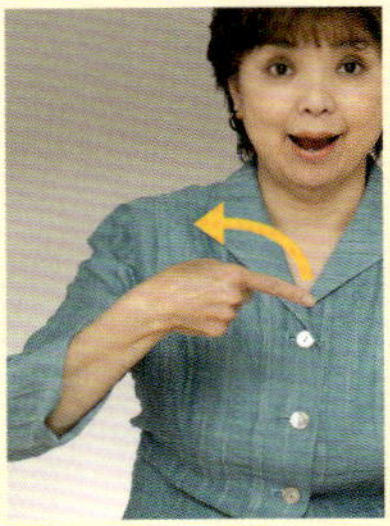

111

❶「100」（P55参照）を表す。
❷「10」（P55参照）を表す。次に「1」（P53参照）を作る。他の3桁の数字も同様にして表す。

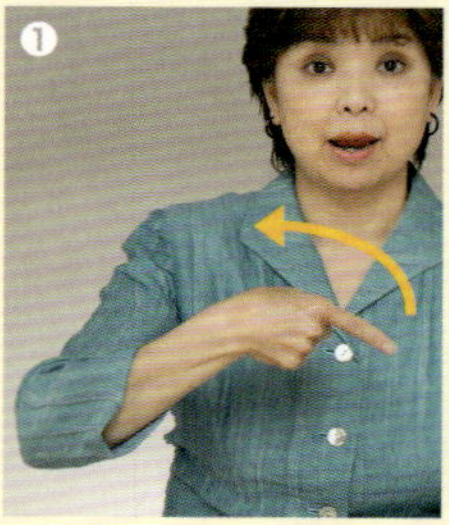

1000(A)

人差し指を横にして数詞の「一」（P53参照）を表し、そのまま漢字の「千」を書くように動かす。

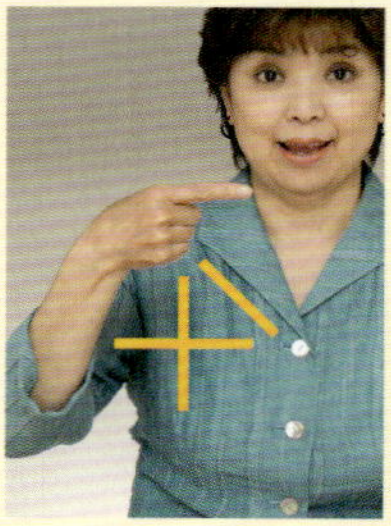

1000(B)

小指を立て他の指先をすべて合わせ、手のひらを相手側に向ける。次に少し右側へ移動する。

1万(A)

左手は数詞の「一」（P53参照）を表し、左手は4本の指と親指を開き、甲が上向きになるようにし相手側に向ける。次に、左手の開いた4指と親指の指先を合わせて「0」4つを表す（万の意）。

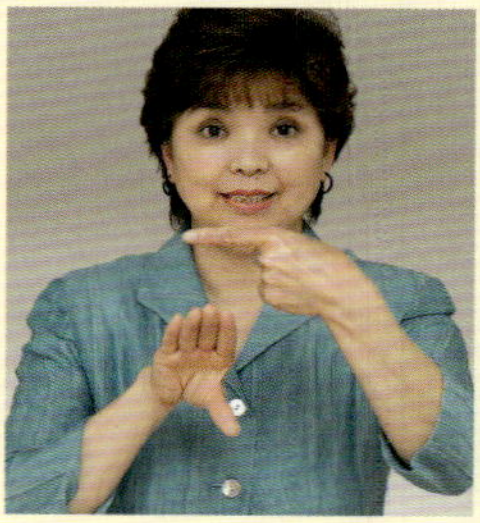

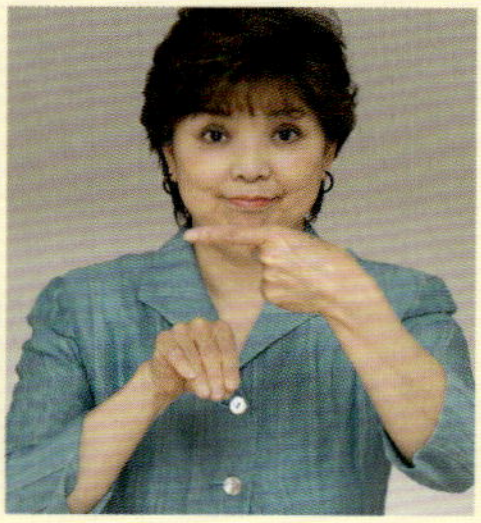

1万(B)

左手は数詞の「一」（P53参照）を表し、右手は人差し指を出し「万」を書くように動かす。

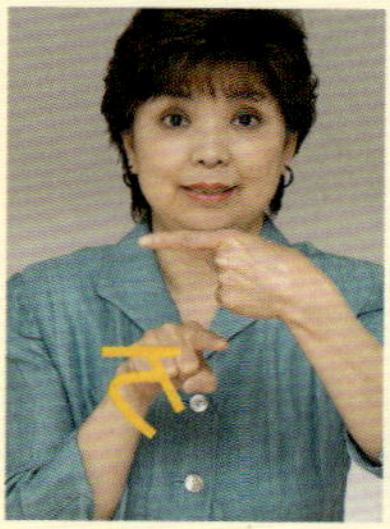

1　億

左手で数詞「一」（P53参照）を作り、右手は手前に引き寄せながらぐっと握る。

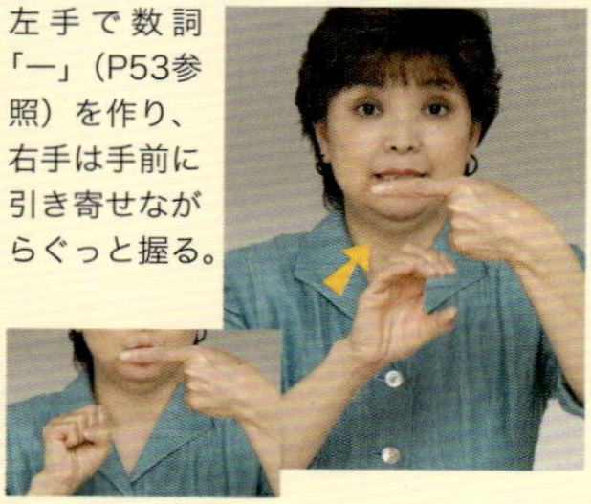

100万

❶左手で「100」（P55参照）を表す。

100万

❷同時に、右手で「万」の位を表す。「200万、300万、…」も同様に。

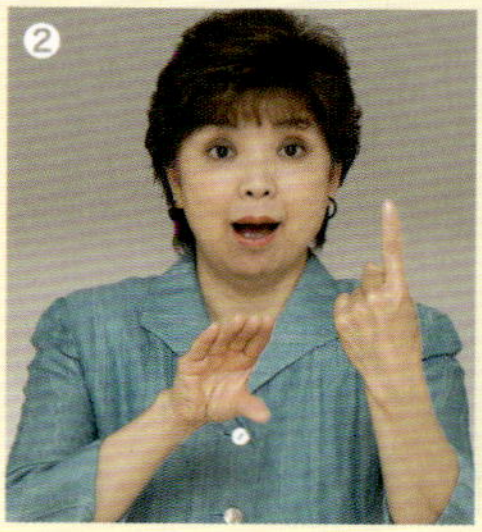

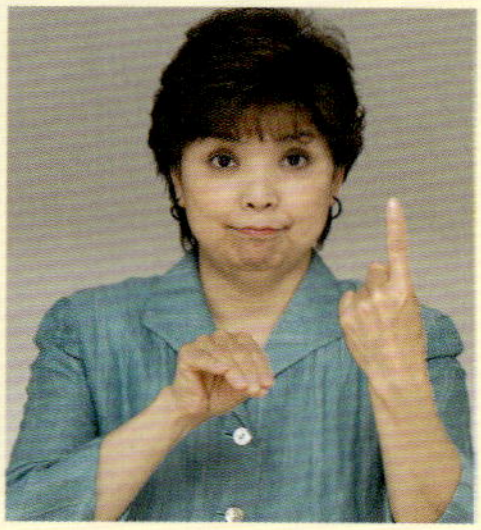

小数点

人差し指を相手に向けて軽く折り曲げ、「•」を打つように前に動かす。

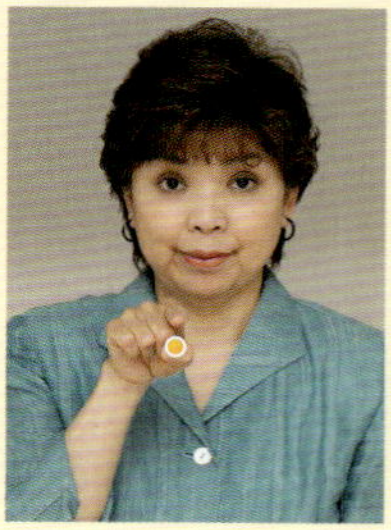

1 兆

❶左手で数詞の「一」(P54参照)を表す。❷両手の人差し指で「儿」を書く。次に人差し指と中指でVサインを作って外側から中央に向けて払う。漢字の「兆」になるように。

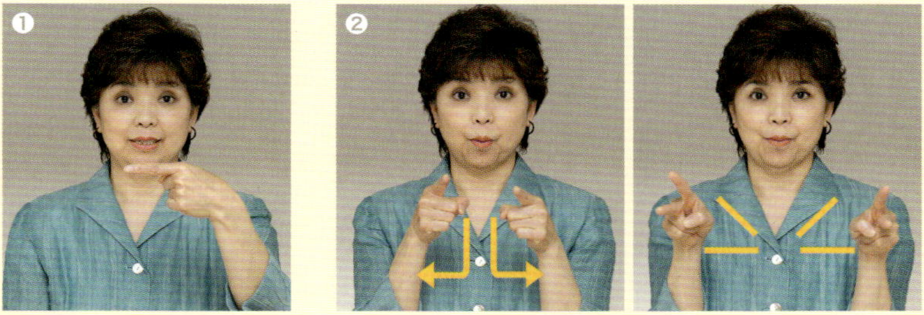

0

指を揃えて丸め、「0」の形を作る。

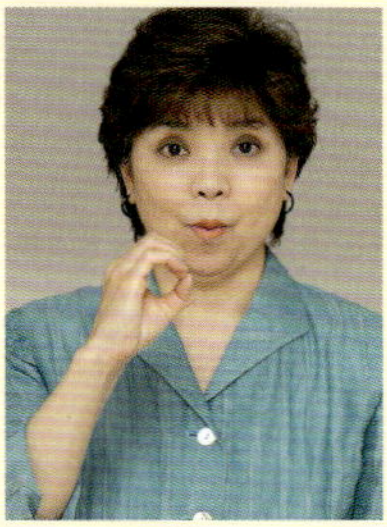

数

両手の人差し指と中指、薬指を立てて、手の甲を相手に向け、中央に寄せたり離したりする。

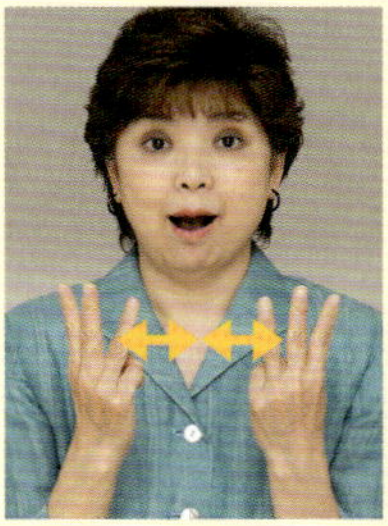

計 算

左手のひらに右手の指先をのせ、手首から指先に向かって2回払う。

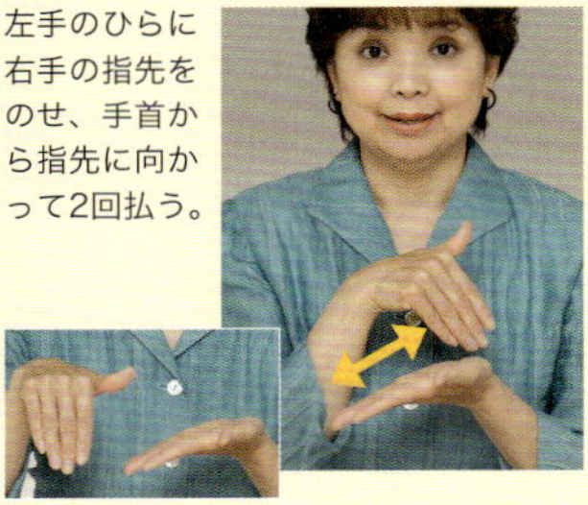

倍(2倍)

親指と人差し指でコの字を作った両手を上下に置き、下の手を上に持ってくる。「3倍」はさらに下の手を上にのせる。

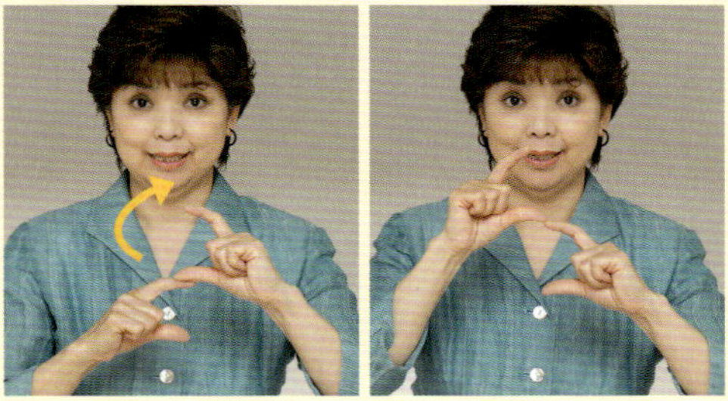

円

右手の親指と人差し指でコの字を作って指先を相手側に向け、左から右へ動かす。

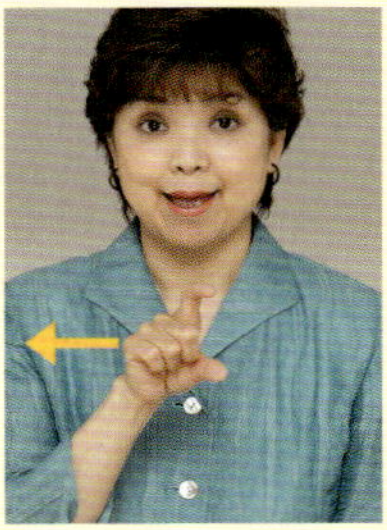

ド ル

右手の人差し指と中指で「$」を書く。

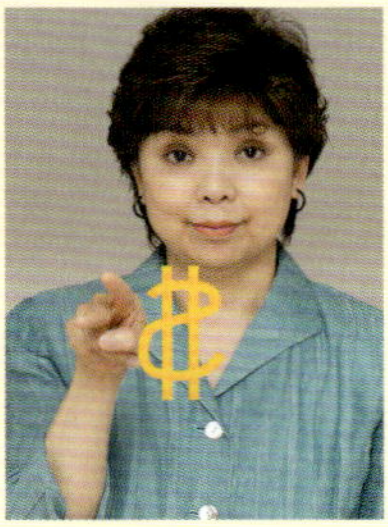

消費税

❶右手の親指と人差し指で輪を作って左手のひらにのせ、2回滑らせる。❷右手首を返して手のひらを上に向ける。

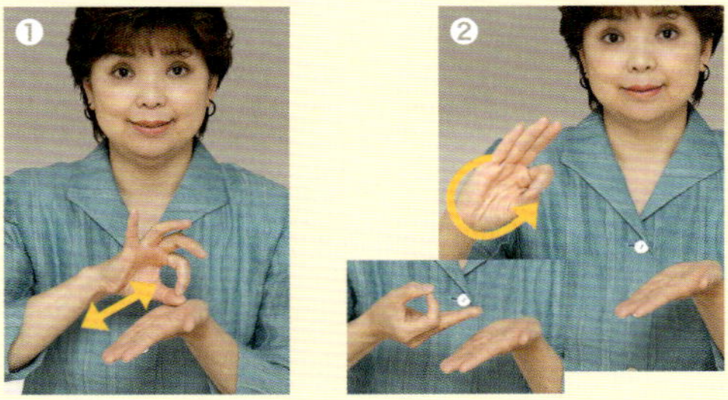

交際の話

「来年、結婚する予定です」

1 来年

左手のこぶしに右手の人差し指を当て（年）、その人差し指を前に出す。

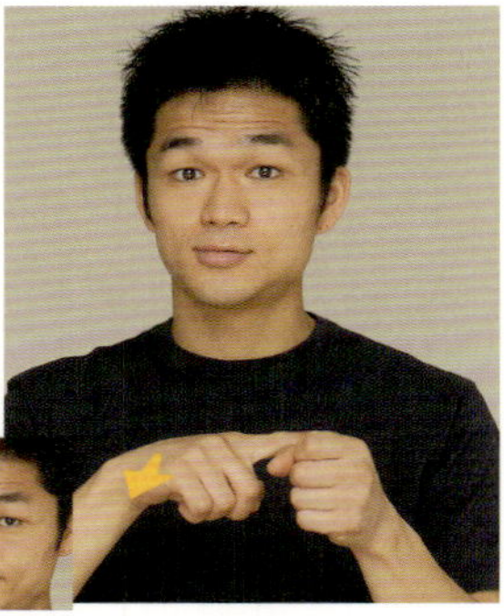

2 結婚

右手は小指を、左手は親指を出し、左右から中央で合わせる。

3 予定、計画

左腕を水平に体の前に置き、腕の外側をひじから指先に向けて右手の指でなぞるようにする。

4 私

軽く自分を指さす。

「おめでとうございます」

1 おめでとう、祝う

両手の指をすぼめて指先を上に向け、パッと開きながら上げる。

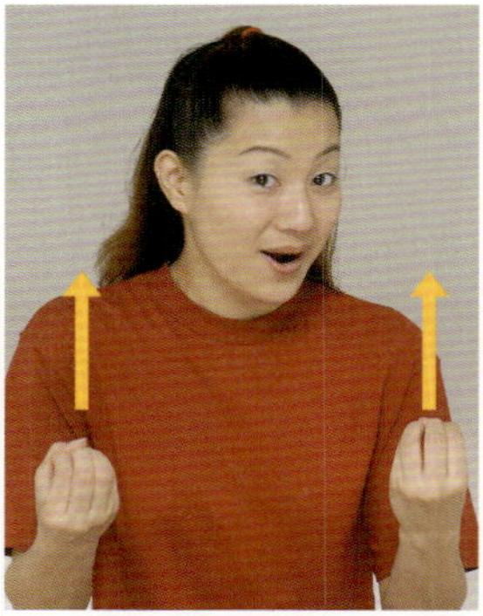

「恋人はいるのですか？」

1 恋人、恋愛

ハートマークの上の部分を描くように、両手の人差し指を左胸の前で合わせる。

2 男

親指を立てて出す（女性に聞く場合）。

3 いる

脇をしめるようにして両手を握り、こぶしをグッと下げる。尋ねる表情で。

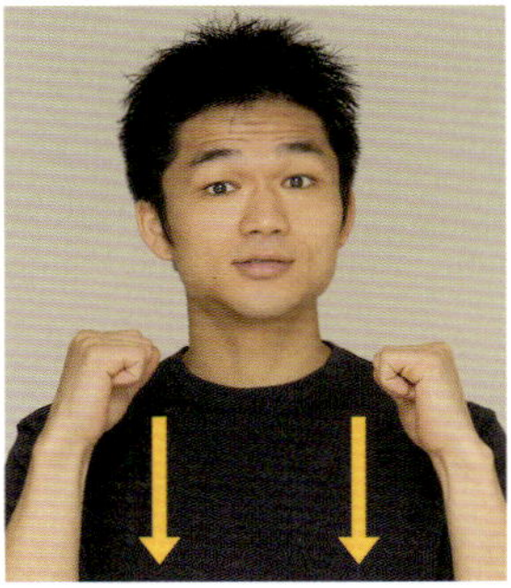

「すてきな友達はいます」

1 よい

右手のこぶしを鼻先に当て、少し前に出す。

2 友達

両手を組み合わせ、体の前で軽く２回たたく。

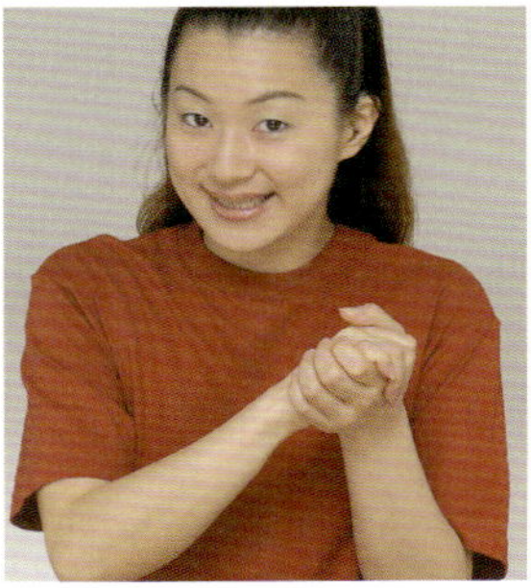

3 いる

脇をしめるようにして両手を握り、こぶしをグッと下げる。

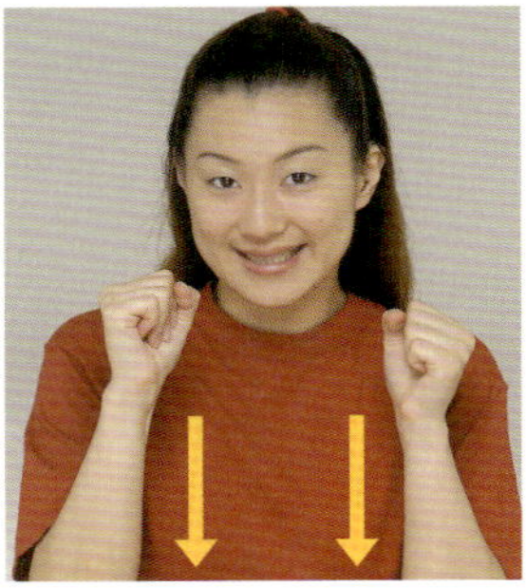

4 私

軽く自分を指さす。

STEP 2 【単語】交際関係

ガールフレンド

❶両手を軽くたたき、「友達」の手話（P59参照）をする。
❷右手の小指を立て「女」を表す。

ボーイフレンド

❶両手を軽くたたき、「友達」の手話（P59参照）をする。

ボーイフレンド

❷右手の親指を立て「男」を表す。

彼　女

❶心臓の前で両手の人差し指を下向きに交差させて♡マークの上の部分を作り「恋人」を表す。
❷右手の小指を立て「女」を表す。

彼　氏

❶心臓の前で両手の人差し指を下向きに交差させて♡マークの上の部分を作り「恋人」を表す。
❷右手の親指を立て「男」を表す。

交　際

両手のひらを上に向けて広げ、水平に内側に何回か回す。

デート

右手の親指と小指を出し、手前から2段階にポンポンと前方に出す。男女が一緒に行くように。

合コン

❶右手は小指、左手は親指を立てて前に出し、そのまま両手を前方へ出す。
❷集まるように両手を左右から中央に寄せる。

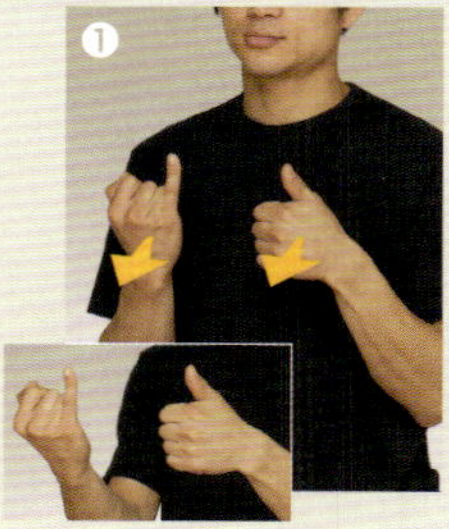

失　恋

左胸の前で両手の親指と人差し指で♡マークを作り、パッと弾けるように離す。

婚　約

❶右手は小指を、左手は親指を出し、左右から中央で合わせる（結婚の意）。
❷両手の小指同士を絡ませる（約束の意）。

結　納

❶右手は小指を、左手は親指を出し、左右から中央で合わせる（結婚の意）。
❷両手の指を開いて軽く曲げ、両手を交差させ、同時に左右に引いて握りしめる。

結　婚

右手は小指を、左手は親指を出し、左右から中央で合わせる（結婚の意）。

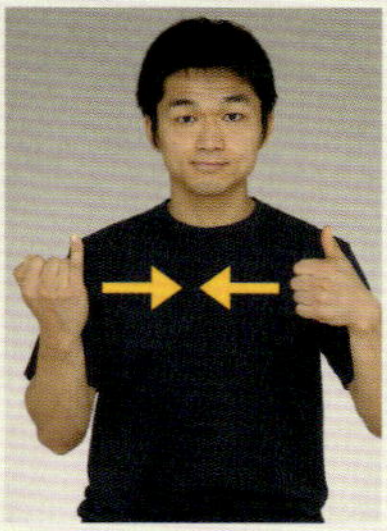

結婚式

❶右手は小指を、左手は親指を出し、左右から中央で合わせる（結婚の意）。
❷両手の甲を相手側に向けて中央で重ね、右手だけ前に出す。

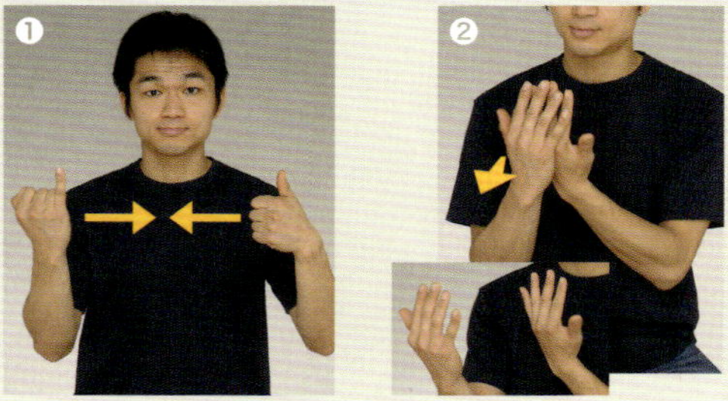

ハネムーン

❶右手は小指を、左手は親指を出し、左右から中央で合わせる（結婚の意）。
❷右手の親指、人差し指、小指を出して飛行機の形を作り、手前から斜め上に出す（飛行機の意味）。

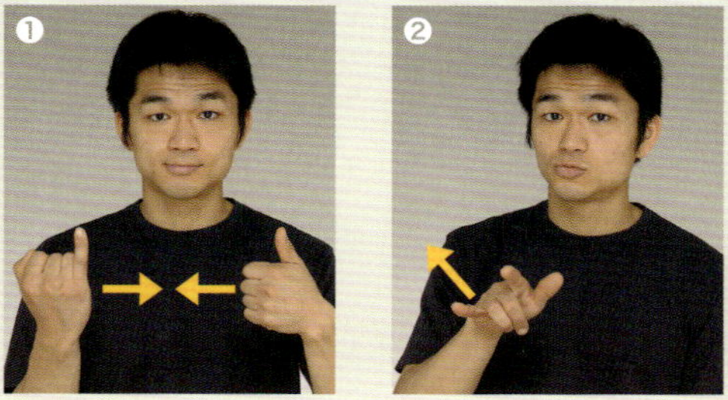

同　棲

右手の親指と小指を出し、左手を右手首の前に置いて、右手だけ下ろす。

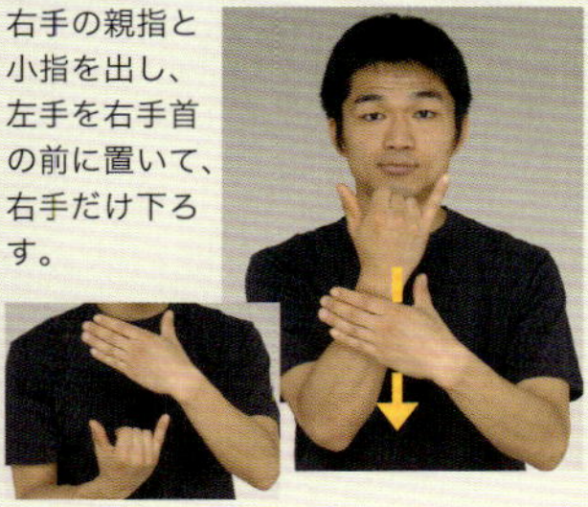

メールアドレスの交換

「携帯電話のメールアドレスを教えてください」

1 携帯電話

右手の人差し指を携帯電話のアンテナのように立て、右耳につける。

2 Eメール

携帯電話を持つように左手を出し、その上に指文字の「め」（P37参照）にした右手を置き、右手だけ前後に動かす。

3 アドレス

左手のひらの上に、親指を出した右手をのせ、右手だけ前に出す（「名前」の手話の変形）。

4 教わる、習う

右手の人差し指を右斜め上から自分に向けて指すように2回動かす。

⑤ お願い

右手を縦にして、顔の前で拝むようにする。両手を合わせて拝むようにしてもよい。

「メールしてね」

① メールをもらう

携帯電話を持つように左手を出し、指文字の「め」（P37参照）の形の右手を前方から左手に引き寄せる。

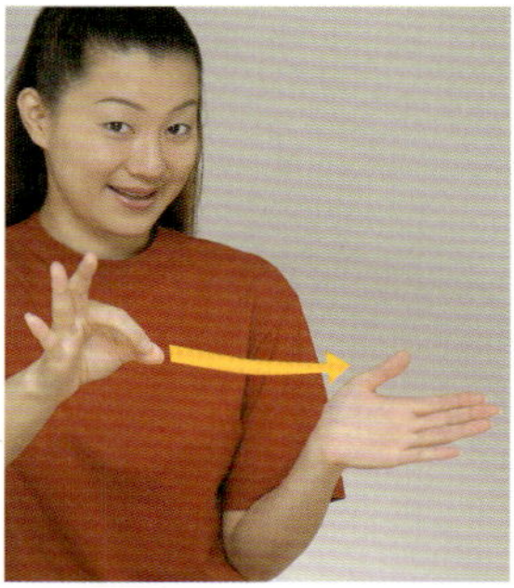

② お願い

右手を縦にして、顔の前で拝むようにする。両手を合わせて拝むようにしてもよい。

「これです」

① これ

「これ」とそのものを指さす。実際の会話では左手はいらない。

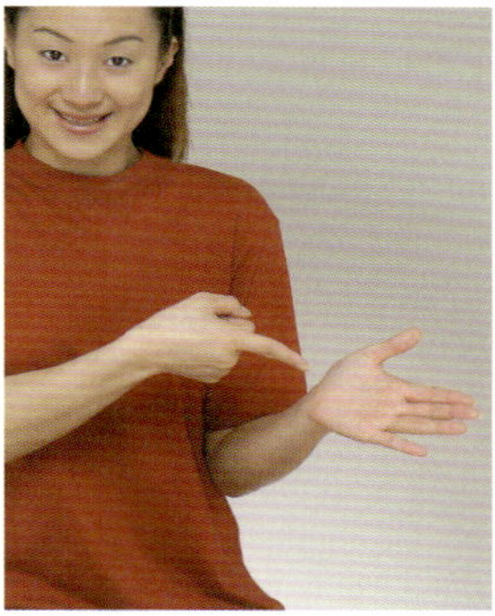

ONE POINT MEMO

アドレスを交換して、すぐに連絡をとり合おう

いまやEメールは情報交換の手段として当たり前。特にろう者と連絡をとり合うときはとても便利です。知り合いになったらすぐにアドレスを交換し合い、メル友になりましょう。「アドレス」は、「数」の手話（P57参照）に「アドレス」の手話でも表せます。「メル友」は、「Eメール」の手話のあとに「友達」の手話（P35参照）をつけて表します。

趣味は何ですか？

「趣味は何ですか？」

1 趣味

右手のひらを相手に向けて親指と人差し指を頬につけ、握りながら前に出す。

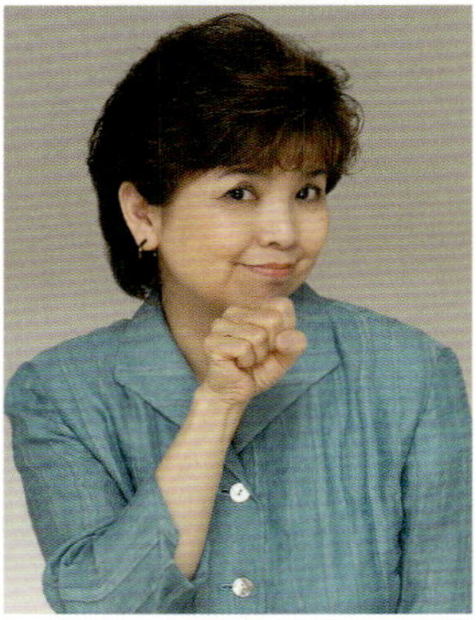

2 何?

右手の人差し指を立て、体の前で軽く左右に2、3回振る。尋ねる表情で。

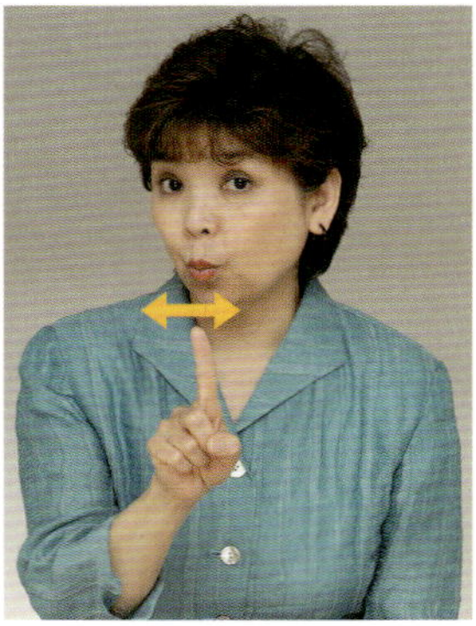

「スキューバダイビングです」

1 私

軽く自分を指さす。

2 趣味

右手のひらを相手に向けて親指と人差し指を頬につけ、握りながら前に出す。

CHECK POINT 習うは、自分の意志で? それとも相手から自然に?

「習う」とき、自分の頭にグッと知識を引き寄せるようにする手話（写真左）と、相手からものごとを教わる手話（写真右）とを使い分けましょう。後者は相手から知識が入ってくることを表します。

習う

習う、教わる

3 スキューバダイビング

左手を水平に体の前に出し、その手前で、人差し指と中指を立てた右手を、左手の上から下に下げる。

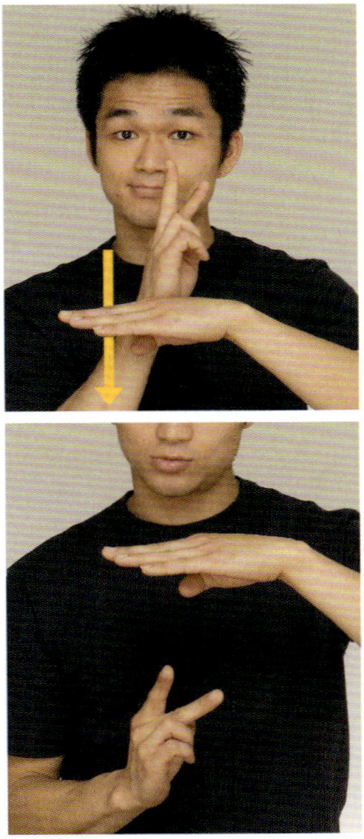

「今、夢中です」

1 今、今日

両手のひらを下にし、上下に軽く2、3回動かす。

2 集中

指を揃えてまっすぐに立てた両手を口の前で前後に置き、同時に前に出しながらグッと握る。

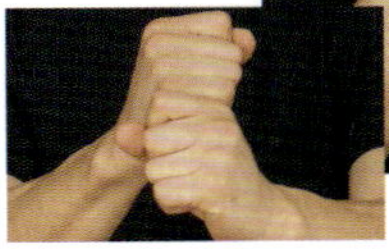

3 ○○中

漢字の「中」を作る。左手の親指と人差し指を横に伸ばし、右手をその中央に垂直に立てる。

4 私

軽く自分を指さす。

「私はダンスを習い始めたところです」

1 私

軽く自分を指さす。

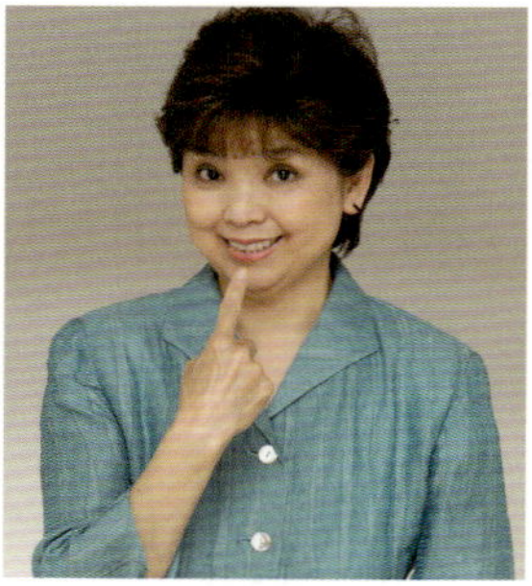

2 社交ダンス

相手の肩と腰に手を置いて社交ダンスをするように体を左右に振る。

3 習う

顔の斜め上に軽く開いた右手を出し、グッと握って顔につける。この動作を２回繰り返す。

4 始める、開ける

両手のひらを相手に向けて揃えて立て、扉が開くように左右に広げる。

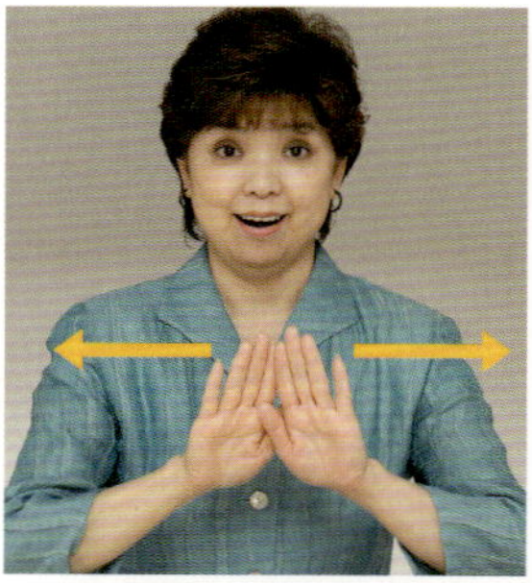

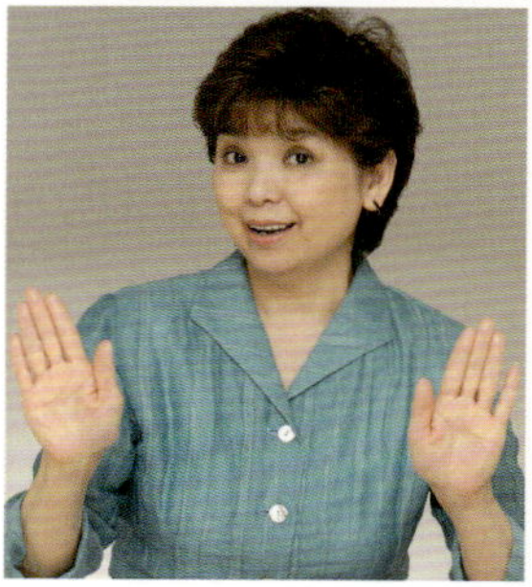

5 ○○したばかり

輪ゴムを親指と人差し指でつまんで左右に引っ張り、パッと離したように、最後に両手を振る。

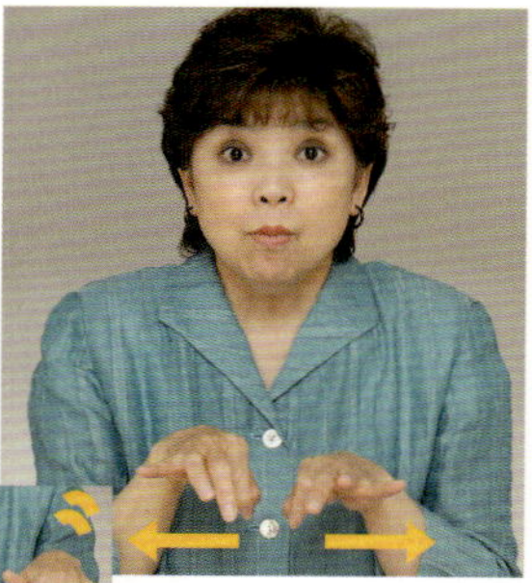

「おもしろいですよ」

1 おもしろい

右手のこぶしの親指側で左胸をたたく。関心や興味がある「おもしろい」のときに使う。

【単語】趣味、スポーツ

読書

❶両手のひらを中央で合わせ、本を開くように左右に開く。
❷左手に本をのせて字面を追うように、2回ぐらい右手の人差し指と中指を動かす。

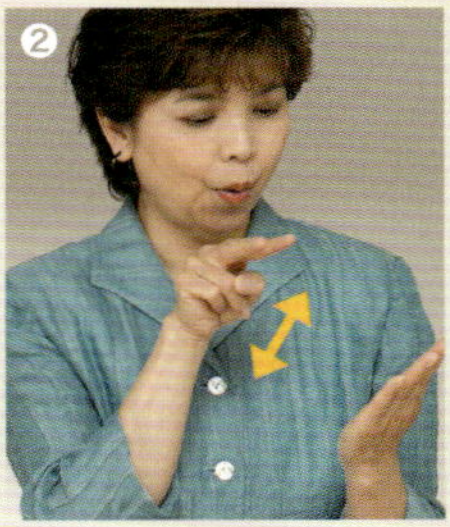

料理

❶左手を鍋に見立て、その下から火を当てるように軽く指を曲げた右手を上下する。

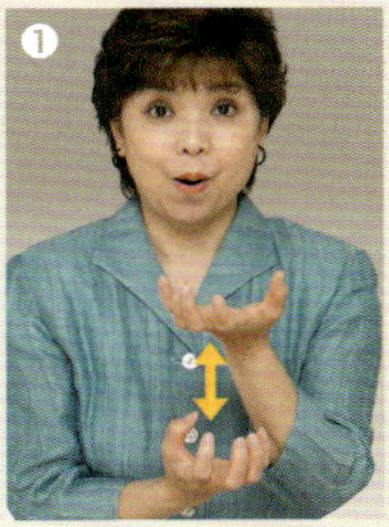

料理

❷軽く握った左手を前に出し、その横で包丁を切るように右手を動かす。

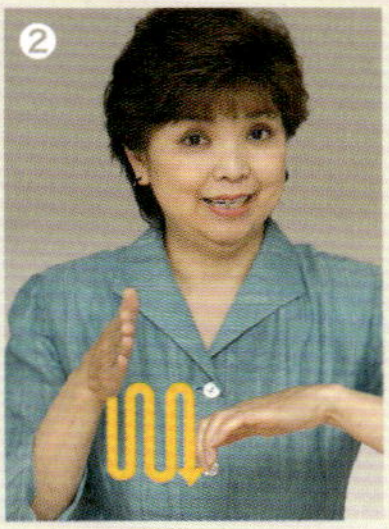

グルメ

❶軽く右頬に手を当て、「おいしい」（P201参照）の手話をする。
❷左手をお皿に、右手を箸に見立て、箸でものを食べるような動作をする。

グルメ

❸右手の人差し指を立て、歩き回るように移動させる。

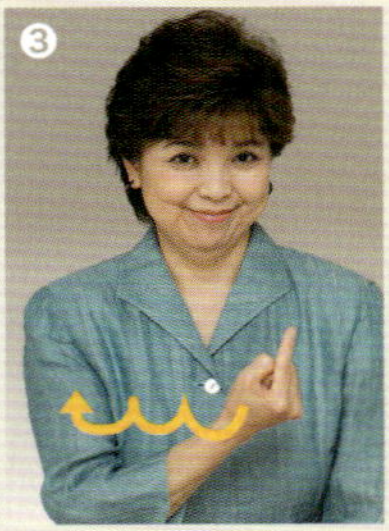

映画鑑賞

❶指を開いた両手を、画面がチラチラするように交互に大きく上下させる。
❷左手はそのままで、その画面を見るように右手の人差し指と中指を立てて「見る」の手話をする。

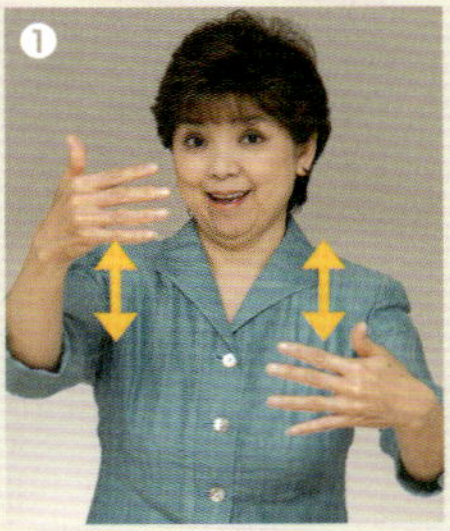

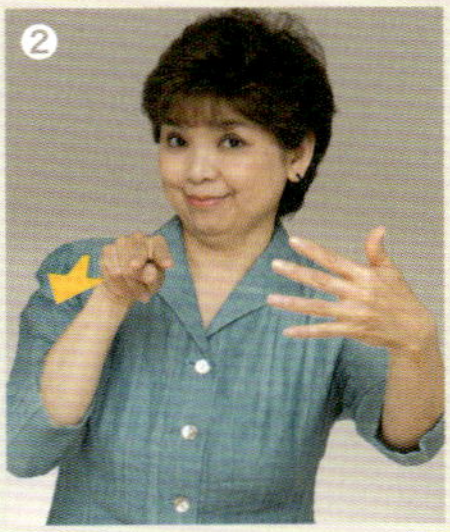

ビデオ鑑賞

❶ビデオテープを持って機械にセットするように両手を前に出す。
❷指を開いた両手を、画面がチラチラするように交互に大きく上下させる。
❸その画面を見るように右手の人差し指と中指を立てて「見る」の手話をする。

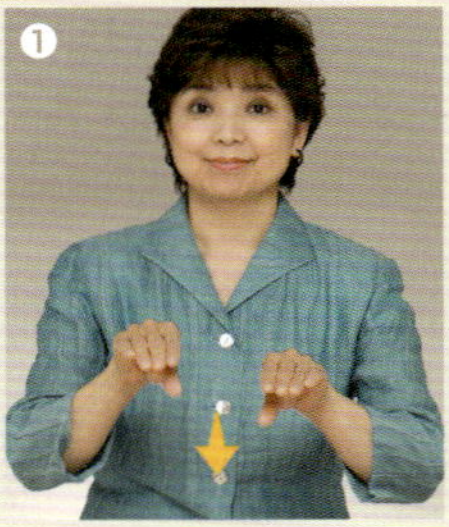

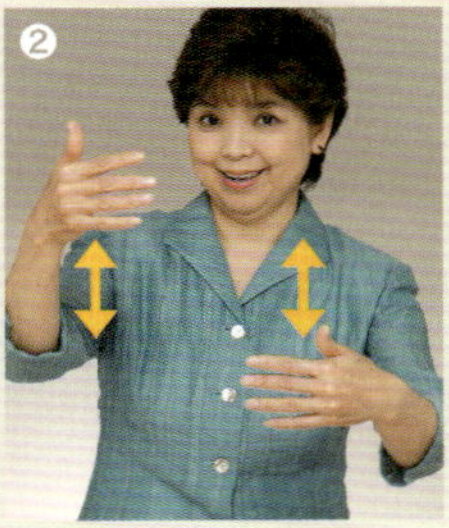

写真撮影

左手でカメラを支え、右手の人差し指で何枚もシャッターを切るようにしながら左右に移動する。

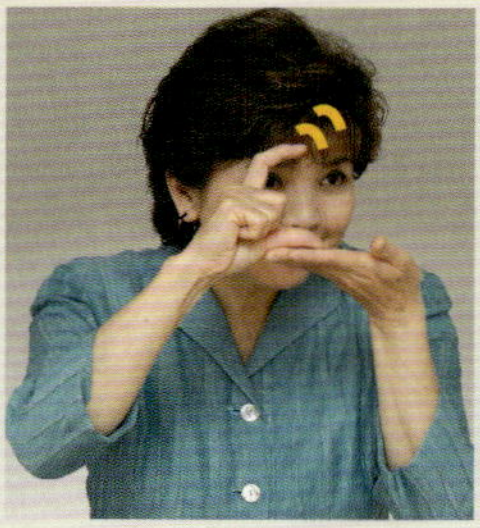

ドライブ

❶ハンドルを握って運転するように両手を動かす。

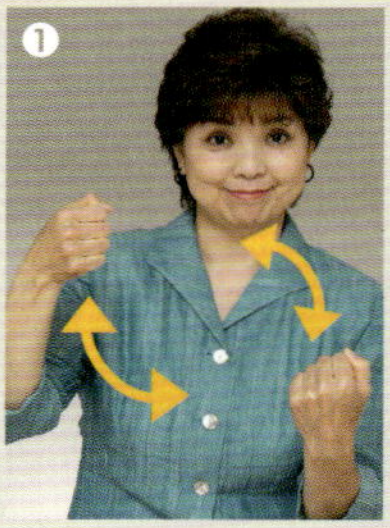

ドライブ

❷右手をコの字にし、その下から左手の甲を当て、斜め前に出す。

オートバイ

バイクのハンドルを握り、右手はアクセルをふかすように手首を動かす。

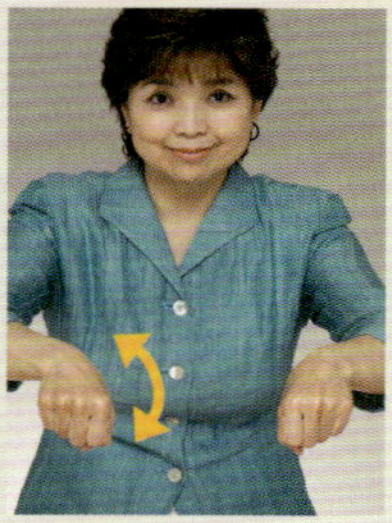

旅　行

❶左手のひらの横で、汽車の車輪が動くように右手の人差し指と中指をクルクル回す。

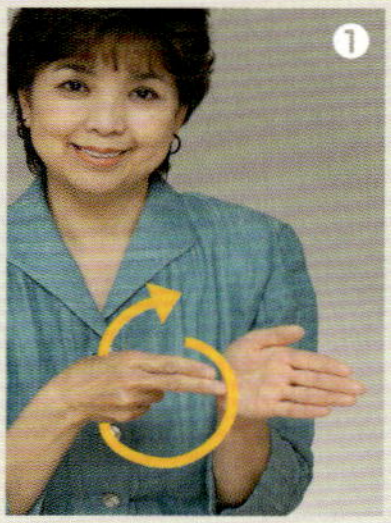

旅　行

❷両手の人差し指を出して顔の横に立て、交互に前後に振る。

海外旅行

❶右手の親指と人差し指の先をつけ、目の前で小さく回して、斜め前に出す。

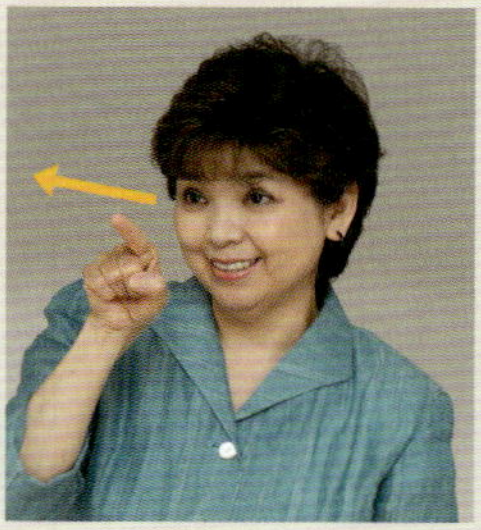

海外旅行

❷両手でボールを持つような手つきで、前方にグルッと回す。
❸右手は親指、人差し指、小指を出して飛行機の形を作り、左手のひらの上に置き、右手のみ斜め上に出す。右手のみで表すこともある。
❹両手の人差し指を出して顔の横に立て、交互に前後に振る。

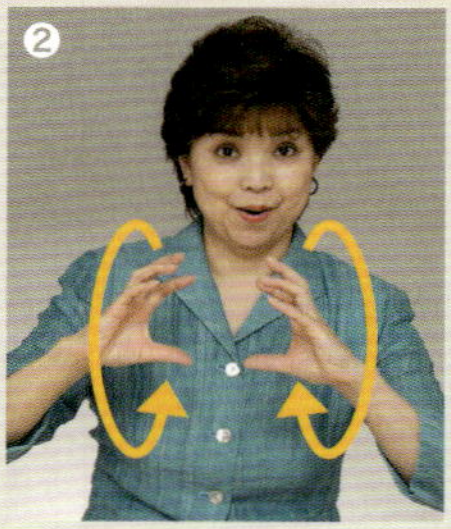

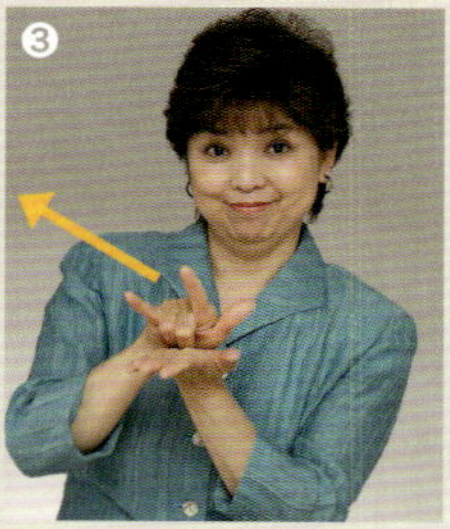

温　泉

右手の人差し指、中指、薬指を立て、その3本を左手で軽くつかむようにし、右手の3本の指を軽く振る。温泉マーク「♨」を表す。

ウオーキング

❶両手を歩くときのように交互に前後に振る。
❷右手の人差し指と中指を交互に前後に動かしながら、前方へ移動させる。

キャンプ

左手の甲の上に右手の指を開いてのせ、右手をすぼめながら上げる。テントの形のように。

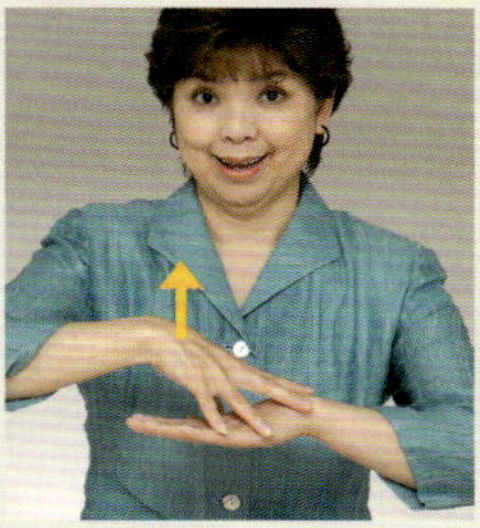

釣　り

左手の人差し指を右手首に当て、右の人差し指も竿のように出し、吊り上げるように振り上げる。

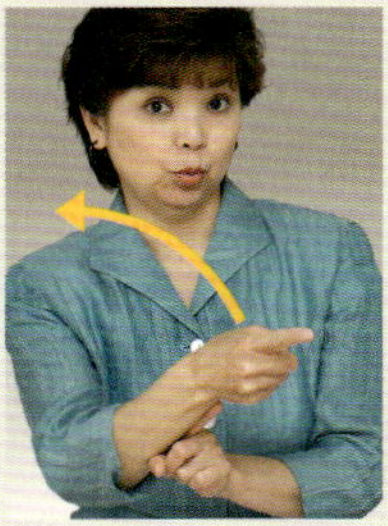

スポーツ

両手の指を開いて体の脇に置き、交互に前に回転させる。走るときに腕を動かすように。

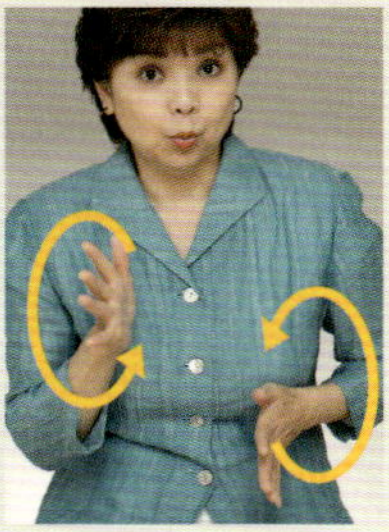

野　球

左手の輪に右手の人差し指を、右側からボールを打つように勢いよく当て、ボールを跳ね上げるようにする。

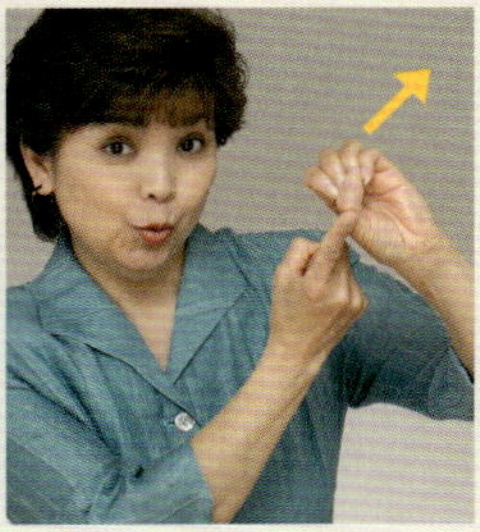

サッカー

左手を軽く握り、右手の人差し指と中指で左手を蹴り上げるようにする。

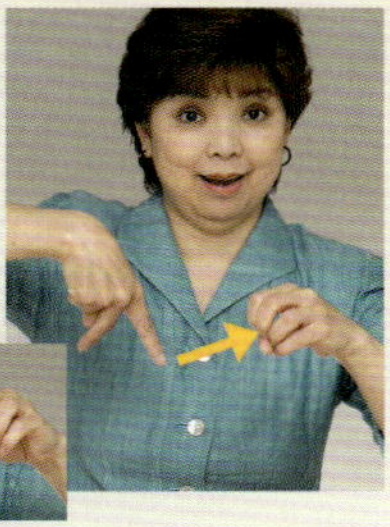

テニス

ラケットを振るように右手を振る。

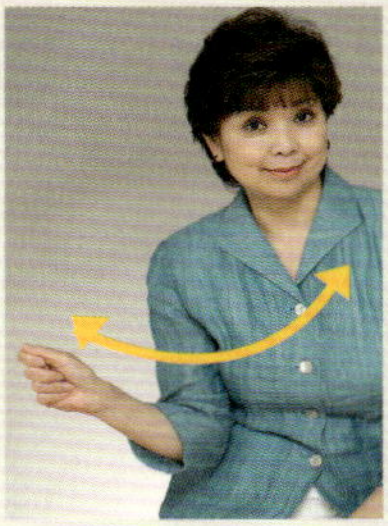

水　泳

人差し指と中指を交互にパタパタ動かしながら（バタ足の形）、左から右へ移動させる。

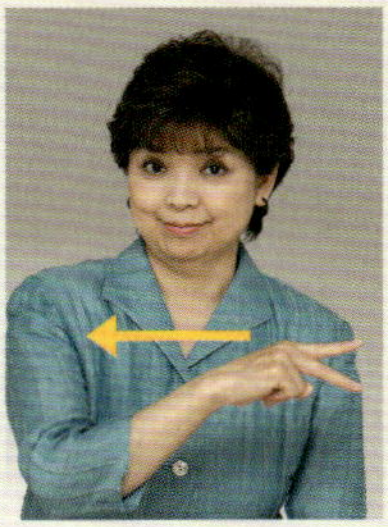

好き、嫌い

「私は山登りが好きです」

1 私

軽く自分を指さす。

2 山

右手で大きく山の形を描く。

3 登る

右手の人差し指と中指を下に向け、交互に動かしながら山登りするように上げる。

4 好き

右手の親指と人差し指を開いてあごの下に置き、指をすぼめながら下ろす。

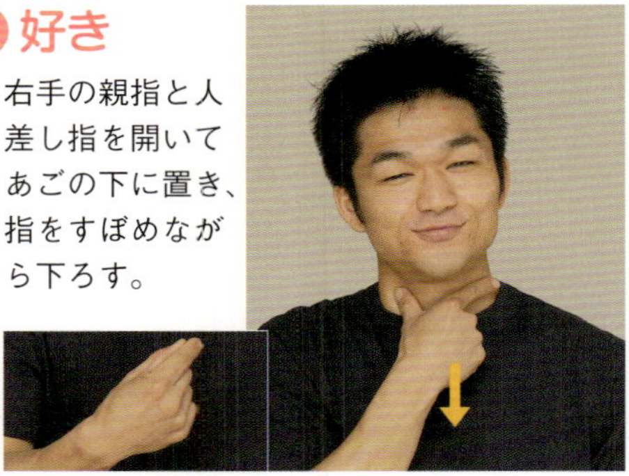

5 私

軽く自分を指さす。

「大変そうですよね」

1 大変

左手を体の前に出し、その手首を右のこぶしでトントンとたたく。「大変」という表情で。

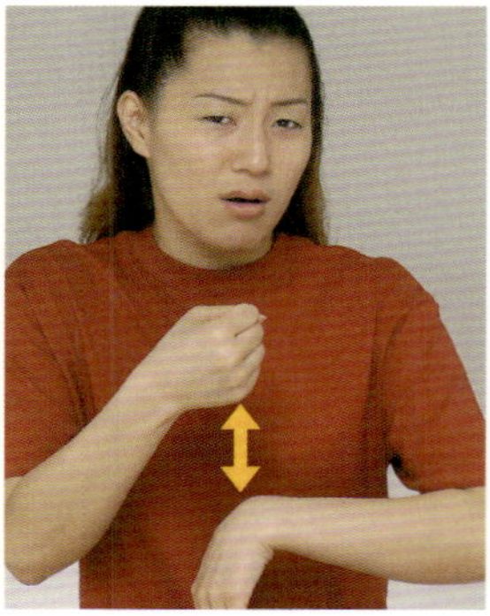

❷ そうでしょ、同じ

両手とも親指と人差し指以外は軽く握り、体の前で前後に置き、同時に親指と人差し指をすぼめる。同意を得ようとするときに使う。

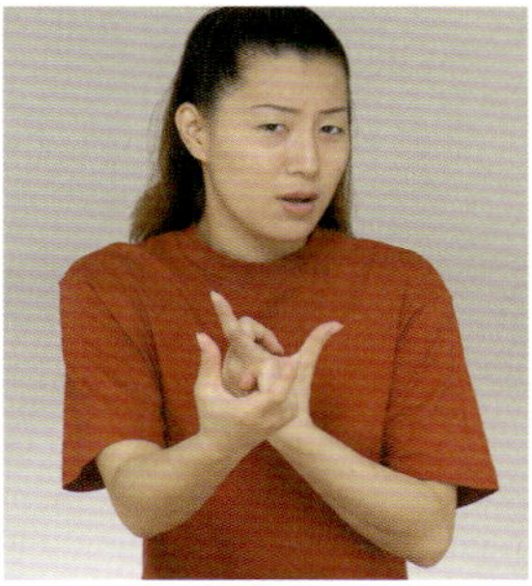

「嫌いなスポーツはありますか？」

❶ あなたは?、苦手

「あなたは？」と相手を指さし、鼻をふさぐように右手を鼻に当てる。

❷ スポーツ

両手の指を開いて体の前か脇で交互に前に回転させる。

❸ ある、○○している

右手のひらを斜め下に向け、軽く2回程度たたく動作をする。尋ねる表情で。

「水泳は嫌いです」

❶ 水泳

人差し指と中指を交互にバタバタ動かしながら(バタ足)、左から右へ移動させる。

❷ 嫌い

右手の親指と人差し指の先をつけて他の指は握り、あごの下に置き、親指と人差し指をパッと開きながら前に出す。

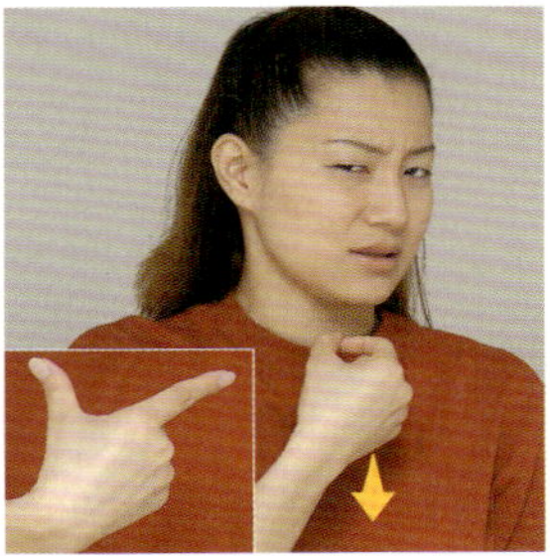

「泳げないんです」

❶ 泳ぐ

平泳ぎをするように両手を何回か動かす。クロールの形をしてもよい。

❷ できない、難しい

右手の親指と人差し指で頬を軽くつねるようにする。

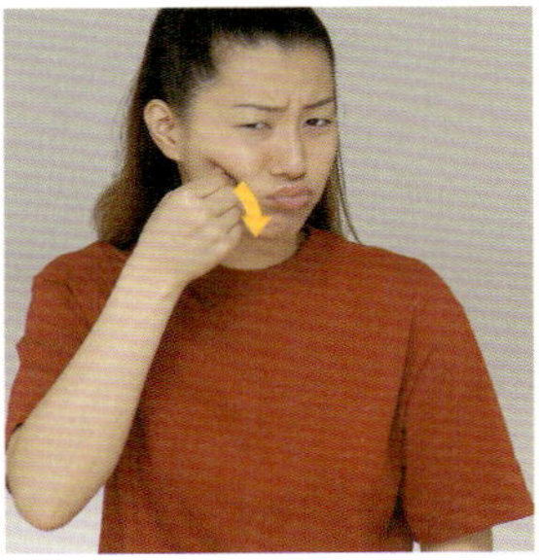

趣味

得意、苦手

「私は野球が得意です」

1 私

軽く自分を指さす。

2 野球

左手の輪に右手の人差し指を、右側からボールを打つように勢いよく当て、ボールを跳ね上げるようにする。

3 得意、すごい

右手の親指と小指を立てて、親指の先を鼻先に当て、そのまま少し前に出し、人差し指で自分を指す。

「毎週、練習しています」

1 毎週

両手で数詞の「7」(P54参照)を表し、指先を向かい合わせ、下から前方に向けて1、2回転させる。

2 練習

右手の指を揃え、その指先で左手の甲を軽く2回たたく。

3 通う

親指を出した右手を胸の中央に当て、そのまま前後に振る。

4 私

軽く自分を指さす。

4 苦手

鼻をふさぐように右手を鼻に当てる。

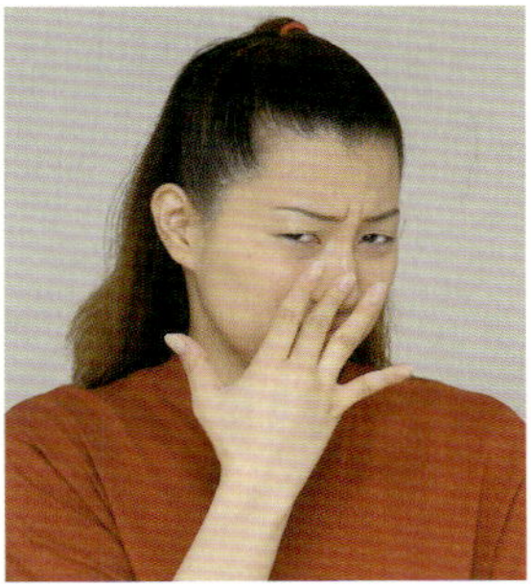

「私は球技が苦手です」

1 私

軽く自分を指さす。

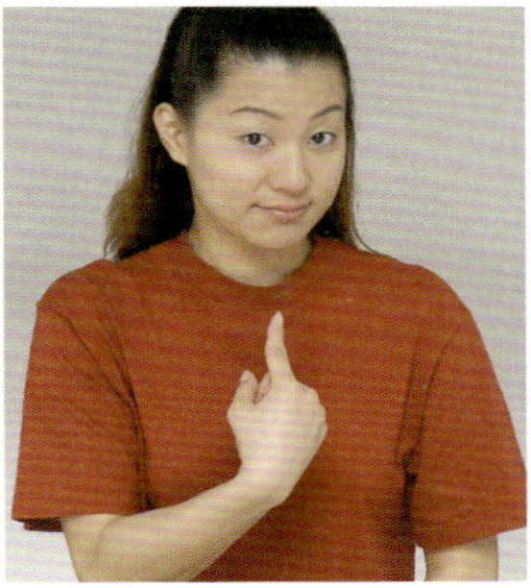

2 ボール

ボールを両手で挟んで持つようにする。

3 関係

両手の親指と人差し指で輪を作り、鎖のようにつなぎ、そのまま軽く前後に動かす。

「でも、見るのは好きです」

1 でも、しかし

右手のひらを相手に向けて顔の横に立て、手首を返して甲を相手に向ける。

2 見る

人差し指と中指を出した右手を目の前に置き、そのまま前に出す。

3 好き

右手の親指と人差し指を開いてあごの下に置き、指をすぼめながら下ろす。

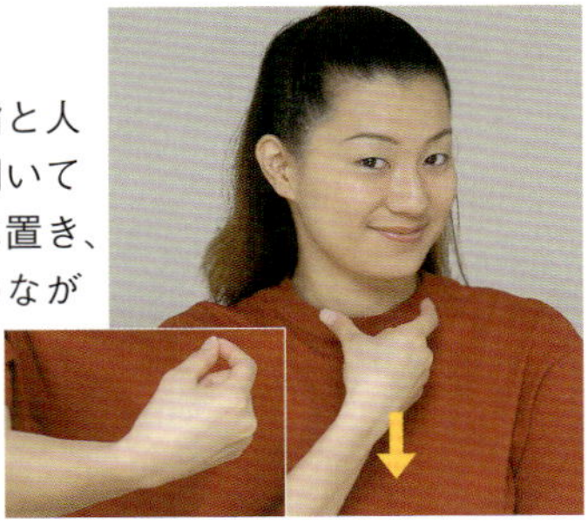

どんな色が好き？

「あなたは何色が好きですか？」

1 あなた

相手を指さす。

2 好き

右手の親指と人差し指を開いてあごの下に置き、指をすぼめながら下ろす。

3 色

胸の前で両手の指先をつまむように合わせ、絵の具のチューブのキャップをひねるように手首をひねる。

4 何？

右手の人差し指を立て、体の前で2、3回左右に軽く振る。尋ねる表情で。

「赤が大好きです」

❶ 赤

人差し指で唇を指し、そのままなぞるようにする。

❷ 大変、非常に、すごい

親指と人差し指の先をつけた右手を左胸の前に置き、その親指と人差し指を開きながら大きく弧を描いて右へ移動させる。

❸ 好き

右手の親指と人差し指を開いてあごの下に置き、指をすぼめながら下ろす。

「あなたは赤が似合いますね」

❶ あなた

相手を指さす。

❷ 赤

人差し指で唇を指し、そのままなぞるようにする。

❸ 似合う

左右の人差し指同士を打ちつける。

❹ あなた

相手を指さす。

「ありがとう」

1 ありがとう、お礼

左手の甲の上に右手を垂直にのせ、右手だけそのまま上げる。軽く会釈しながら。

「あなたは白が好きですよね」

1 あなた

「あなた」と相手のほうに手を差し出す。

2 白

歯を見せて人差し指で指し、左から右へ移動させる。

3 好き

右手の親指と人差し指を開いてあごの下に置き、指をすぼめながら下ろす。

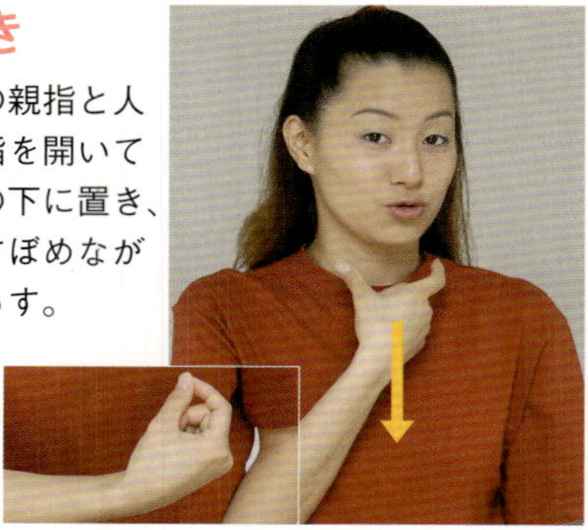

4 そうでしょ、同じ

両手とも親指と人差し指以外は軽く握り、体の前で前後に置き、同時に親指と人差し指をすぼめる。同意を得ようとするときに使う。

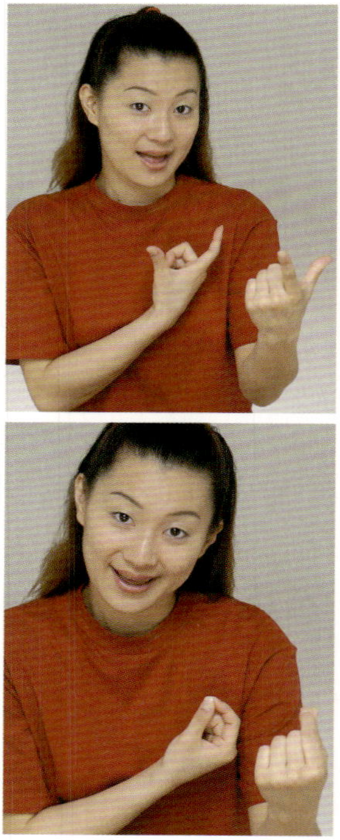

ONE POINT MEMO

「好き」と「幸せ」の手話はよく似ている

「好き」の手話は、親指と人差し指を広げ、あごより下にはさむように置き、その2本の指をすぼめながら下ろします。一方、「幸せ（幸福）」は親指以外の４本の指を揃え、親指とその４本の指であごをはさみ、指先をすぼめながら下ろします。「好き」は「〇〇したい」「希望」も表し、「幸せ（幸福）」は「福」の字から「福祉」の「福」も表します。

STEP 3 【単語】色

白

右手の人差し指で歯を指し、そのまま右へ移動させる（右から左でもよい）。歯の白さで「白」を表す。

黒

頭をなでるようにする。黒髪で「黒」を表す。

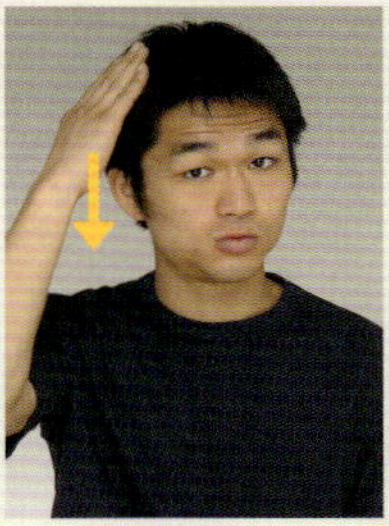

グレー

人差し指と中指を相手側に向けて口の前に置き、折り曲げる。ネズミの歯を表す。

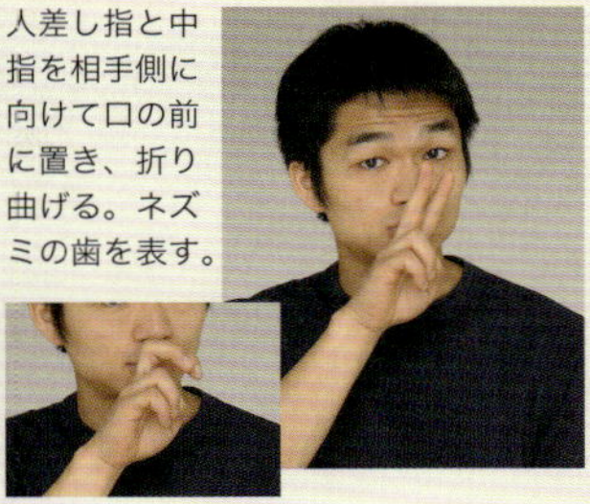

赤

右手の人差し指で唇を指し、そのまま右へ移動させる。「赤」を表す。

黄色

親指と人差し指でL字を作り、親指を額につけて、人差し指を左へ曲げる。ニワトリのとさかを表す。

ベージュ

❶あごの下に右手のこぶしをつけ、2、3回こする。❷両手のひらを合わせ2、3回左右の手をずらして回転させる。

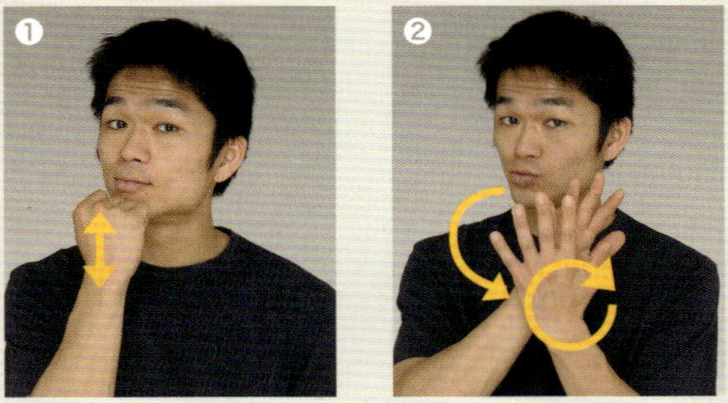

オレンジ

左手にミカンを持ち、右手で皮をむくような動作をする。

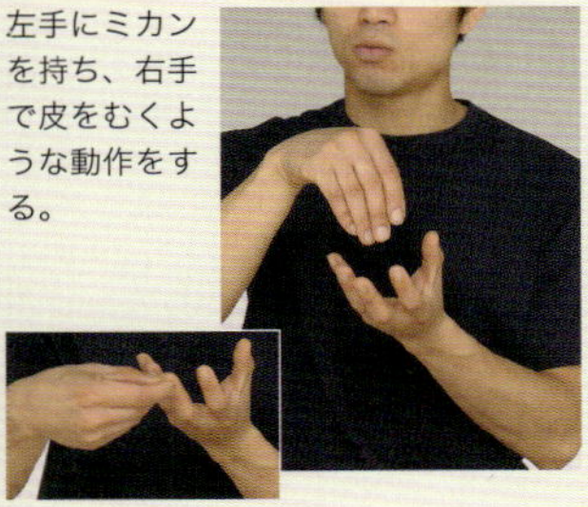

ピンク

両手で桃の形を作り、少し揺らす。果物の「桃」も同じ手話。

茶

あごの下にこぶしを押しつけ、2、3回こする。

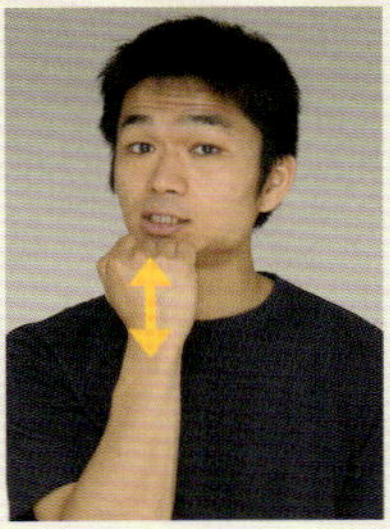

緑

草が生えているように、両手を交互に上下させながら左右に広げる。「原っぱ」の手話と同じ。

紫

右手を指文字の「む」（P37参照）にして口元に置き、右側に引く。

青

右手のひらであごから頬に沿ってなで上げる。剃り残したひげの青さを意味する。

水　色

❶右手のひらを上向きにして揺らしながら左から右へ動かす。「水」の手話。
❷胸の前で両手の指先をつまむように合わせ、絵の具のチューブのキャップをひねるように手首をひねる。

金　色

❶右手の親指と人差し指で輪を作り、軽く振りながら、手首をひねって上げる。
❷胸の前で両手の指先をつまむように合わせ、絵の具のチューブのキャップをひねるように手首をひねる。

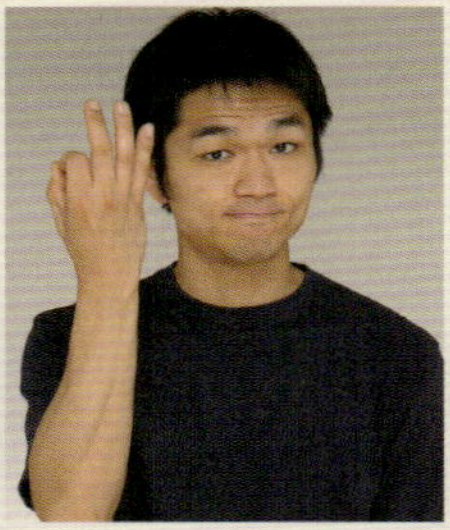

銀　色

❶「白」の手話（P77参照）をする。
❷「金色」の手話をする。
❸胸の前で両手の指先をつまむように合わせ、絵の具のチューブのキャップをひねるように手首をひねる。

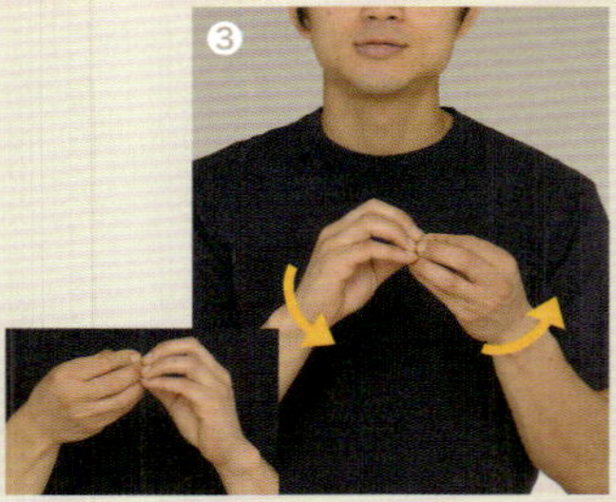

○○で働いています

「私は公務員です」

1 私

軽く自分を指さす。

2 公

両手の人差し指で「ハ」を作り、次に左手はそのままで、右手で「ム」の形を書く(「公」の文字)。

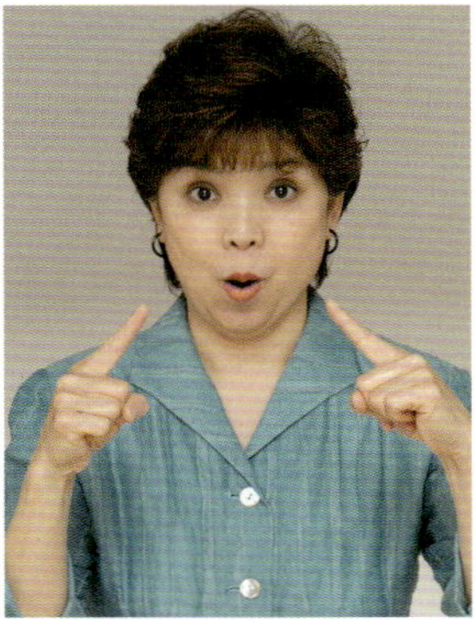

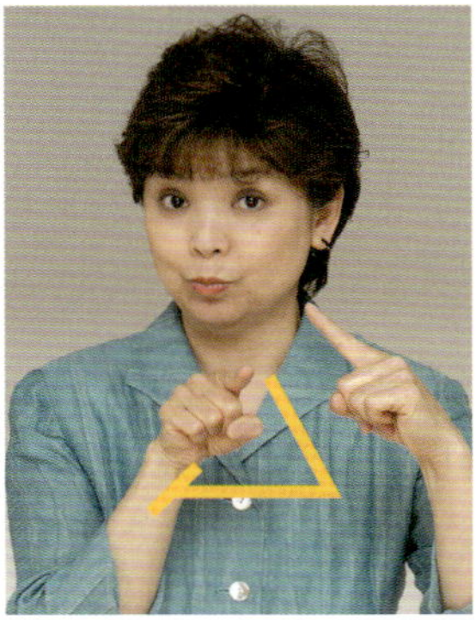

3 員

右手の親指と人差し指で輪を作り、それを襟元か胸元に当てる。バッジがついているように。

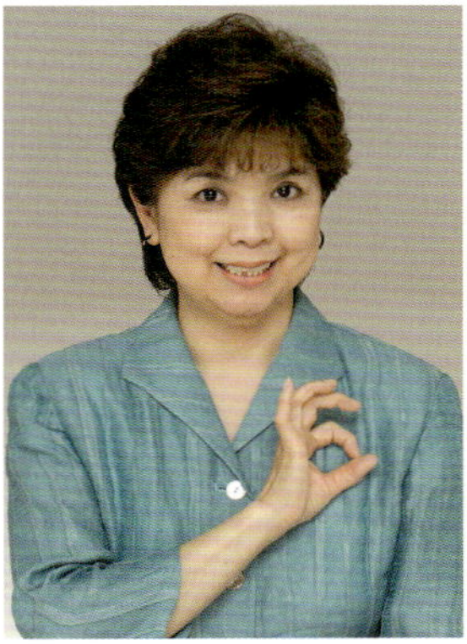

4 職業、仕事、働く

手のひらを上に向けた両手を中央に向けて2、3回動かす。書類を揃える感じで。

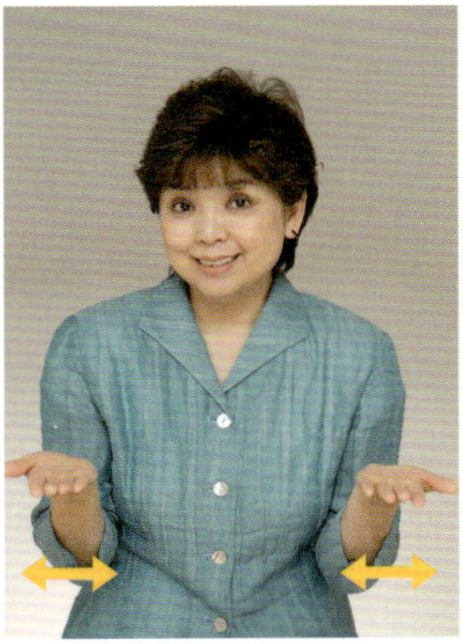

5 私

軽く自分を指さす。

「お仕事は何ですか？」

1 仕事、働く

手のひらを上に向けた両手を中央に向けて2、3回動かす。書類を揃える感じで。

2 内容

左手を水平に体の前に出し、その手前に右手の人差し指を下に向けて水平に円を描く。

3 何?

右手の人差し指を立て、体の前で2、3回左右に軽く振る。尋ねる表情で。

「保育士をしています。あなたは？」

1 保育、育てる、世話する

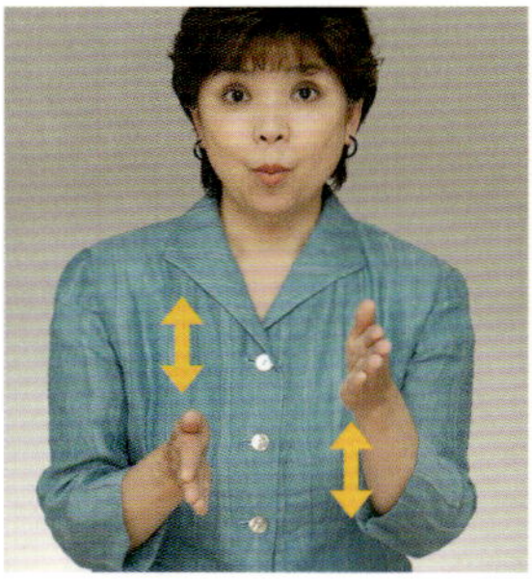

体の前で向かい合わせた両手を、交互に上下させる。

2 士

指文字の「し」（P36参照）を左胸に当てる。襟章がある位置に。

3 私

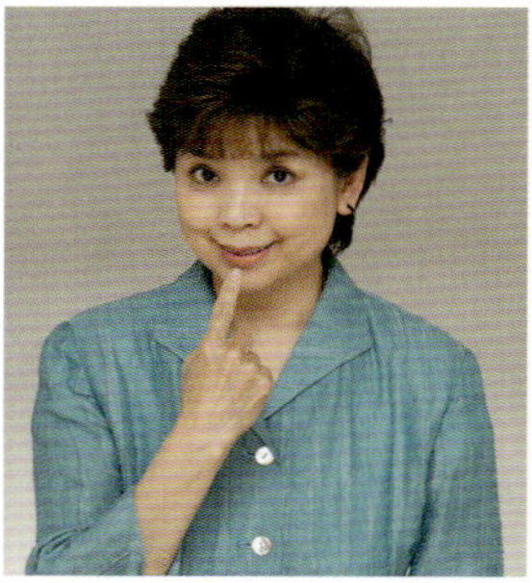

軽く自分を指さす。

4 あなたは?

相手を指さしながら、「何?」と人差し指を軽く左右に振る。尋ねる表情で。

CHECK POINT 「私は○○です」と言うとき、最後に自分を指さす

「私は〜」と言うとき、最後に「○○です」や「○○しています」を自分を指さすことで表現します。つまり、最初に「私」と自分を指し、最後にまた「○○です」と自分を指すのです。

○○です

○○しています

「私はコンピュータ関係の仕事をしています」

1 私

軽く自分を指さす。

2 コンピュータ

両手の人差し指を水平に前に出し、同じ方向にグルグルと回転させる。ホストコンピュータが回転している様子を表す。

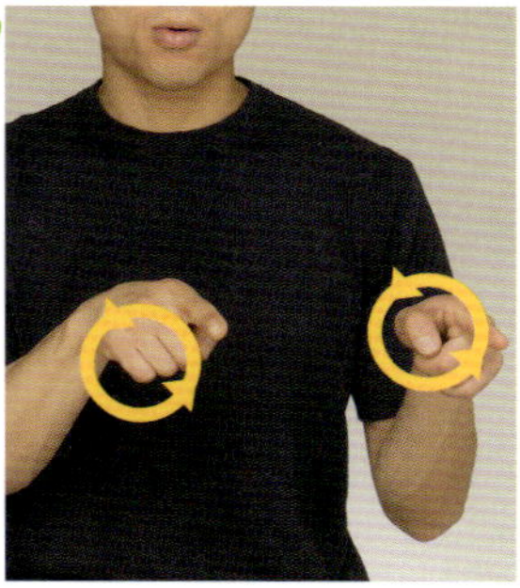

3 ○○関係

鎖がつながるように、両手の親指と人差し指で作った輪をつなげ、軽く左右に振る。前後に軽く動かしてもよい。

4 仕事、働く

手のひらを上に向けた両手を中央に向けて２、３回動かす。書類を揃える感じで。

5 私

軽く自分を指さす。

仕事を探しています

「最近、退職しました」

1 今日、今

両手のひらを下にし、上下に軽く2、3回動かす。

2 このごろ

1の左手はそのまま残し、右手は指先を前に向けて立て、軽く左右に振る。「今日」＋「このごろ」で「最近」を表す。

3 仕事、働く

手のひらを上に向けた両手を中央に向けて2、3回動かす。書類を揃える感じで。

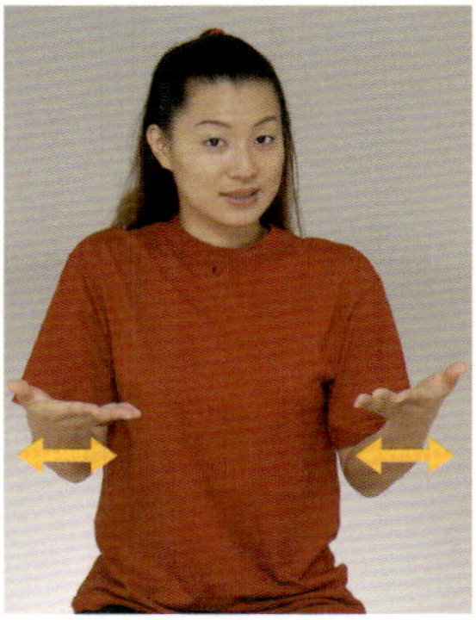

4 辞める、外れる

軽くすぼめた右手を左手のひらにのせ、右へサッと払うように動かす。「仕事」＋「辞める」で「退職」に。「会社」＋「辞める」でも表せる。

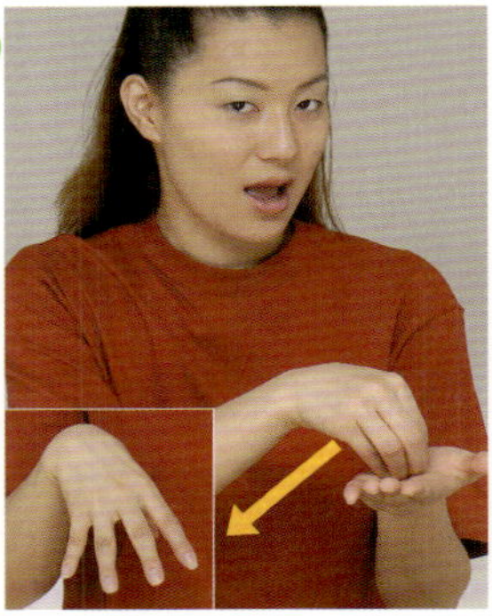

「今、仕事を探しています」

1 今、今日

両手のひらを下にし、上下に軽く2、3回動かす。

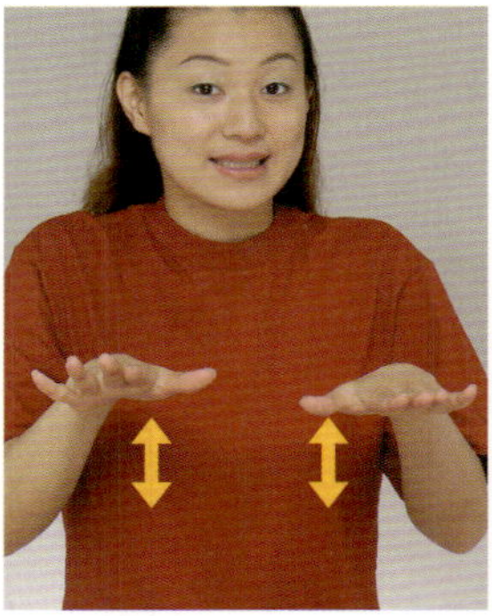

2 仕事、働く

手のひらを上に向けた両手を中央に向けて2、3回動かす。書類を揃える感じで。

❸ 探す

右手の親指と人差し指で輪を作って他の指は広げ、輪を目の前でクルクル回しながら右へ移動させる。

「希望の仕事につけるといいですね」

❶ 好き、○○したい

右手の親指と人差し指を開いてあごの下に置き、指をすぼめながら下ろす。「希望」を表す。

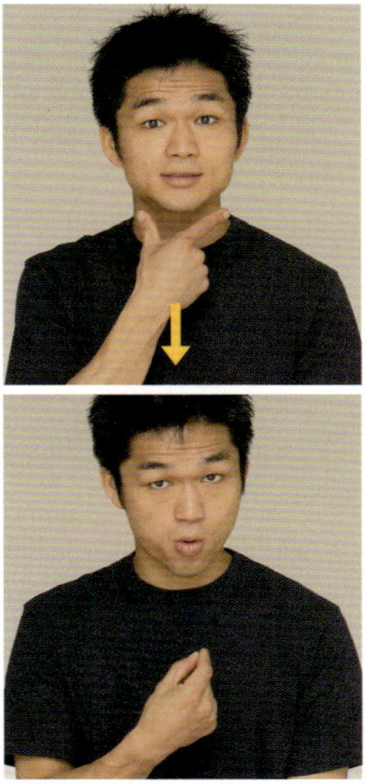

❷ 仕事、働く

手のひらを上に向けた両手を中央に向けて2、3回動かす。書類を揃える感じで。

❸ 成功する

左手のひらを上にして前に出し、鼻先に当てた右手のこぶしをその上にポンと下ろす。

❹ よい

右手のこぶしを鼻先に当て、少し前に出す。

❺ そうでしょ、同じ

両手とも親指と人差し指以外は軽く握り、体の前で前後に置き、同時に親指と人差し指を閉じたり開いたりする。

「頑張って」

❶ 頑張って

ひじを曲げて両手のこぶしを体の前に置き、こぶしに力を入れて強く上下させる。「元気」の手話を強くした感じで。

【単語】仕事関係

仕事

手のひらを上に向けた両手を中央に向けて2、3回動かす。書類を揃える感じで。

職場

❶手のひらを上に向けた両手を中央に向けて2、3回動かす。書類を揃える感じで。
❷ボールをつかむようにした右手を体の前に置く。「仕事」+「場所」で「職場」を表す。

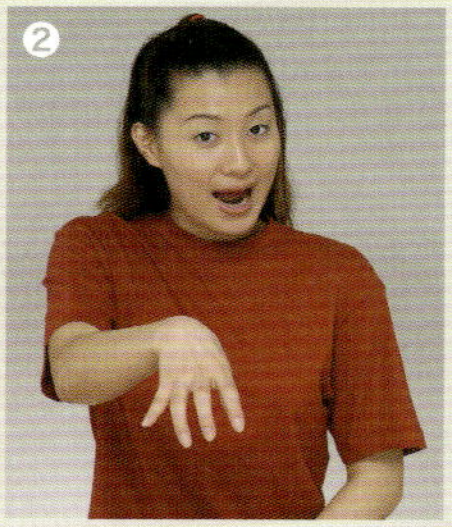

公務員

❶両手の人差し指でハの字を作り、左手はそのまま、右手で「公」のムの部分を書く。
❷右手の親指と人差し指で輪を作り、それを襟元に当てる。バッジがついているように。

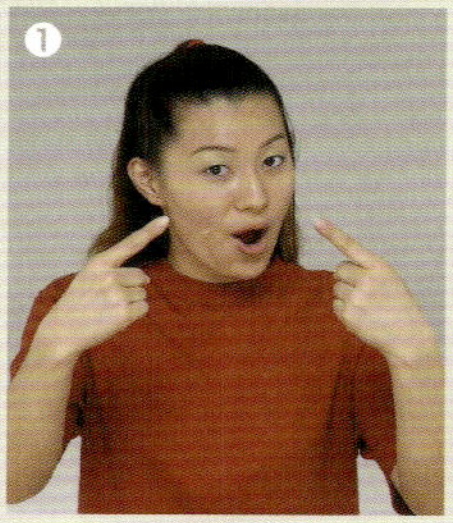

会社員

❶両手の人差し指と中指を立て、顔の横で交互に前後させる。
❷右手の親指と人差し指で輪を作り、それを襟元に当てる。バッジがついているように。

技術者

❶左手の甲を上にして出し(握っても開いても可)、右の人差し指と中指で軽くたたく。

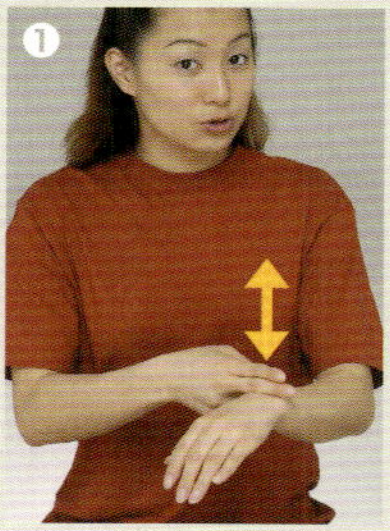

技術者

❷両手の親指と小指を左右に向けて、手首を返しながら広げていく。「人々」の手話。

事務

左手を水平に出して、その上に右腕をのせ、字を書くように右手を動かす。

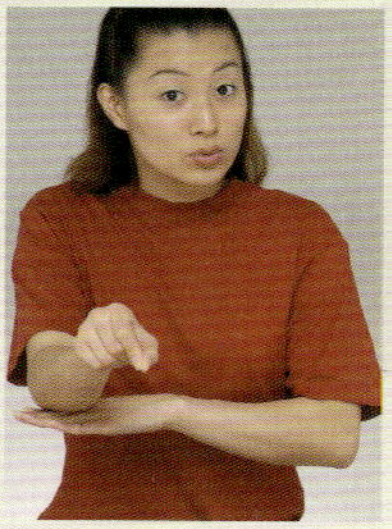

○○関係

鎖がつながるように、両手の親指と人差し指で作った輪をつなげ、軽く前後に振る。

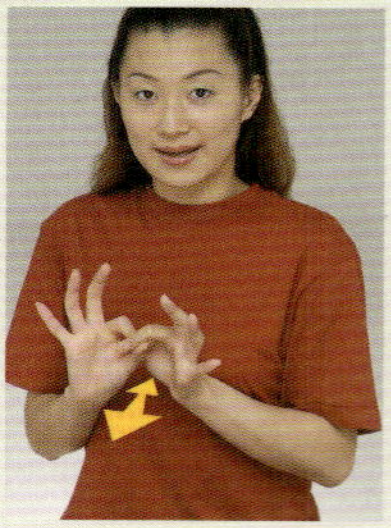

アルバイト

❶左手を胸に当てるように置き、その甲に右手の親指と人差し指で作った輪を当てる。
❷手のひらを上に向けた両手を中央に向けて2、3回動かす。書類を揃える感じで。

パート

❶指文字の「ぱ」（P38参照）で表す。

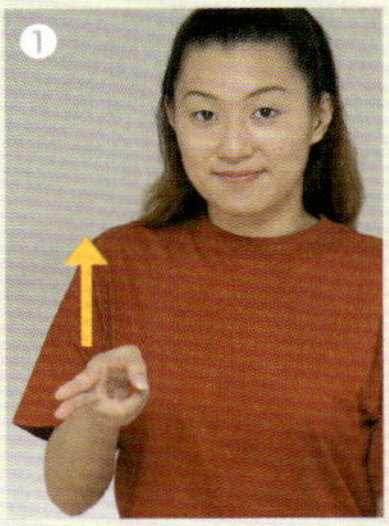

パート

❷手のひらを上に向けた両手を中央に向けて2、3回動かす。書類を揃える感じで。

主婦

両手で屋根の形を作ってから、左手はそのままで右手は小指を立てる。

保育士(保母)

❶向かい合わせた両手を交互に上下させる。

保育士(保母)

❷右手の小指を立てる。保父の場合は親指を立てる。

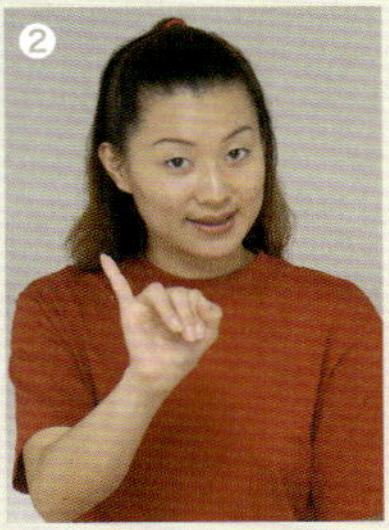

教師

右手の人差し指を教鞭に見立て、軽く前に降り出す。

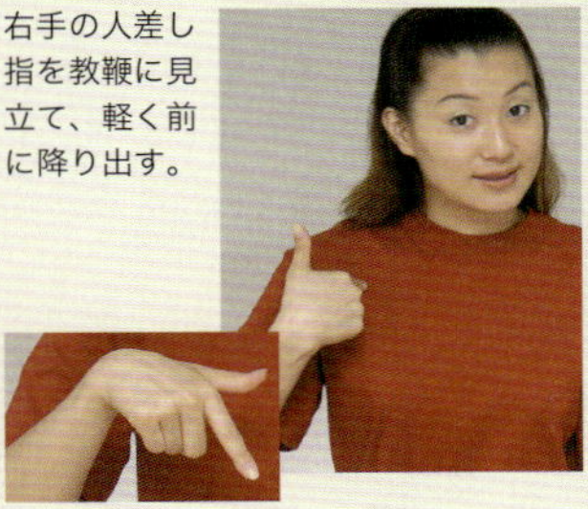

警官

❶右手の親指と人差し指で「コ」の字を作り、額に当てる。警察帽のバッジを表す。

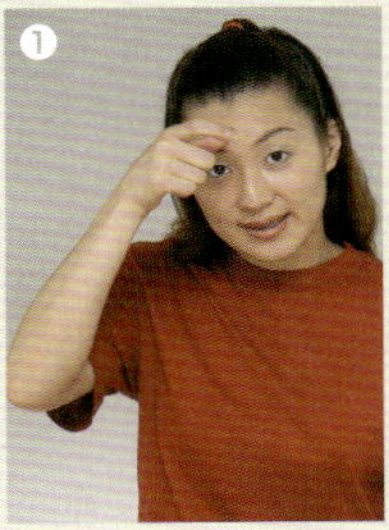

警官

❷右手の親指を立てる。女性の場合は小指を立てる。

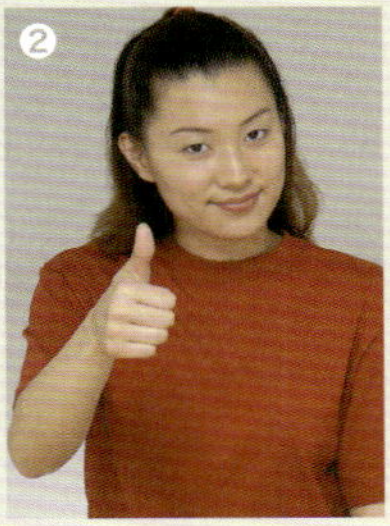

ウェイトレス

❶左手のひらに、コップを持つようにした右手をのせ、右手を2回前に出す。
❷右手の小指を立てる。ウェイターの場合は親指を立てる。

医師

右手の人差し指と中指を左手首に当て、脈を取るようなしぐさをする。左手はそのままで、右手は男性を表す場合は親指、女性の場合は小指を出す。

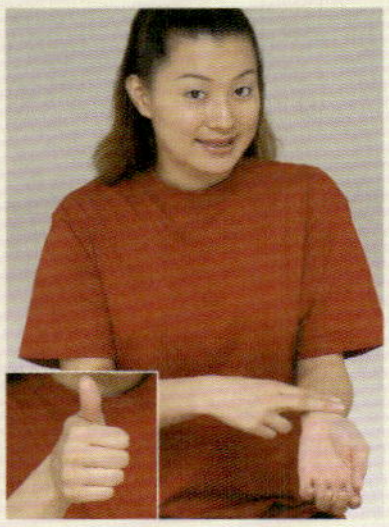

看護師

❶右手の人差し指と中指を左手首に当て、脈を取るようなしぐさをする。❷向かい合わせた両手を交互に上下させる。

看護師

❸「士」は指文字の「し」（P36参照）で表す。

美容師

❶髪がフワフワしているように顔の横で両手を動かす。❷「師」は指文字の「し」（P36参照）で表す。

社長

❶両手の人差し指と中指を立て、顔の横で交互に前後させる。
❷右手の親指を立てて、少し上げる。「上の人」の意味。左手の甲の上に右手をのせてもよい。

役員

❶右手の親指と人差し指を出し、左腕の周りを移動し腕章を表す。

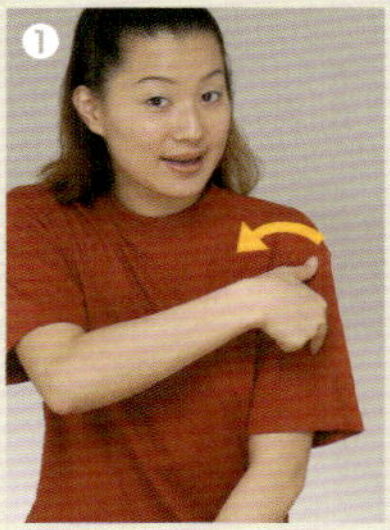

役員

❷右手の親指と人差し指で輪を作り、それを襟元に当てる。バッジがついているように。

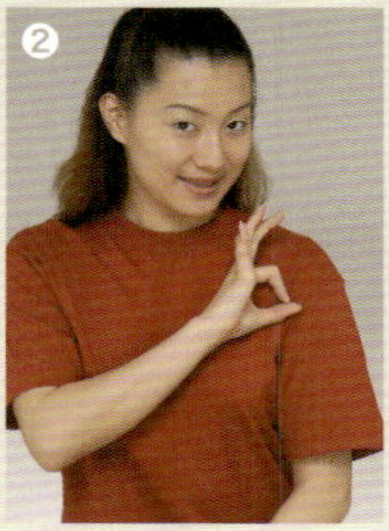

部長

❶指文字の「ぶ」で表す。（P37、38参照）
❷右手の親指を立てて、少し上げる。「上の人」の意味

課　長

❶「課」は指文字の「か」（P36参照）で表す。
❷右手の親指を立てて、少し上げる。「上の人」の意味。

係　長

❶指文字「か」（P36参照）で表す。

係　長

❷「かか」なので①の動作を繰り返す。
❸指文字の「り」（P37参照）で表す。
❹右手の親指を立てて、少し上げる。「上の人」の意味。

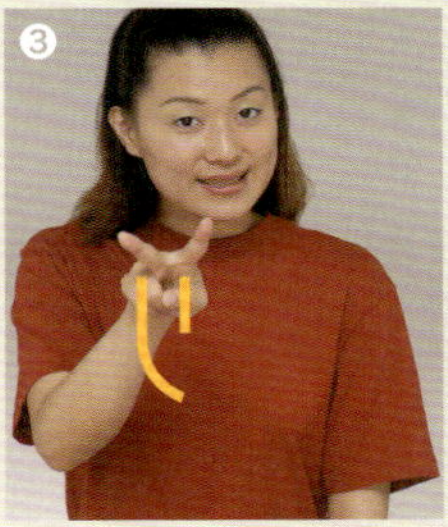

平社員

❶左右の親指と人差し指の指先同士を合わせ、そのまま左右に広げる。
❷両手の人差し指と中指を立て、顔の横で交互に前後させる。

平社員

❸右手の親指と人差し指で輪を作り、それを襟元に当てる。バッジがついているように。

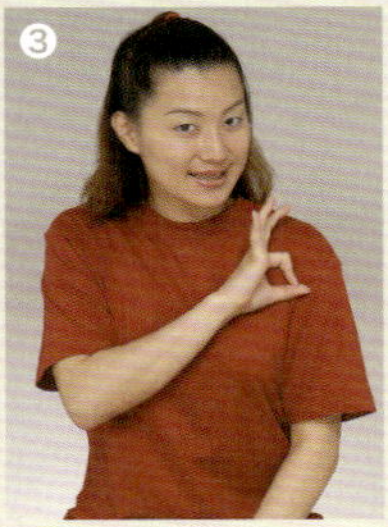

上　司

❶右手をL字にし、右肩あたりから上げる。漢字の「上」を示す。
❷親指を立てて出す。女性を表す場合は小指を立てる。

○○大学の○年生です

「私は大学3年生です」

1 私

軽く自分を指さす。

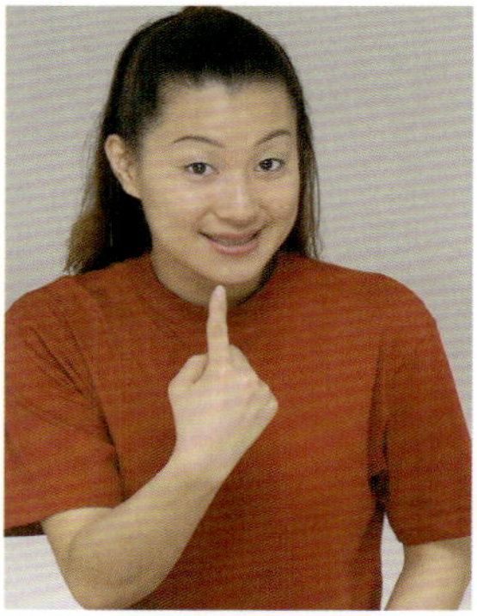

2 大学

角帽をイメージして、頭の対角線上に両手を置き、角帽の先をつまむように、親指と人差し指を動かす。

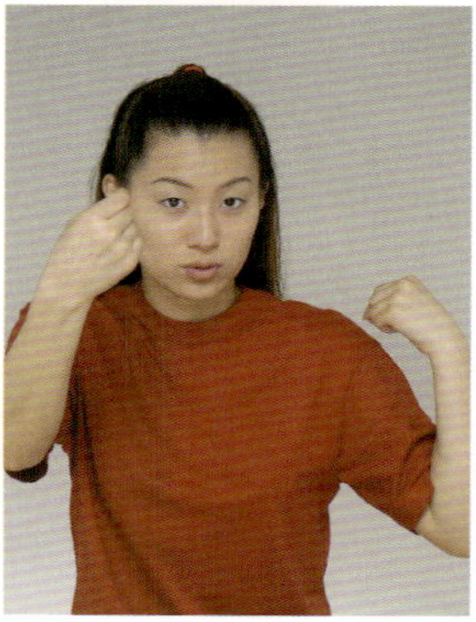

3 3年

左手で数詞の「三」を表し、その下で右手で漢字の「年」を書くように動かす。

4 学生、生徒

両手の親指と人差し指を開いて他の指は握り、肩とおなかの間を交互に上下させる。

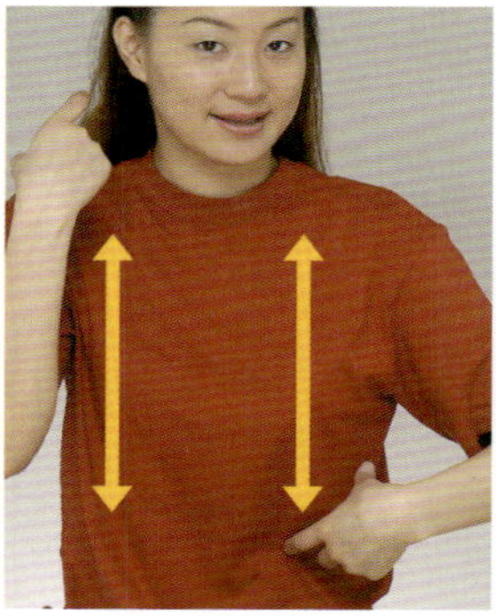

「私は来年の春に卒業します」

1 来年

左手のこぶしに右手の人差し指を当て（年）、その人差し指を斜め前に出す。

❷ 春、暖かい

両手を胸の前に出し（おなかの前でもよい）、フワフワと仰ぐように２回程度上下させる。

❸ 卒業

卒業証書を受け取るように両手を出し、そのまま両手を捧げるように上げる。

❹ 私

軽く自分を指さす。

「何になるつもりですか？」

❶ 何？

右手の人差し指を立て、軽く２、３回左右に振る。尋ねる表情で。

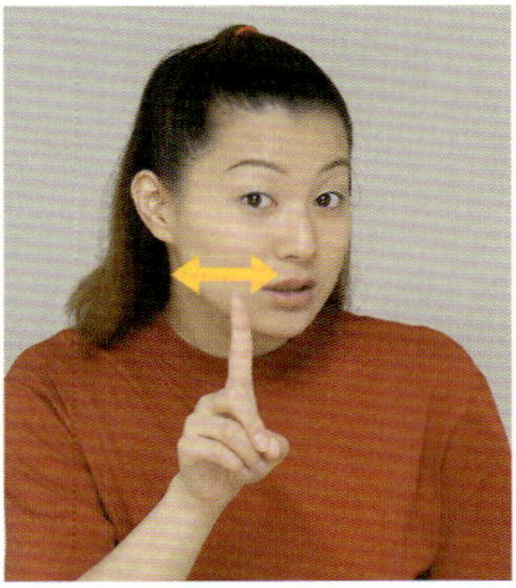

❷ ○○になる

両手のひらを上にして左右に開いて前に出し、サッと中央で交差させる。

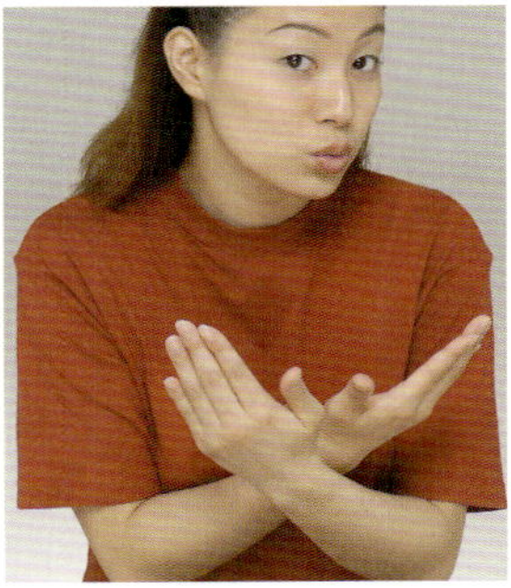

❸ 予定、計画

左腕を水平に体の前に置き、腕の外側を手首から指先に向けて右手の指先で線を引くように2、3回なぞる。

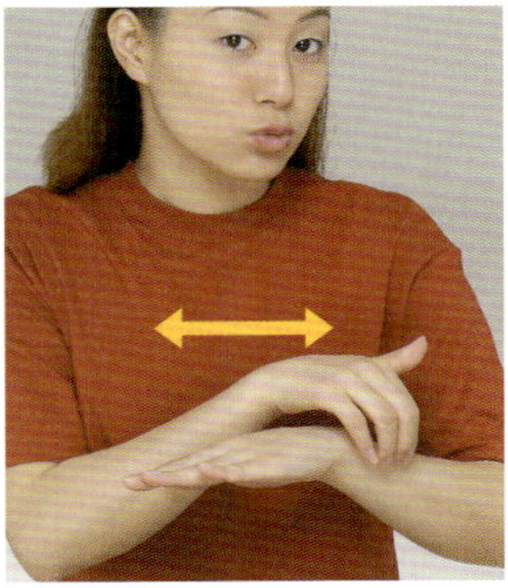

「福祉関係の仕事をしたいと思っています」

① 福、幸せ、幸福

右手の親指と他の4本の指であごをはさみ、2回程度なでおろす。

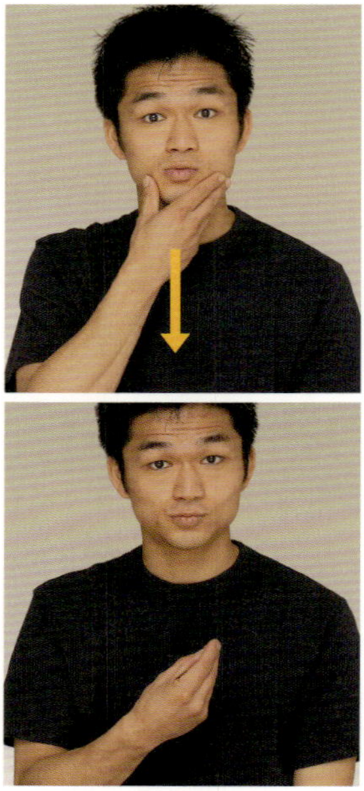

② 祉

指文字の「し」（P36参照）で表す。

③ ○○関係

鎖がつながるように、両手の親指と人差し指で作った輪をつなげ、左右に軽く振る。前後に軽く動かしてもよい。

④ 仕事、働く

手のひらを上に向けた両手を中央に向けて2、3回動かす。書類を揃える感じで。

⑤ ○○したい、好き

右手の親指と人差し指を開いてあごの下に置き、指をすぼめながら下ろす。

⑥ 私

軽く自分を指さす。

先輩、後輩、同級生

「私は山田さんの後輩です」

1 私

軽く自分を指さす。

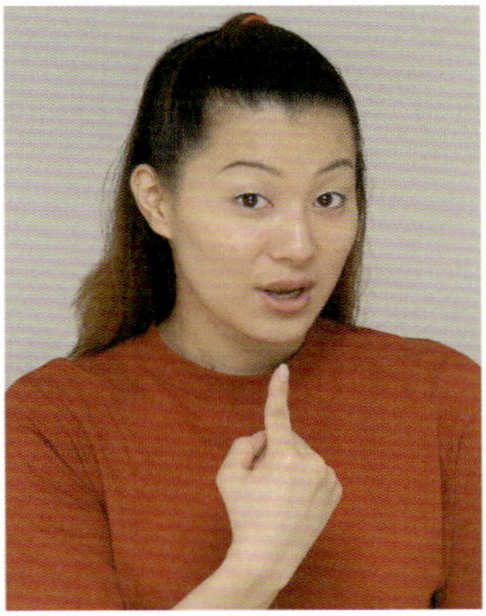

2 山

右手で大きく山の形を描く。

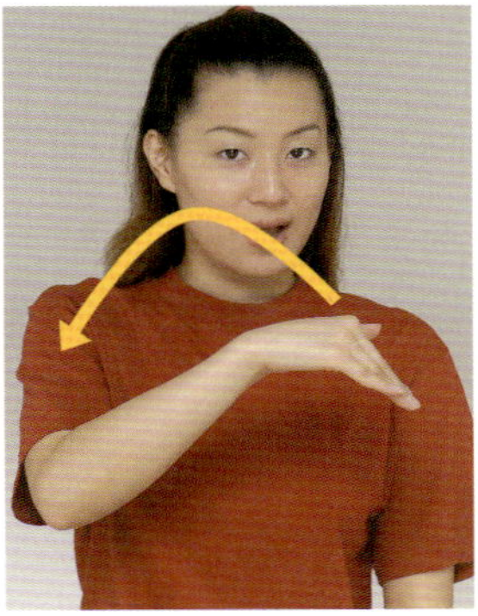

3 田

両手の指3本を垂直に重ねて漢字の「田」を作る。

4 その人

「その人の」という意味で、人差し指で横を指さす。

5 後輩

指を直角に曲げた左手を横に出し、そのまま下げる。

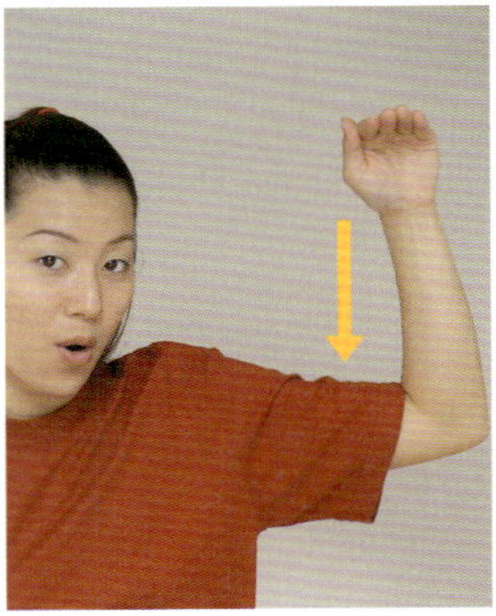

「本当ですか？」

1 本当

右手を縦にしてあごを2、3回、ポンポンとたたく。

「山田さんは私の先輩です」

1 山

右手で大きく山の形を描く。

2 田

両手の指３本を垂直に重ねて漢字の「田」を作る。

3 私

軽く自分を指さす。

4 先輩

指を直角に曲げた右手を肩のあたりに置き、そのまま高く上げる。

「実は中村さんと私は同級生なんですよ」

1 実は

右手の指を揃え、その人差し指側で斜めに２回程度あごに当てる。

2 中

漢字の「中」を作る。左手の親指と人差し指を横に伸ばし、右手の人差し指をその中央に垂直に当てる。

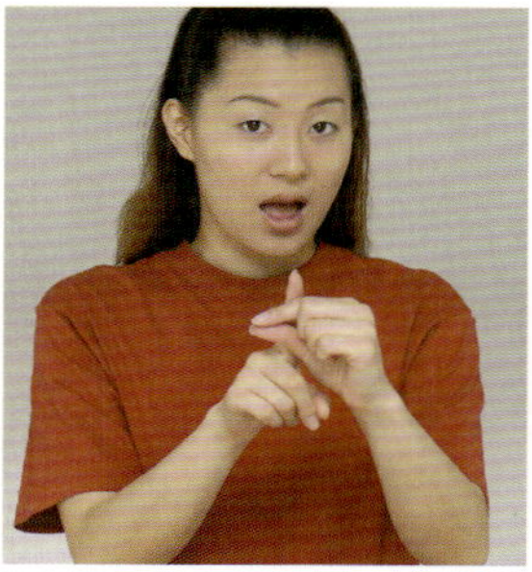

3 村

左手の手首に右手の人差し指を当て、鍬で掻くように手前に引く。右手の人差し指は左手の下に当ててもよい。

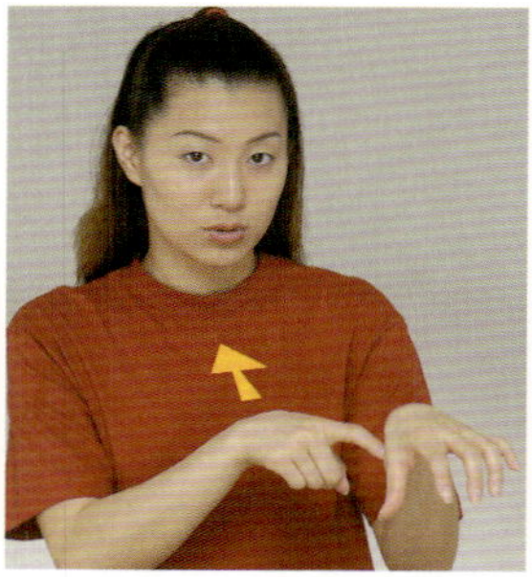

4 その人

「中村さん」を指すように右手の人差し指で指さす。

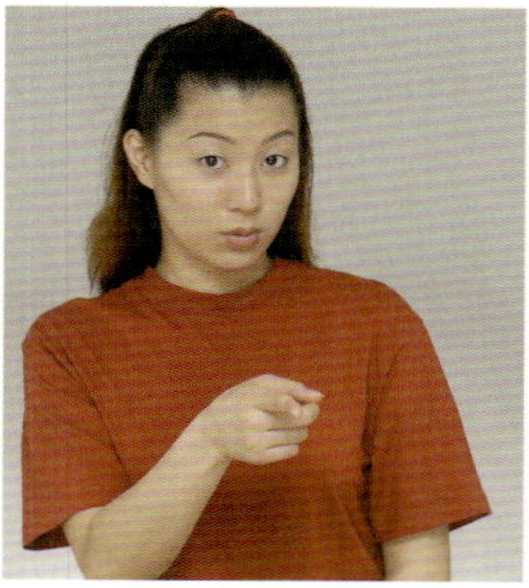

❺ 私

軽く自分を指さす。

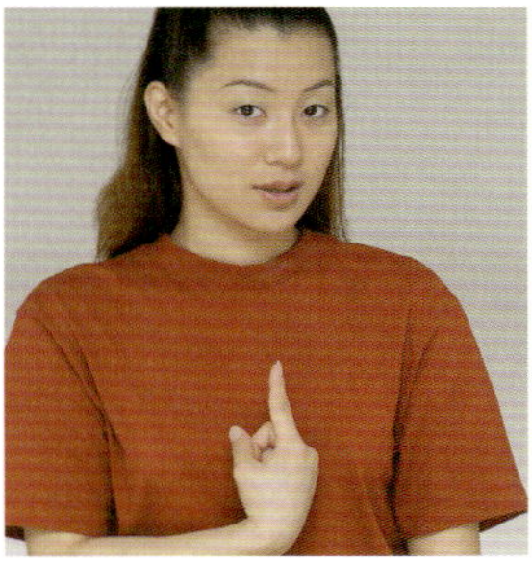

❻ 同級、同等

手のひらを下にして左右の手を前後に置き、軽く2回打ち合わせる。

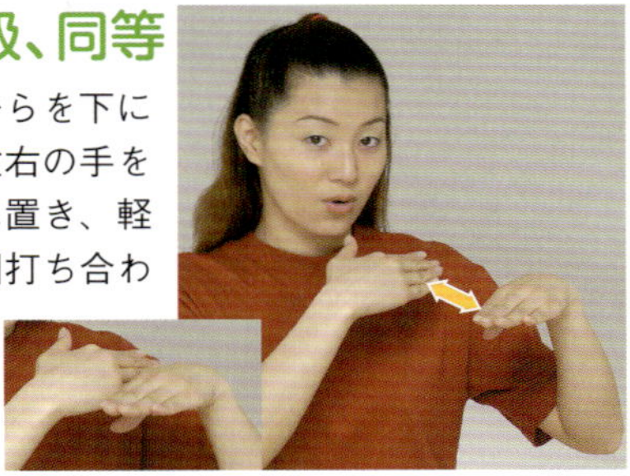

「あなたのほうが若く見えますね」

❶ あなた

相手を指さす。

❷ 比べる、天秤、秤

両手を天秤のお皿のように出し、交互に上下させる。

❸ 若い

右手を額にかぶせるように置き、サッと右に移動させる。額にしわがないことを表す。

❹ 見る

右手の人差し指と中指を出して相手に向け、そのまま前に出す。

❺ あなた

相手を指さす。

STEP 4 【単語】学校関係

小学校

❶左手人差し指を右手人差し指と中指で挟む。漢字の「小」を示す。
❷手のひらを自分に向けた両手を、軽く前後させる。「学校」を表す。

中学校

❶右の人差し指を立てて、左の親指と人差し指を横にして重ねる。漢字の「中」を示す。

中学校

❷手のひらを自分に向けた両手を、軽く前後させる。「学校」を表す。

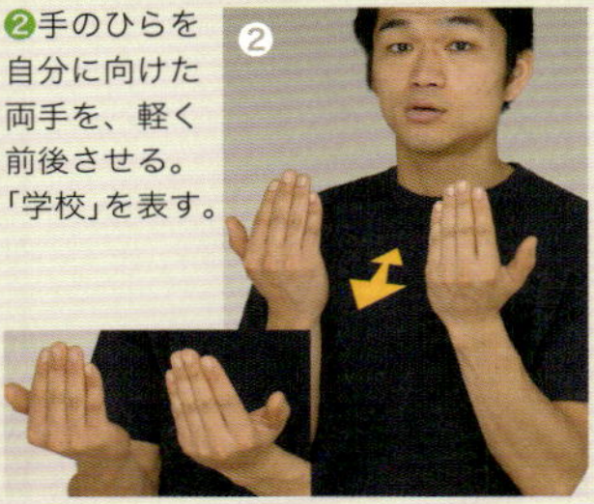

高　校

右手の人差し指と中指を出し、額の前で左から右へ水平に動かす。

大　学

角帽をイメージして、頭の対角線上に両手を置き、角帽の先をつまむように、親指と人差し指を動かす。

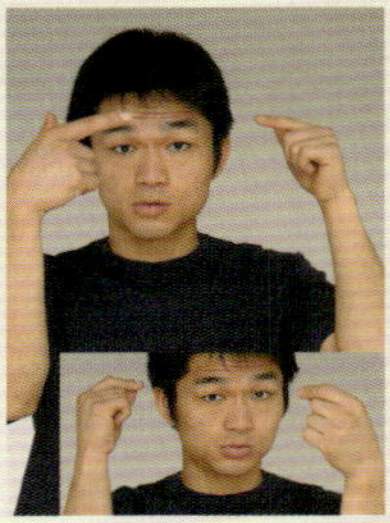

短期大学

❶両手の親指と人差し指で指先をつまむようにし、左右から中央で合わせる。
❷角帽をイメージして、頭の対角線上に両手を置き、角帽の先をつまむように、親指と人差し指を動かす。

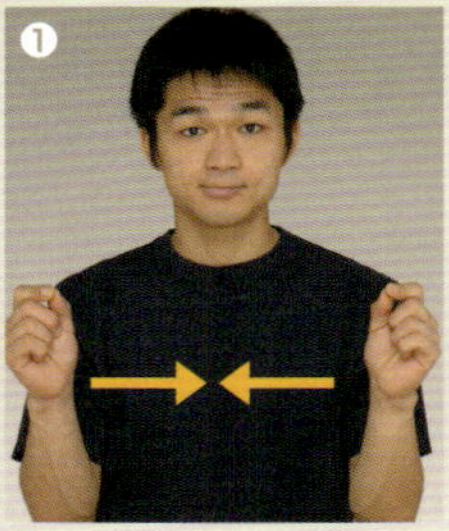

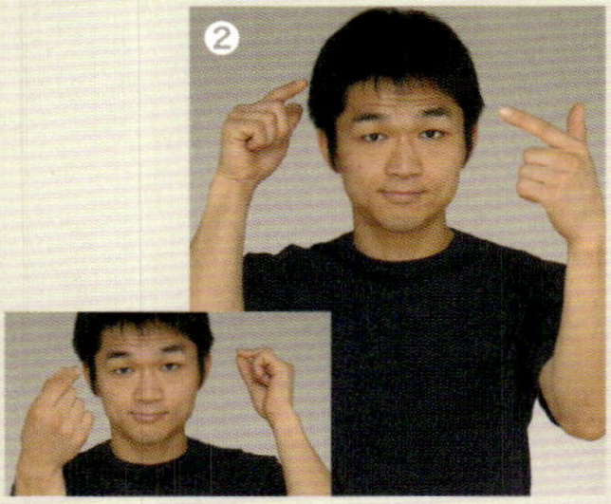

専門学校

❶両手の人差し指と中指を揃えて前に出し、手首を返してすくい上げるようにして上げる。
❷手のひらを自分に向けた両手を軽く前後させる。「学校」を表す。

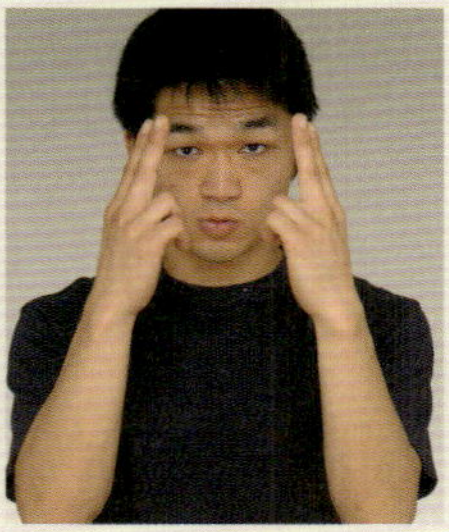

ろう学校

❶右手で右耳を押さえる。
❷手のひらを自分に向けた両手を軽く前後させる。「学校」を表す。

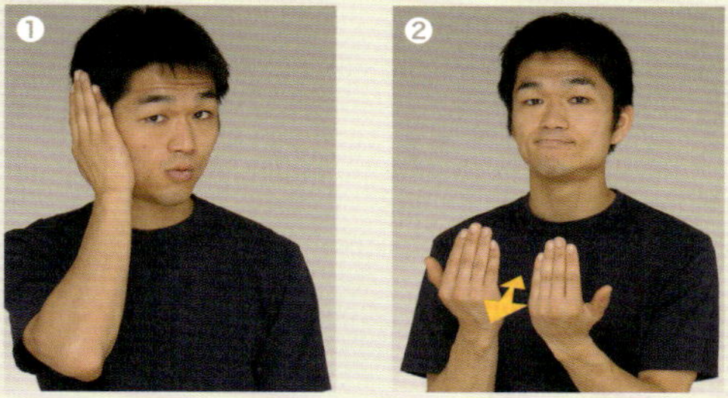

保育園

❶向かい合わせた両手を交互に上下させる。

保育園

❷ボールを上からつかむように右手を前に置く。「場所」を表す。

幼稚園

❶上向きに置いた右手のひらに、左手のひらを上から合わせ、左右の手を逆にして合わせる。
❷ボールを上からつかむように右手を前に置く。「場所」を表す。

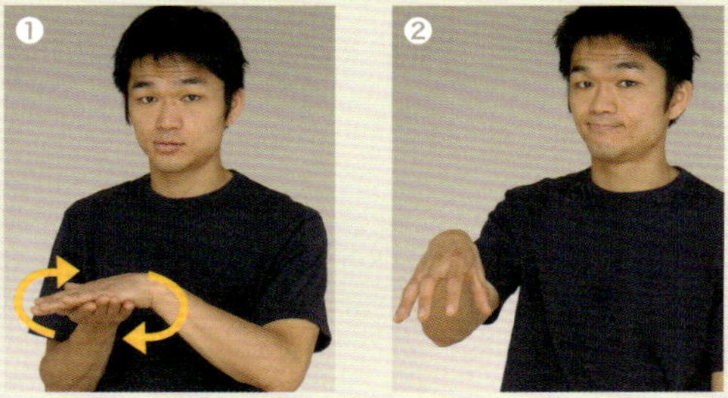

入学式

❶両手の人差し指の先をつけ、手前に弧を描いて手を返す。「入学」の意味。
❷両手のひらを自分に向けて重ね、外側の右手を前に出す。「式」を表す。

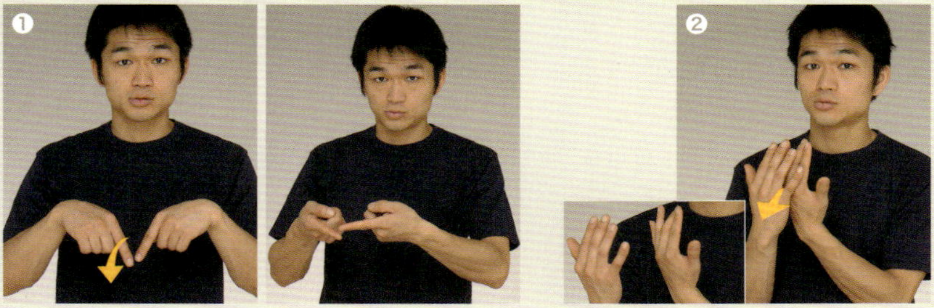

卒業式

❶卒業証書を受け取るように両手を出し、そのまま両手を捧げるように上げる。
❷両手のひらを自分に向けて重ね、外側の右手を前に出す。「式」を表す。

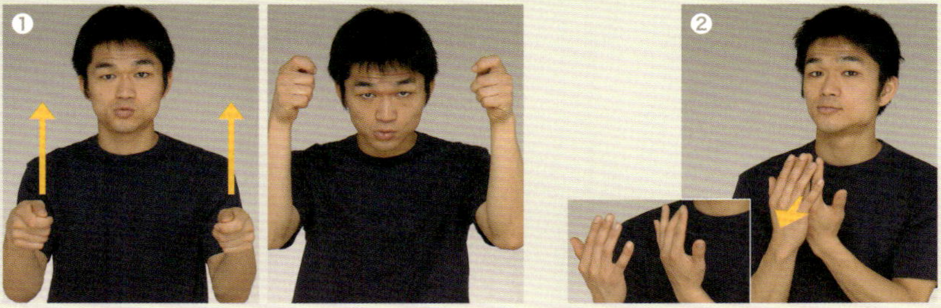

夏休み

❶扇であおぐように、右手を振る。暑いという表情で。
❷両手のひらを下に向け、水平にポンポンと開閉しながら左から右へ動かす。

学生（生徒）

両手を開き右手は上、左手は下に置き、両手ともこぶしを握りながら右手は下に、左手は上に移動する。握らなくてもよい。

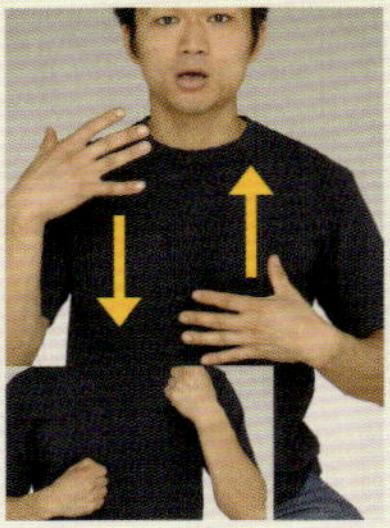

同級生

❶手のひらを下にして左右の手を前後に置き、軽く2回打ち合わせる。
❷両手を開き右手は上、左手は下に置き、次に両手ともこぶしを握りながら右手は下に、左手は上に移動する。握らなくてもよい。

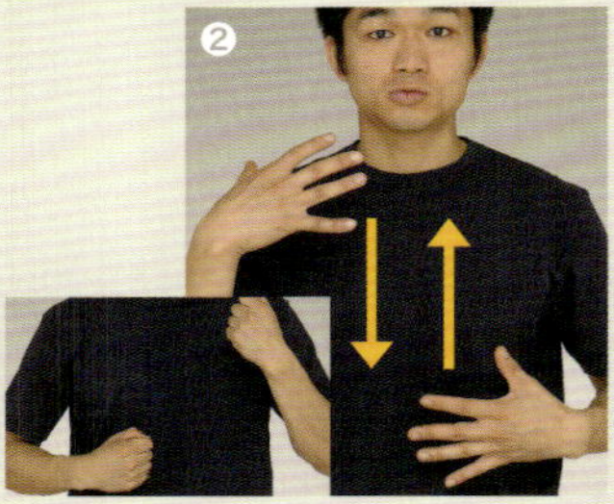

同窓生

❶両手とも親指と人差し指でつまむようにして中央で合わせ、「冂」の形を描く。
❷両手を開き右手は上、左手は下に置き、両手ともこぶしを握りながら右手は下に、左手は上に移動する。

先　輩

右手の指を直角に曲げて肩のあたりに置き、そのまま頭の上に上げる。

後　輩

右手の指を直角に曲げて目の高さに置き、そのまま下に下げる。

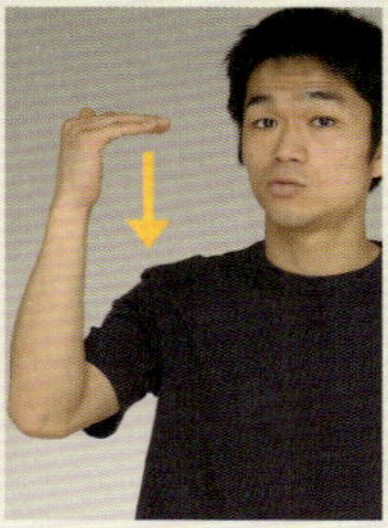

校　長

❶手のひらを自分に向けた両手を軽く前後させる。「学校」を表す。
❷右手の親指を立てて、少し上げる。「上の人」を表す。

入試の発表があります

「もうすぐ大学入試の発表があります」

1 今度、あと

右手のひらを相手に向けて顔の横に置き、軽く1、2回前に出す。

2 少し、少ない

右手の親指と人差し指を軽く1、2回こすり合わせる。「今度」+「少し」で「もうすぐ」に（逆の順番でもよい）。

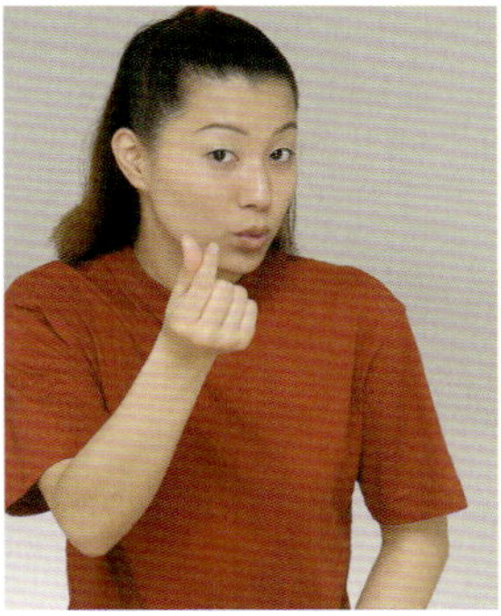

3 大学

角帽をイメージして、頭の対角線上に両手を置き、角帽の先をつまむように、親指と人差し指を動かす。

4 入学

両手の人差し指で漢字の「入」を作り、そのまま前に倒す。

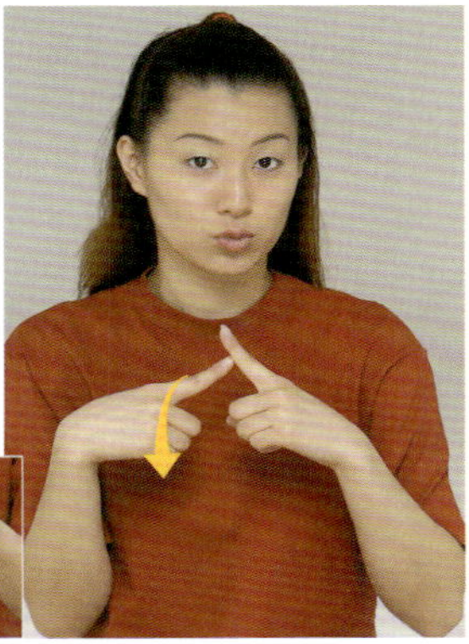

5 試験

両手の親指を立てて体の前に出し、交互に上下させる。

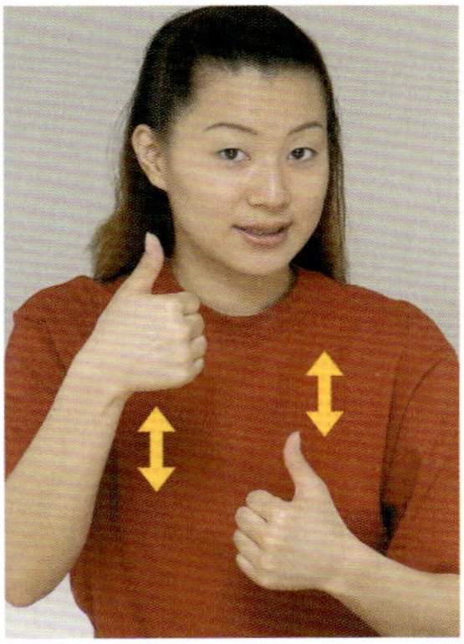

6 発表

両手の親指と人差し指でL字を作り、口の前あたりからそのまま前方に出す。

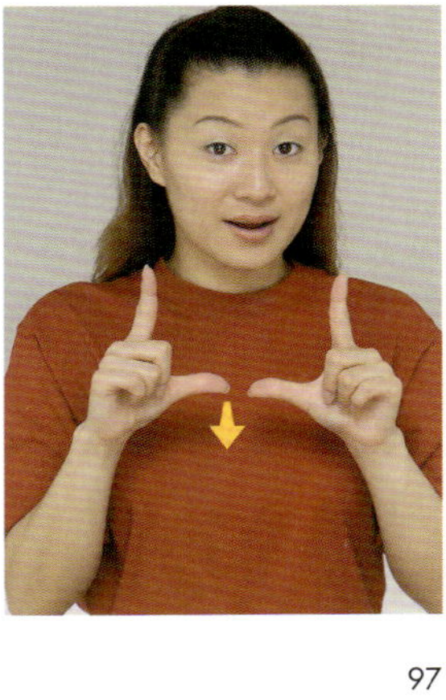

❼ ある

❻の左手はそのままで、右手は手のひらを斜め下に向けて２回ぐらい軽くたたくようにする。

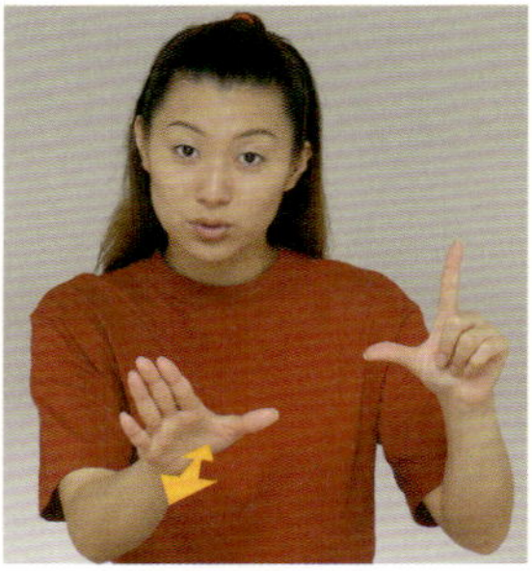

「合格か不合格か、心配ですね」

❶ 合格

左手を水平に体の前に出し、その手前に右手を立て、右手だけ真上に上げる。

❷ 不合格

左手を水平に体の前に出し、その下に右手の指先を当て、右手だけ下げる。

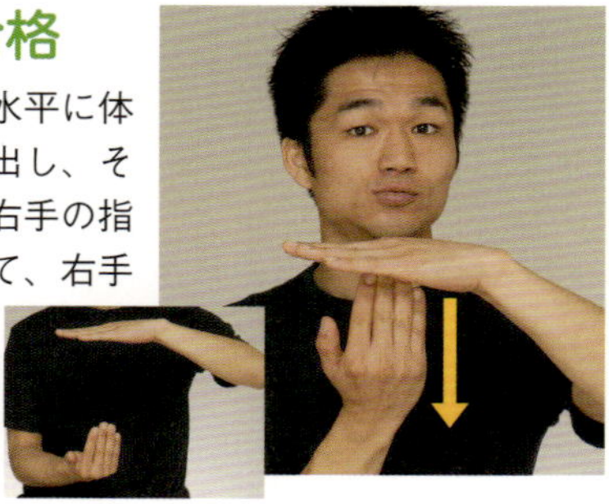

❸ どちら

両手の人差し指を立てて肩の前に置き、交互に上下させる。

❹ 心配する

胸の中央をつかむように、左右の手を上下に置く。

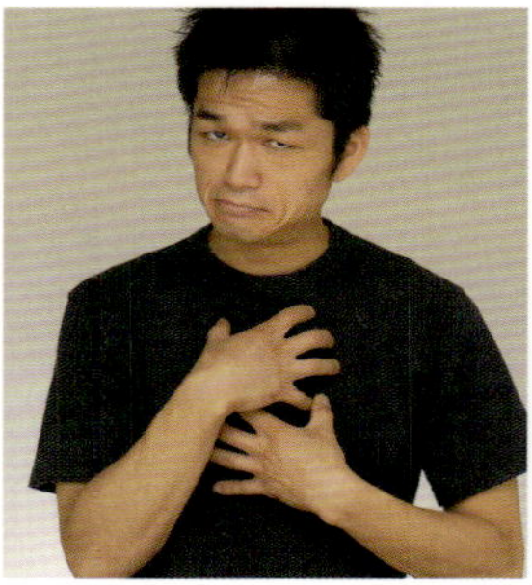

「もうドキドキです」

❶ 大変、すごい

親指と人差し指の先をつけた右手を左胸の前に置き、その親指と人差し指を開きながら素早く右へ移動させる。

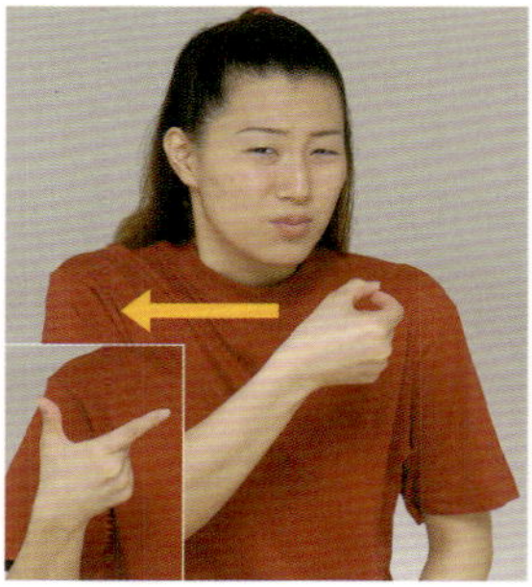

❷ ドキドキする

左手のひらを自分に向けて心臓の前に出し、胸がドキドキするように、右手を左手の手前で前後させる。

約束しよう

「今度いっしょに美術館に行きませんか?」

1 今度、あと

右手のひらを相手に向けて顔の横に置き、軽く1、2回前に出す。

2 絵

両手の指を横にして胸の前で重ね、左手を払うようにして右手だけ右に移動させる。右手を2回往復させると「描く」の手話になる。

3 建物

両手を肩幅に開き、四角い建物の形を中央に向かって描く。「絵」+「建物」で「美術館」に。

4 いっしょに行く

両手の人差し指の先を前方に向けて平行に出し、胸の前で合わせてそのまま前に出す。尋ねる表情で。

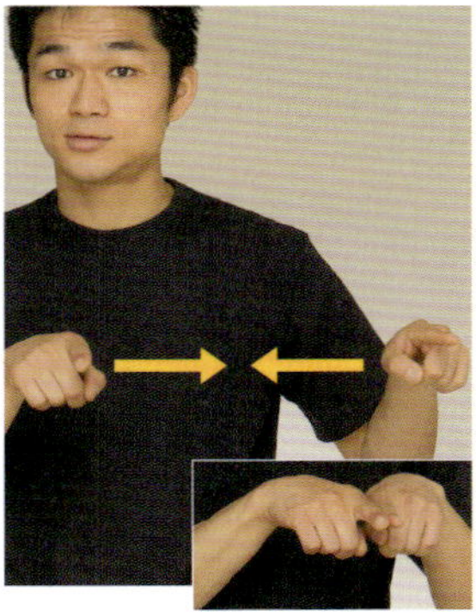

「約束ですよ」

1 約束、きっと

左と右の小指を絡ませ、指切りする。

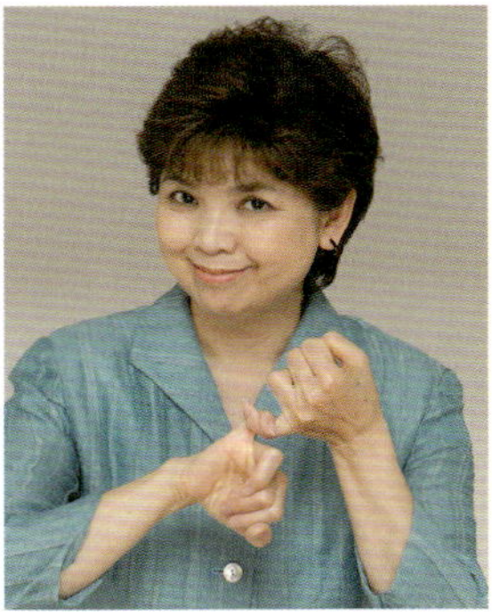

2 あなた

「ね」と念を押す感じで相手を指さす。

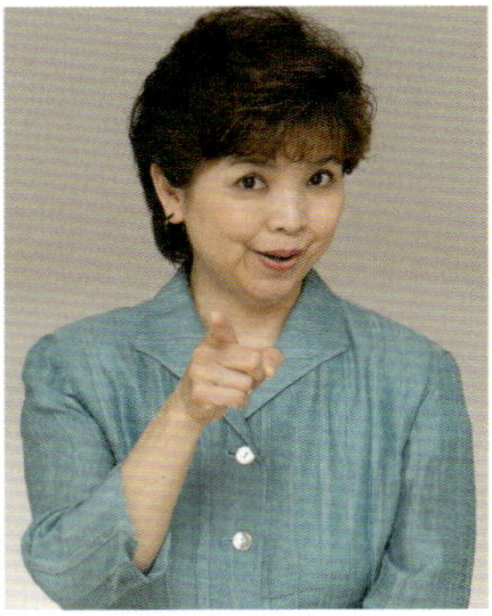

「佐藤さんも誘いましょう」

1 砂糖、甘い

口の前に右手を置き、小さく円を描く。「砂糖」の手話で「佐藤」を表す。

2 あの人

「あの人」という感じで横を指さす。

3 誘う

「おいで」と招くように右手を振る。

4 試す

右手の人差し指の先を右目の下に当てる。

「楽しみ！」

1 楽しい、うれしい

左手を左肩に、右手を右のおなかあたりに置き、左右交互に上下させる。

2 待つ

4本の指を折り曲げ、指先をあごの下に当てる。

STEP 5 いっしょに出かけよう2

都合を聞く

「いつがいいですか？」

1 いつ、何月何日

両手を上下に置き、開いた指を、親指から小指まで順に折り曲げていく。

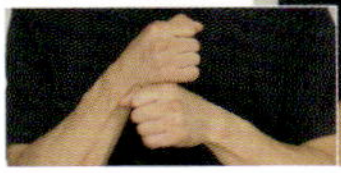

2 よい

右手のこぶしを鼻先に当て、少し前に出す。尋ねる表情で。

「私は明日の午後なら大丈夫です」

1 私

軽く自分を指さす。

2 明日

右手の人差し指を顔の横あたりに立て、手首を返して前に出す。あるいは人差し指を軽く前に倒すだけでもよい。

3 午後

右手の人差し指と中指を揃えて顔の前に立て、時計の針が12から先へ移動するように左に倒す。

4 大丈夫、できる

右手の指を揃えて指先を軽く左胸に当て、そのまま前に弧を描きながら右胸に移す。

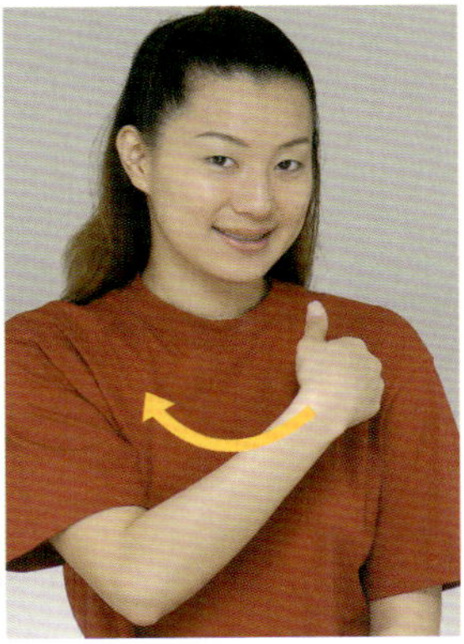

「あさっては どうですか？」

1 あさって

右手の人差し指と中指を顔の横に立て、手首から1、2回 前 に倒す。

2 どう?

右手のひらを上にして、左右に細かく振る。尋ねる表情で。

「あさっては 都合が悪いです」

1 あさって

右手の人差し指と中指を顔の横に立て、手首を返して前に出す。あるいは手首から前に倒すだけでもよい。

2 都合

左手のひらの上に右手のこぶしをのせ、そのこぶしで小さく円を描く。

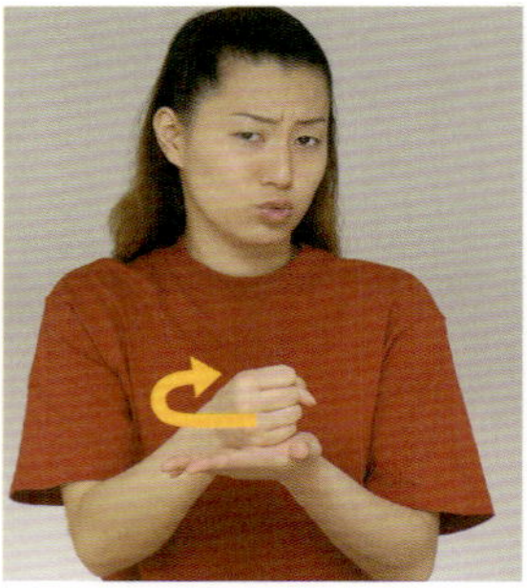

3 悪い

右手の人差し指を鼻の脇に当て、サッと左に払う。

「では明日にしましょう」

1 OK

「いいですよ」とOKサインを出す。

2 明日

顔の横に右手の人差し指を立て、手首から前に倒す。

STEP 5 【単語】日時、曜日、時間など

1 年

右手の人差し指で、左のこぶしの上に置き、ぐるりと前から回して上に戻す。

1か月

右手の人差し指を顔に向け、そのまま前方に向けて出す。「2か月」は2本の指で。

1週間

❶右手で数詞の「7」（P54参照）を表し、その手を左から右へ移動させる。
❷両手を肩幅に立てて向かい合わせ、軽く下ろす。「週」＋「間」で「1週間」に。

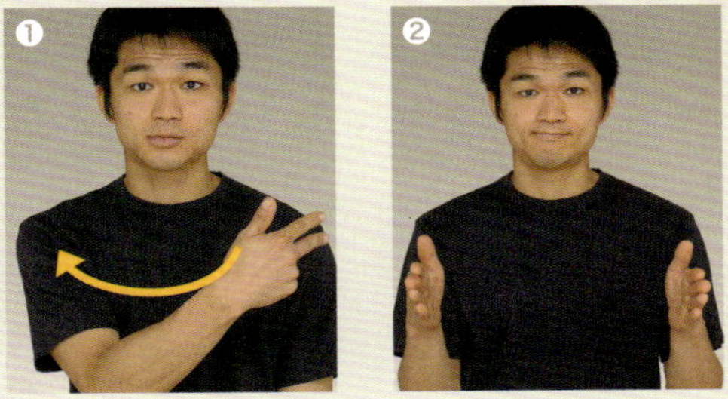

1 日

右手の人差し指を立て、左肩から右肩へ移動させる。「2日」は指2本で同じ動作。

毎 日

両手の親指と人差し指をL字にして肩の位置で人差し指を、向かい合わせ、下から前方に向けて回す。

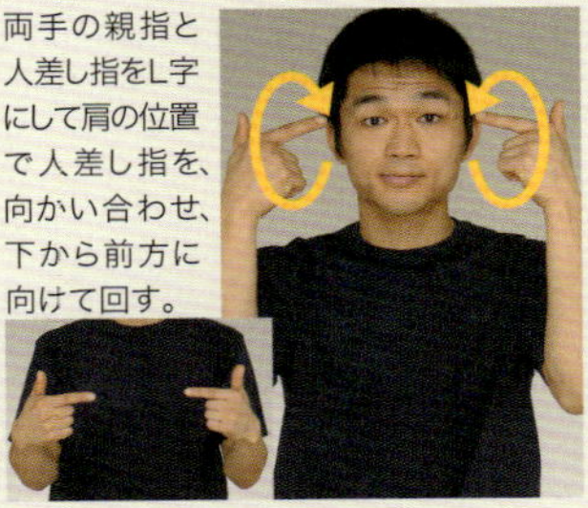

休 日

❶手のひらを下にして開いた両手を中央で合わせる。
❷左手の人差し指を立て、そこに右手の3本の指を横にしてつけ、漢字の「日」を作る。

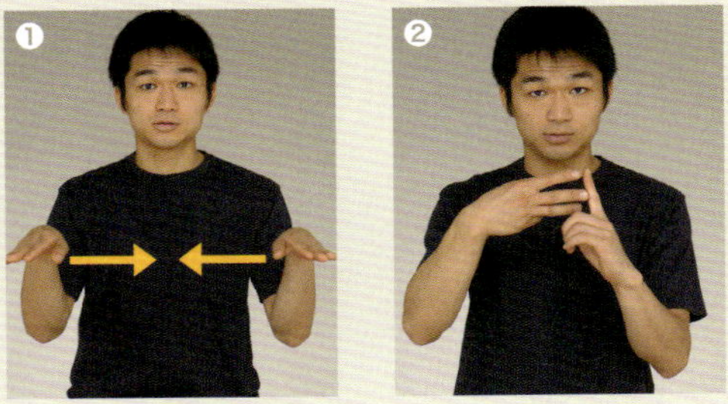

来 週

右手の3本の指を立てて、弧を描くように前へ出す。

先 週

右手の3本の指を立てて、弧を描くように後ろへ引く。

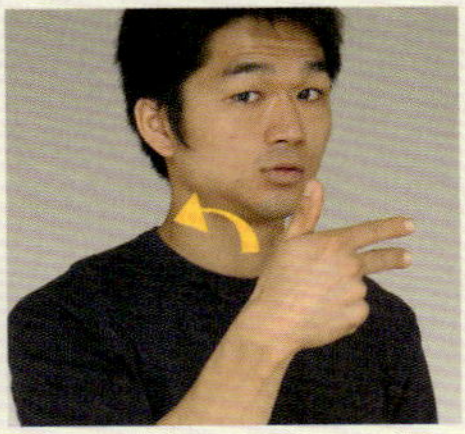

月曜日

三日月を描くように、合わせた親指と人差し指の先を下に向かって広げる。

火曜日

❶「火」の赤色を示す唇に人差し指を当て、右へ移動させる。
❷炎が燃え上がるように右手首をひねりながら上げる。

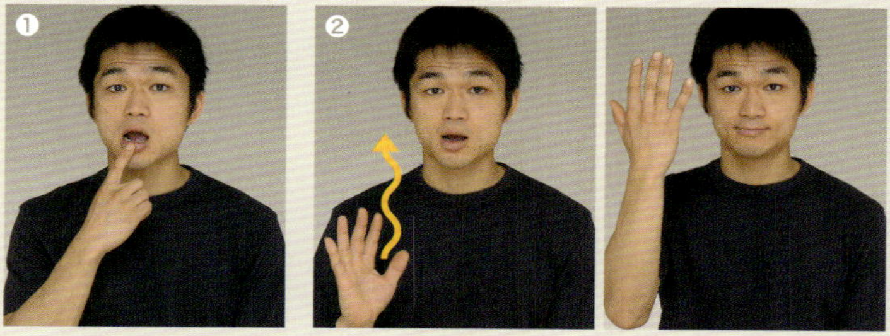

水曜日

水が流れるように、右手をヒラヒラ動かしながら左から右へ移動させる。

木曜日

親指と人差し指でL字を作った両手を、木の幹を表すように下から上に上げる。

金曜日

右手の親指と人差し指で輪を作り、その手を軽く振る。

土曜日

土をつまんでパラパラと落とすように指先をこすり合わせ、左右に広げる。

日曜日

❶カレンダーの日曜日の赤色を示すために唇に人差し指を当て、右へ移動させる。

日曜日

❷手のひらを下にして開いた両手を中央で合わせる。「赤」＋「休日」で「日曜日」に。

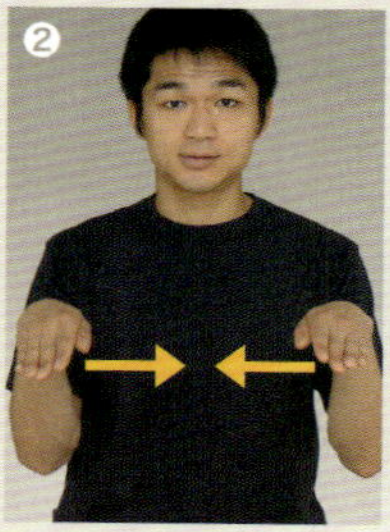

午前

右手の人差し指と中指を揃えて、時計の針が12を指すように立てたあと、指先を右側に倒す。

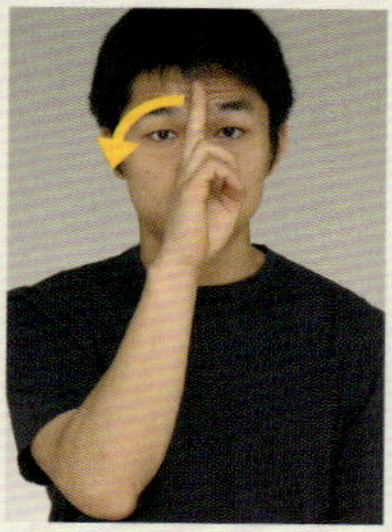

午後

右手の人差し指と中指を揃えて、時計の針が12を指すように立てたあと、指先を左側に倒す。

朝

右手のこぶしを顔の横に置き、そのまま下げる。

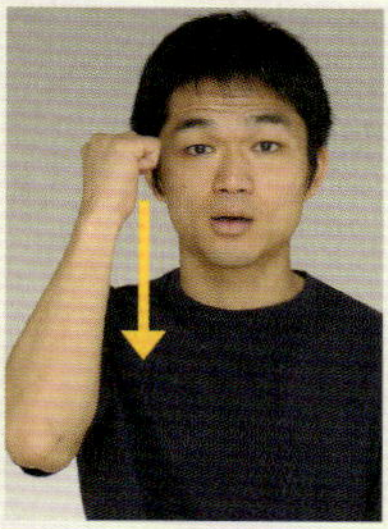

夕方

右手の指を揃えて顔の横に立て、ひじから正面に倒す。

夜

大きく開いた両手を、中央で交差させる。

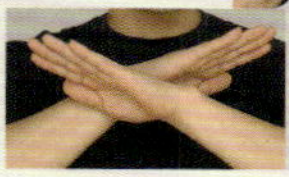

今日

両手のひらを下に向けて体の前に置き、軽く上下に2回動かす。

明日

右手の人差し指を立てて顔の横に置き、手首から正面に倒す。手首を返して人差し指を前に出してもよい。

あさって

右手の人差し指と中指を立てて顔の横に置き、手首から1、2回正面に倒す。指は揃えてもよい。手首を返して前に出してもよい。

昨日

右手の人差し指を立てて、甲を相手側に向け、右肩の後方に移動する。

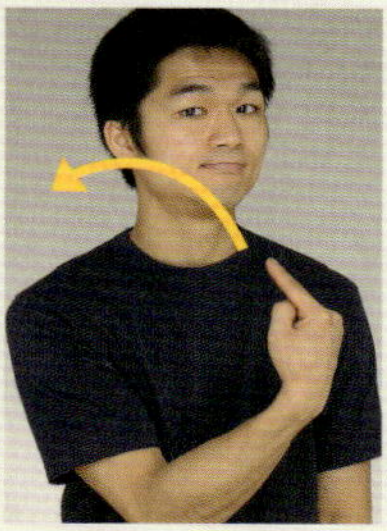

1時間

左手首の上で右手の人差し指をグルッと回す。「2時間」は指を2本立てて回す。

30分

自分に向けて数詞の「30」（P55参照）の形を作り、手首を返して相手に向けて出す。

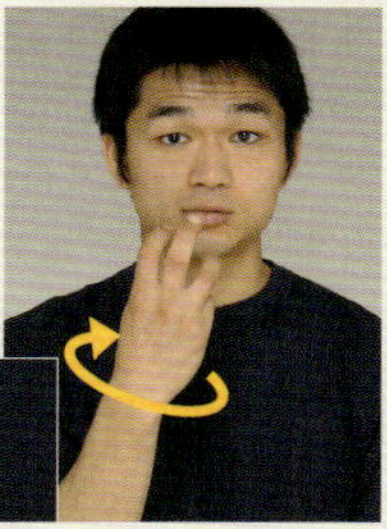

1分

左手で数詞の「1」（P54参照）の形を作り、右手で「分」の記号「′」を描く。

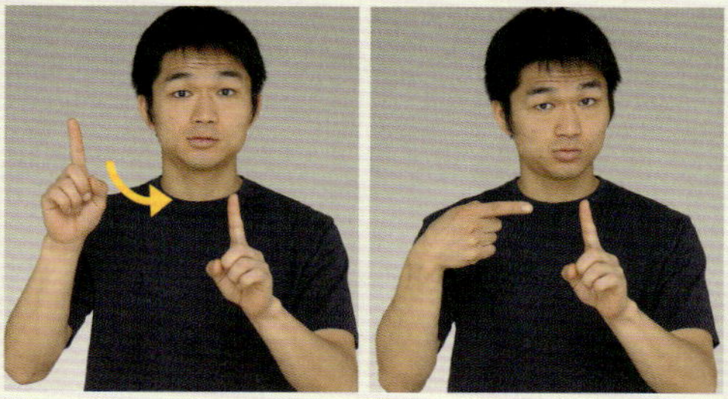

1秒

左手で数詞の「1」（P54参照）の形を作り、右手で「秒」の記号「″」を描く。

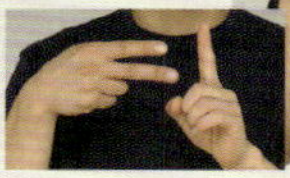

正午（昼）

時計の12時を表す。右手の人差し指と中指を揃え、鼻の前に立てる。

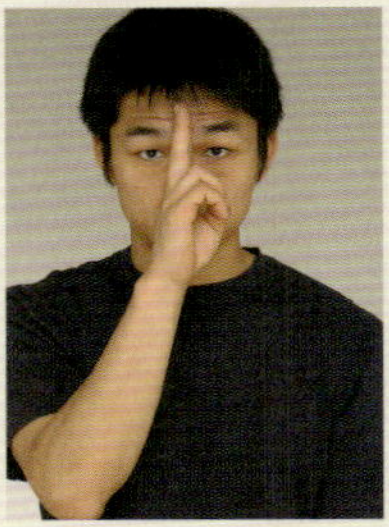

正　月

両手の人差し指を立てて、上下になるように同時に中央に向かって出す。「1月1日」を表す。

バレンタインデー

両手の親指と人差し指で♡マークを作って少し揺らす。「二月十四日」の手話で表すこともある。

ゴールデンウィーク

❶アルファベットの「G」を作る。
❷両手のひらを下に向けて揃えて出し、水平に小さく開閉しながら右から左へ動かす。

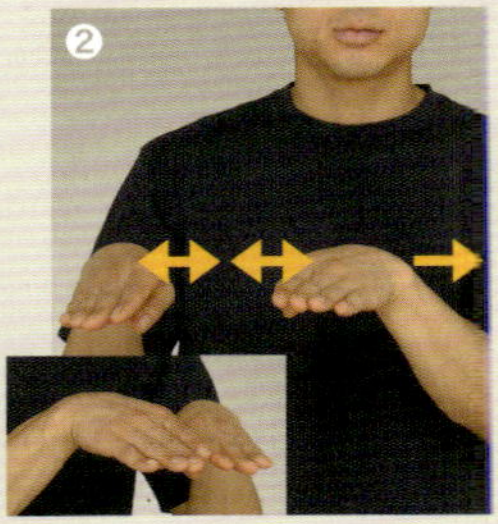

七夕

数詞の「7」（P54参照）を両手で表し、上下に置く。

クリスマス

❶「X´mas」の「X」を作ってから両手を斜めに引く。
❷サンタクロースの長いあごひげをなで下ろすように、右手をあごの下から下ろす。

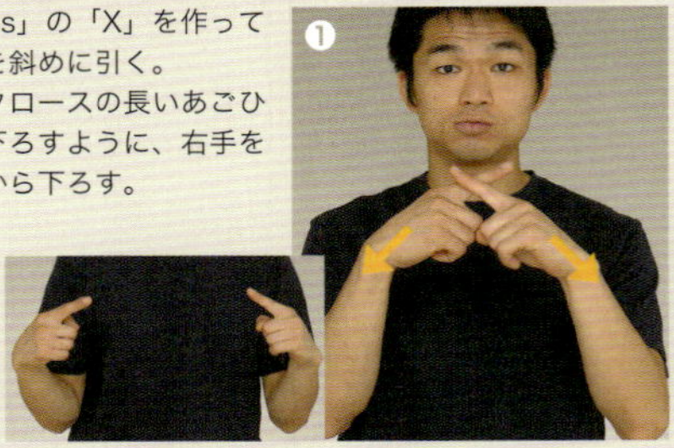

大晦日

❶右手の人差し指を、左のこぶしの上に置き、ぐるりと前から回して上に戻す。
❷左手のひらまで到達するように、右手を移動させる。

STEP 5　いっしょに出かけよう3

待ち合わせをする

「待ち合わせはどこにしますか？」

1 待つ

あごの下に右手の指をつける。指は直角に折り曲げるようにする。

2 会う

両手の人差し指を立てて向かい合わせ、中央で合わせる。「待つ」＋「会う」で「待ち合わせ」に。

3 場所

ボールを上からつかむようにした右手を体の前に置く。

4 何?

右手の人差し指を立て、軽く2、3回左右に振る。尋ねる表情で。「場所」＋「何？」で「どこ？」になる。

「改札口にしましょう」

1 改札、駅

左手の小指側を右手の親指と人差し指で挟む。切符にハサミを入れるように。

2 口

口の周りに人差し指で小さく円を描く。

外出

③ 決める

右手の人差し指と中指を揃えて出し（人差し指だけでもよい）、勢いよく左の手のひらに打ち付ける。

④ どう？

右手のひらを上にして、左右に細かく振る。尋ねる表情で。

「午後3時でどうですか？」

① 午後

右手の人差し指と中指を揃えて顔の前に立て、時計の針が12から先へ移動するように左に倒す。

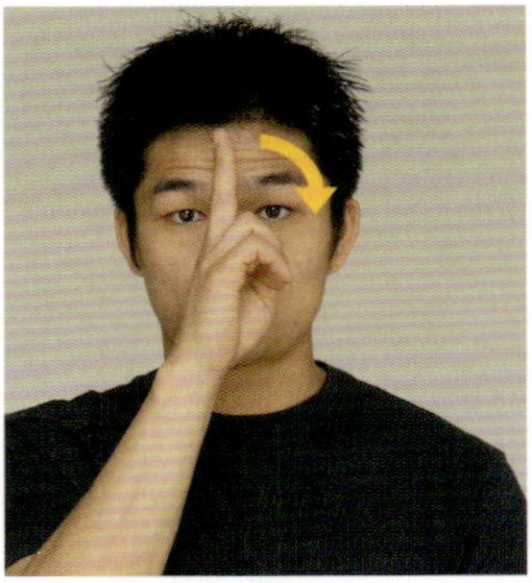

② 時間

左手の手首を右手の人差し指で指す。腕時計を指すように。

③ 3

数詞の「3」を示す。

「できれば2時にしてください」

① できる、大丈夫

右手の指を揃えて指先を軽く左胸に当て、そのまま前に弧を描きながら右胸に移す。

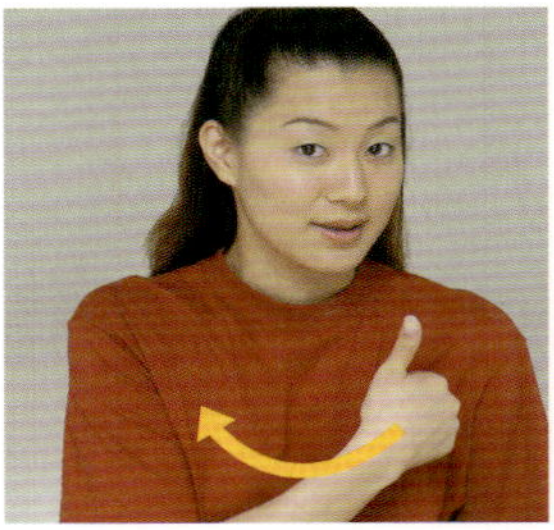

② 2、お願い

数詞の「二」（「2」でもよい、P54参照）を示す。次に、手のひらを拝むように立て、軽く前に倒す。

「いいですよ」

① いい、かまわない

「いいですよ」という表情で、右手の小指の先をあごに当てる。

STEP 5 【単語】方角、場所

東

L字にした両手を、太陽が昇るように下から上に上下する。

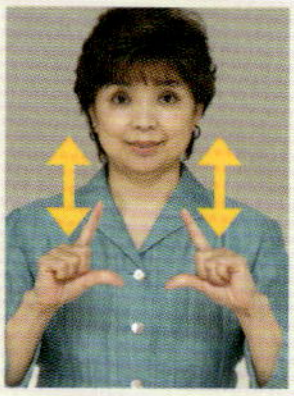

西

「東」の手話を逆向きにした形を作り、太陽が沈むように下げる。

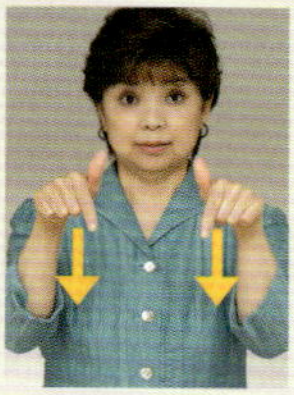

南

扇であおぐように、右手を振る。

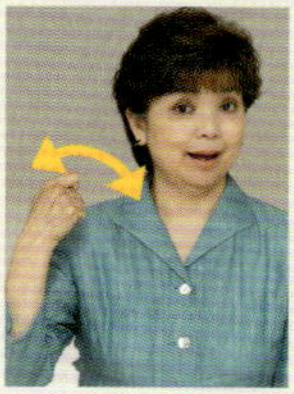

北

両手の3本の指を広げて出し、手首で交差させる。漢字の「北」の形を表す。

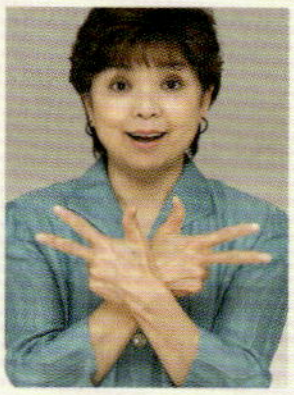

駅(改札)

❶左手の小指側を右手の親指と人差し指で挟む。切符にハサミを入れるように。
❷右手をボールの上からつかむようにして置く。「場所」を表す。

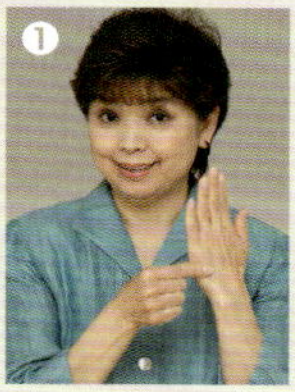

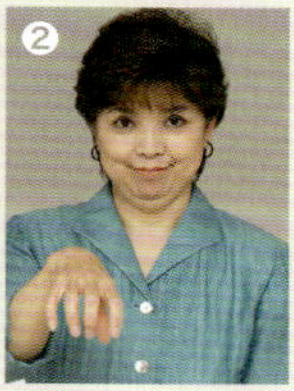

JR

右手の人差し指と中指を絡ませて、親指は広げ、アルファベットの「J」と小文字の「r」を表し、少し前後に振る。

地下鉄

左手を地面に見立て、その下を電車が前に進むように右手を前に出す。

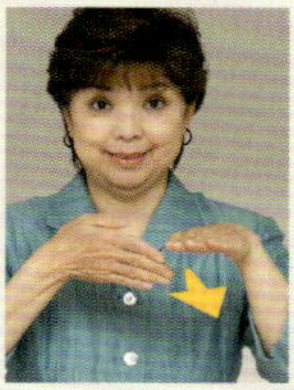

バス停留所

❶両手の親指を立て、人差し指を横に出して向かい合わせ、そのまま前に出す。
❷左手の親指と人差し指で輪を作り、その下に右手の人差し指を立てる。バス停を表す。
❸左手をボールの上からつかむようにして置く。「場所」を表す。

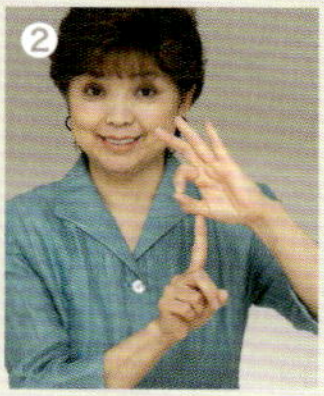

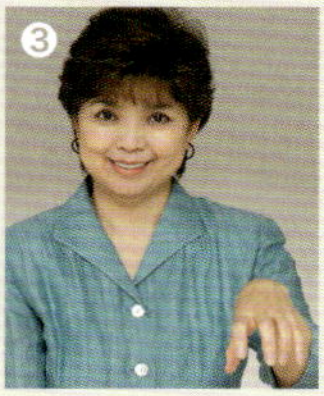

タクシー乗り場

❶コの字にした左手の上に、右手をのせてタクシーを形作り、左から右へ移動する。
❷右手の人差し指と中指を相手側に向けて少し曲げる。
❸右手をボールの上からつかむようにして置く。「場所」を表す。

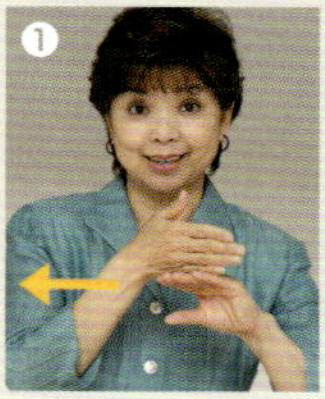

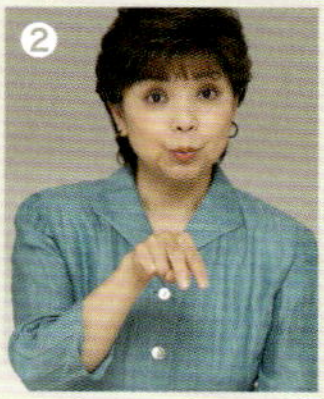

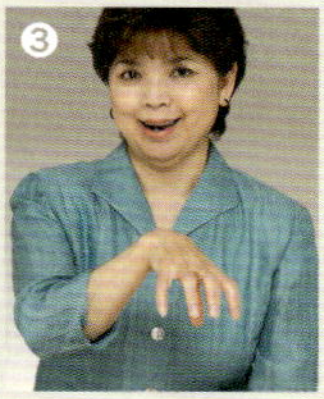

市役所

❶指文字の「し」(P36参照)を表す。

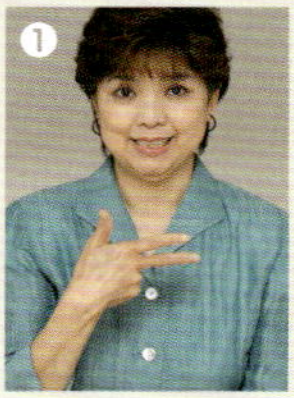

市役所

❷左手を水平に置き、その手の甲に右手のひじをのせて立て、軽く振る。
❸右手をボールの上からつかむようにして置く。「場所」を表す。

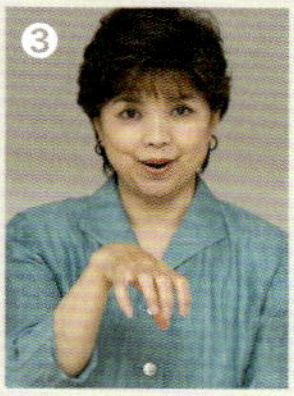

保健所

❶左手を握り、右手でそれを守るように覆い、手前にグルッと回す。保険、守るを表す。
❷右手をボールの上からつかむようにして置く。「場所」を表す。

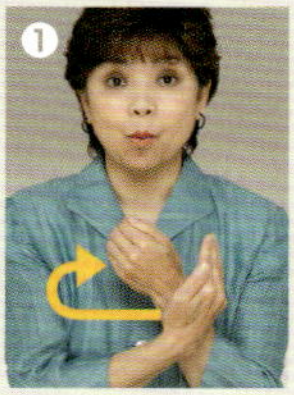

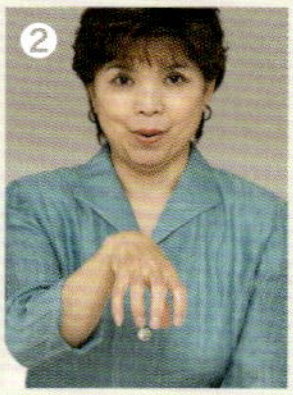

警察署

❶右手の親指と人差し指でコの字を作り、額に当てる。警察帽のバッジを表す。
❷両手を肩幅に開き、四角い建物の形を中央に向かって描く。

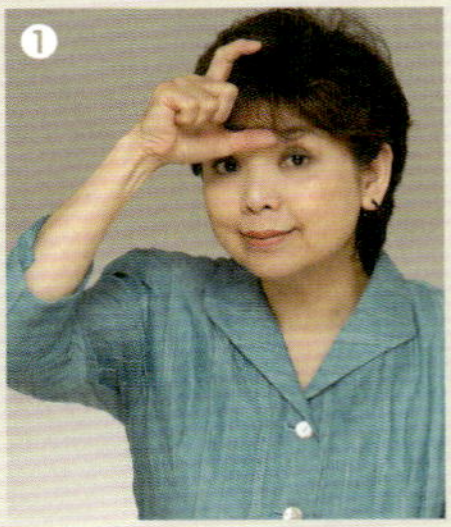

消防署

❶消防車のホースを持つしぐさをし、そのまま両手を軽く動かす。

消防署

❷両手を肩幅に開き、四角い建物の形を中央に向かって描く。

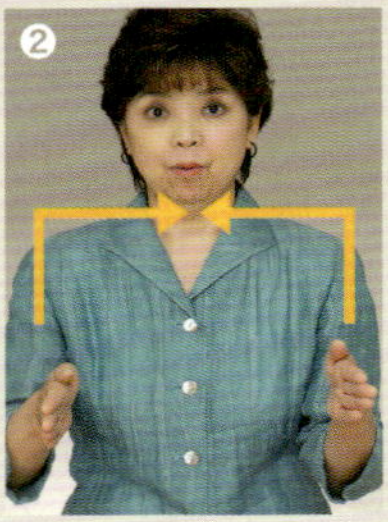

郵便局

❶右手の人差し指と中指を出し、その下に左手の人差し指を当て、〒マークを作る。
❷右手をボールの上からつかむようにして置く。場所を表す。

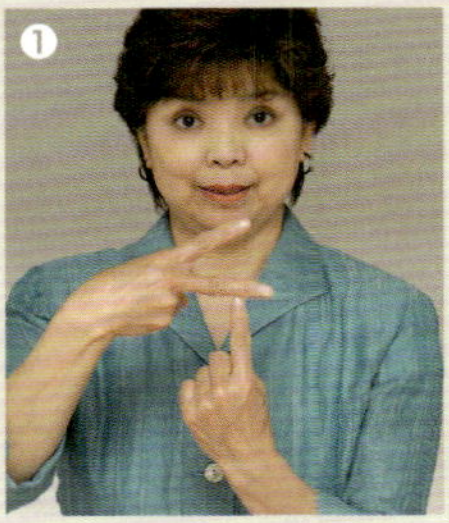

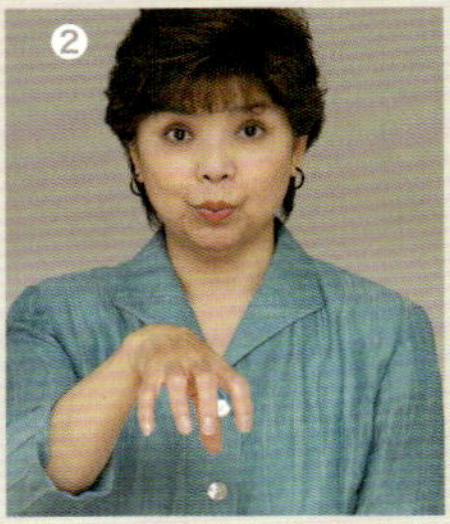

銀　行

❶両手でお金の形を作って前に出し、2回ぐらい上下させる。
❷両手を肩幅に開き、四角い建物の形を中央に向かって描く。この動作がなくてもよい。

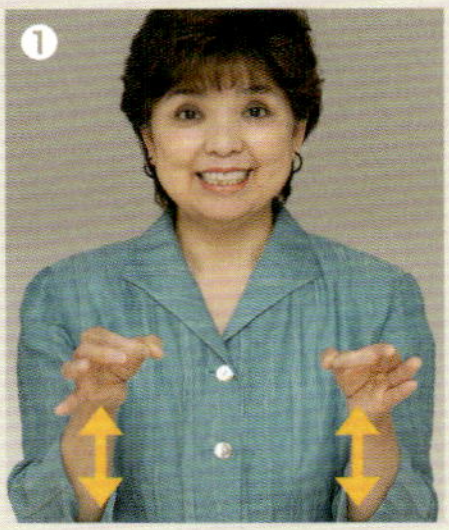

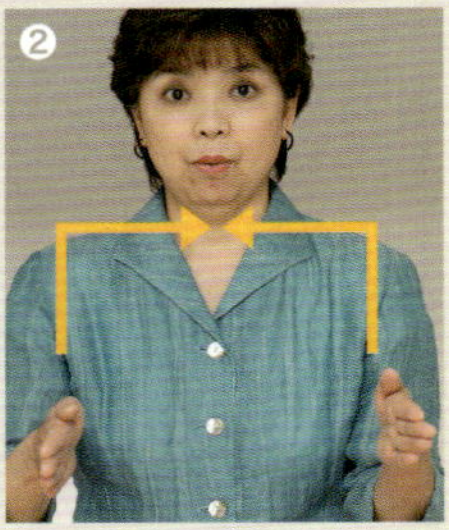

学　校

❶両手のひらを自分に向け、軽く前後させる。

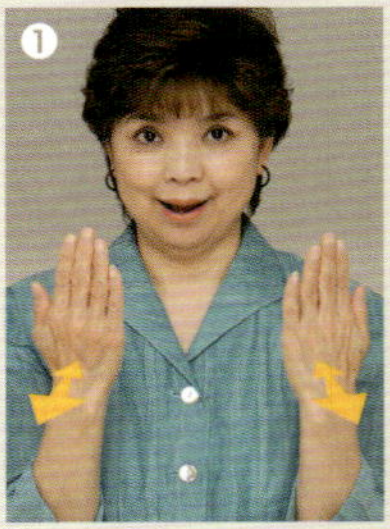

学　校

❷右手をボールの上からつかむようにして置く。場所を表す。

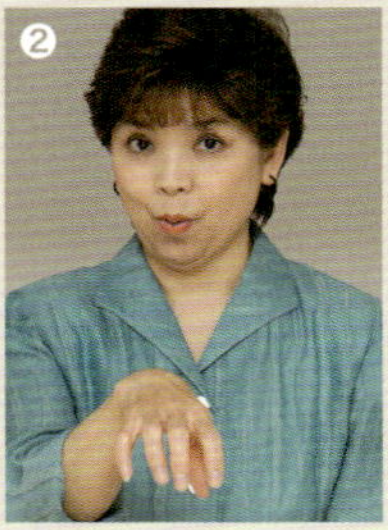

ホテル

❶枕に頭をつけるように、握った右手に頭を傾ける。
❷右手の人差し指と中指を揃えて、左手のひらの下から上へ段を作るように当てていく。

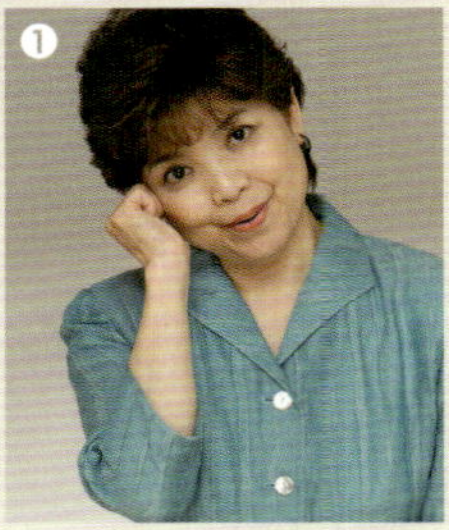

建　物

両手を肩幅に開き、四角い建物の形を中央に向かって描く。

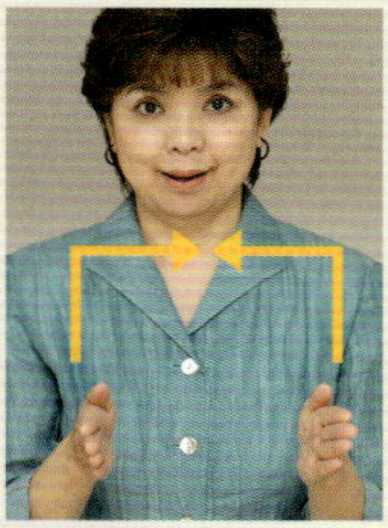

寺

左手を拝むように立て、右手は鈴をチーンとたたいて鳴らすしぐさをする。

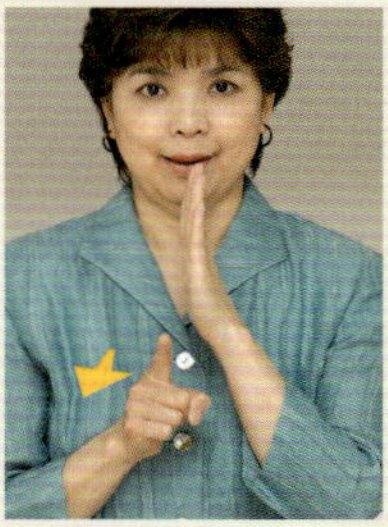

神　社

❶柏手を打つように両手を2回合わせる。

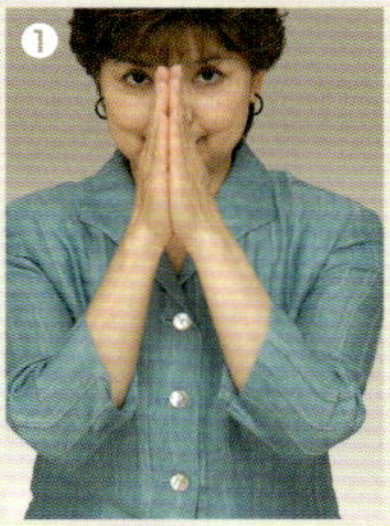

神　社

❷神社の屋根の形を表すように、両手の指を交互に交差させてから、斜め下に下げる。

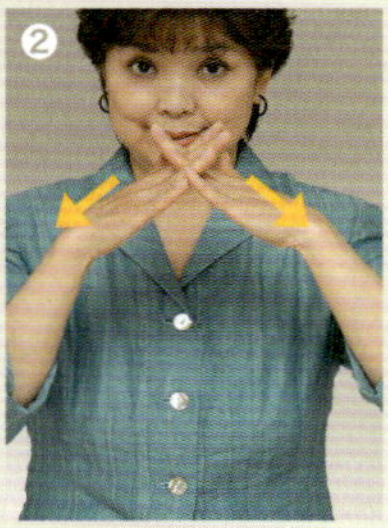

喫茶店

❶左手でカップを持ち、右手の親指と人差し指でスプーンをつまみ、かき混ぜるようなしぐさをする。
❷右手をボールの上からつかむようにして置く。場所を表す。

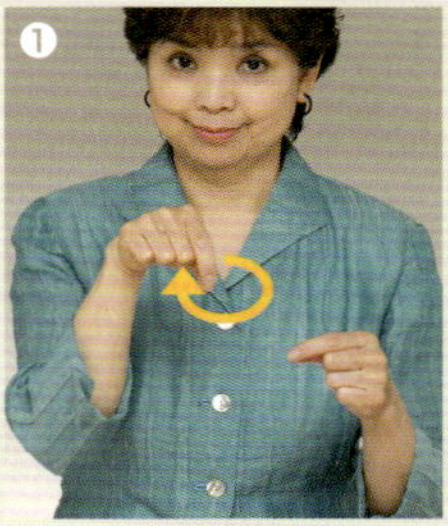

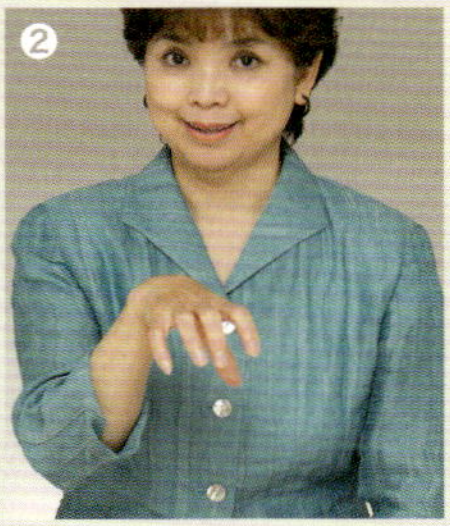

公　園

❶両手の人差し指でハの字を作り、左手はそのまま、右手で「公」の「ム」の部分を書く。
❷右手のひらを下にし、水平に大きく円を描く。広場を表す。

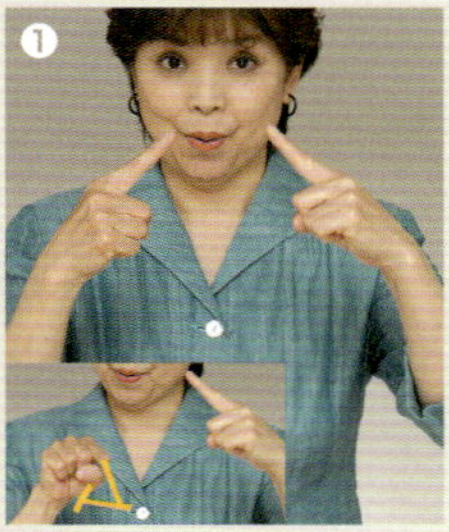

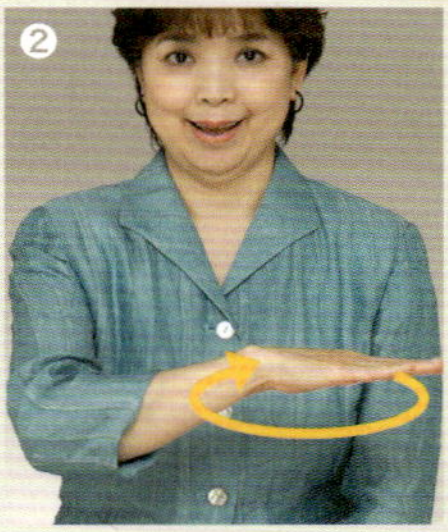

駐車場

❶ハンドルを握って運転するように、両手を動かす。

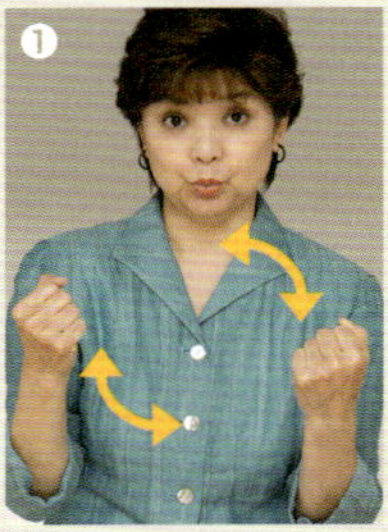

駐車場

❷右手をコの字にして自動車を表し、たくさん停まっているように右へ動かす。
❸右手をボールの上からつかむようにして置く。場所を表す。

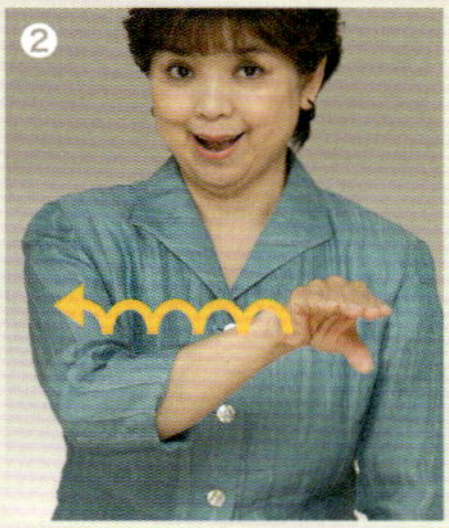

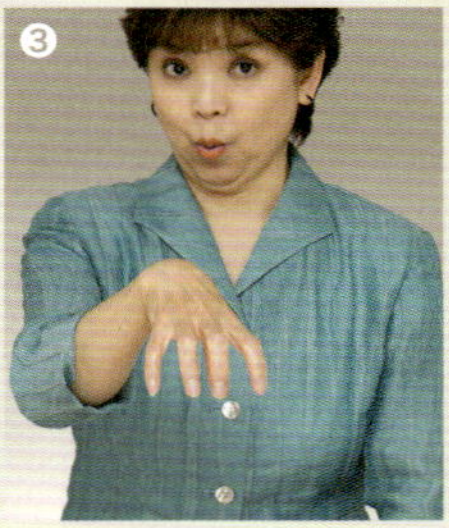

交差点

両手の人差し指を出し、向かい合わせに×印を作り、2回ぐらい軽く当てる。

時間を尋ねる

「今、何時ですか？」

1 今、今日

両手のひらを下にし、上下に軽く2、3回動かす。

2 時間

左手の手首を右手の人差し指で指す。腕時計を指すように。

3 いくつ

2の左手はそのままで、右手をその上に置き、親指から小指まで順に折り曲げていく。尋ねる表情で。「時間」+「いくつ」で「何時？」に。

「6時半です」

1 時間

左手の手首を右手の人差し指で指す。腕時計を指すように。

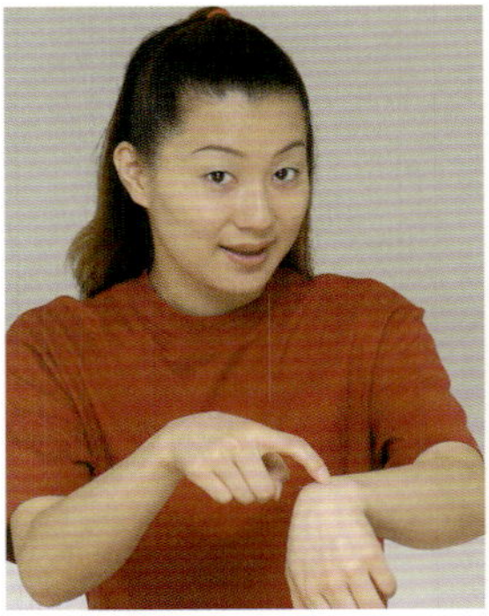

2 6

数詞の「6」（P54参照）を表す。

3 半分

左手を受けるように出し、その上に右手を垂直に下ろす。

「10時20分です」

❶ 時間

左手の手首を右手の人差し指で指す。腕時計を指すように。

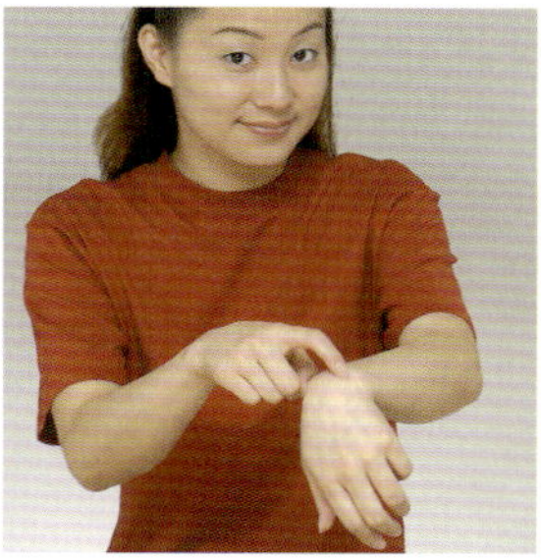

❷ 10

数詞の「10」(P55参照)を表す。

❸ 20

❷の「10」はそのままに、その下で左手で数詞の「20」(P55参照)を表す。

「もうすぐ8時です」

❶ 少し、少ない

右手の親指と人差し指を軽く2回こすり合わせる。

❷ 時間が進む

時計の針が少し進むように、人差し指を上に振る。

❸ 時間

左手の手首を右手の人差し指で指す。腕時計を指すように。

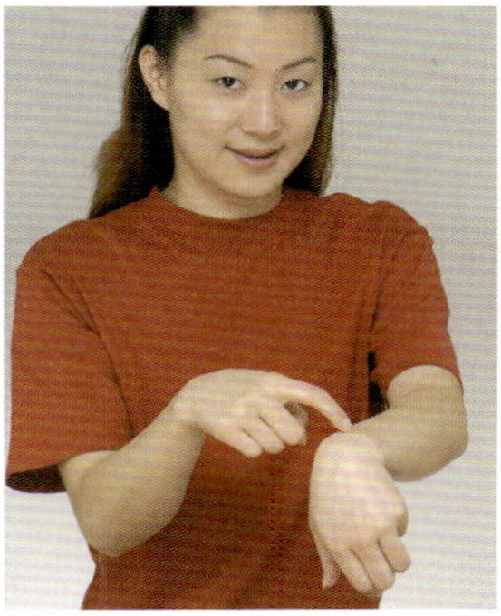

❹ 8

数詞の「8」(P54参照)を表す。

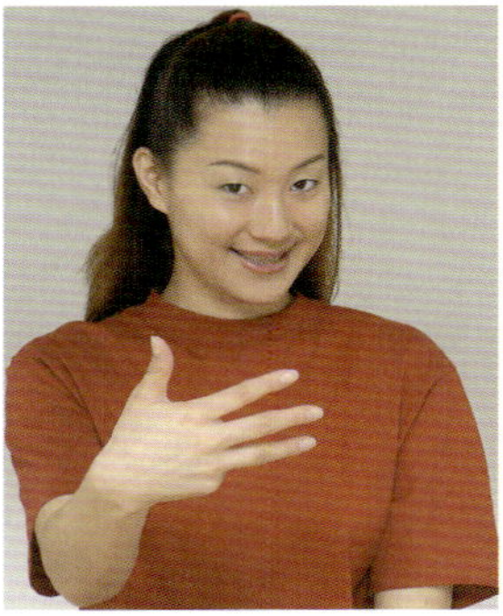

遅刻してしまった

「急いだのですが、遅れてしまってすみません」

1 急ぐ、すぐに、速い

右手の親指と人差し指で輪を作り、その指を開きながらサッと左肩のほうに出す。強調するときは同じ動作を繰り返す。

2 でも、しかし

右手のひらを相手側に向け、手首を返して自分のほうに向ける。

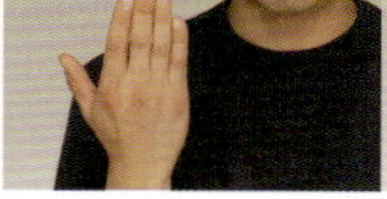

3 遅れる、過ぎる

左手の甲を乗り越えるように、右手を立てて、手前から前方に動かす。

4 しまった!

右手の甲を相手に向けて前に出し、困った表情で首元に持ってくる。

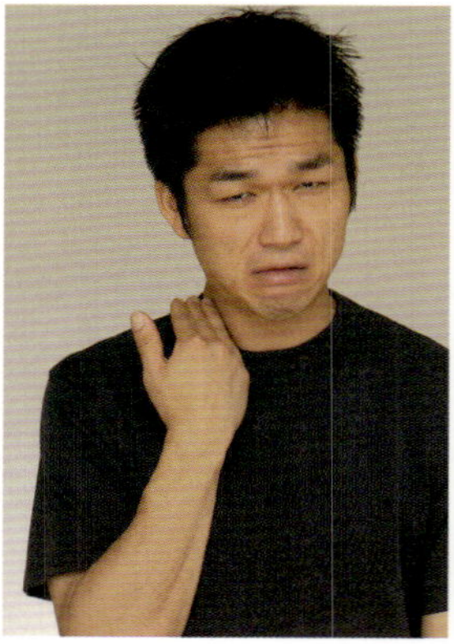

5 すみません

右手の親指と人差し指の先を眉間に当て、その手を前に出しながら指を揃える。

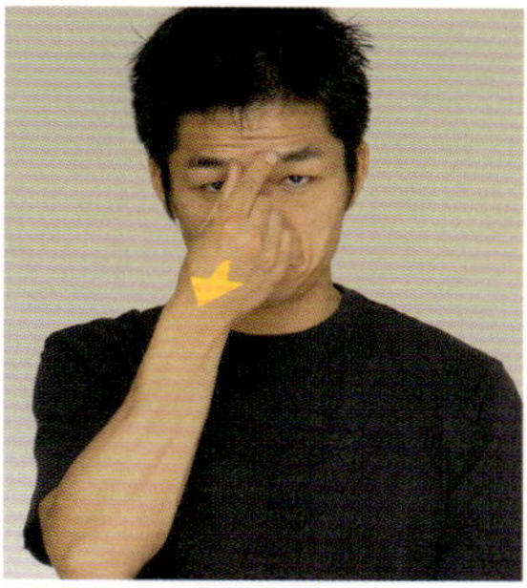

「私も今来たところです」

1 私

軽く自分を指さす。

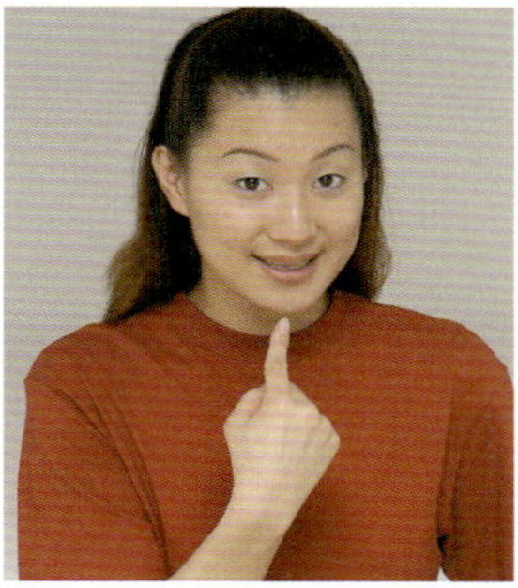

2 今、今日

両手のひらを下にし、上下に軽く2、3回動かす。

3 来る

右手の人差し指を立てて相手側に手の甲を向けて出し、胸元にそのまま引き寄せる。

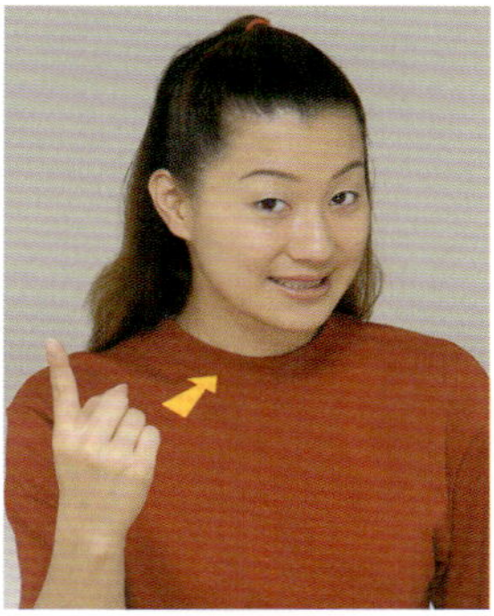

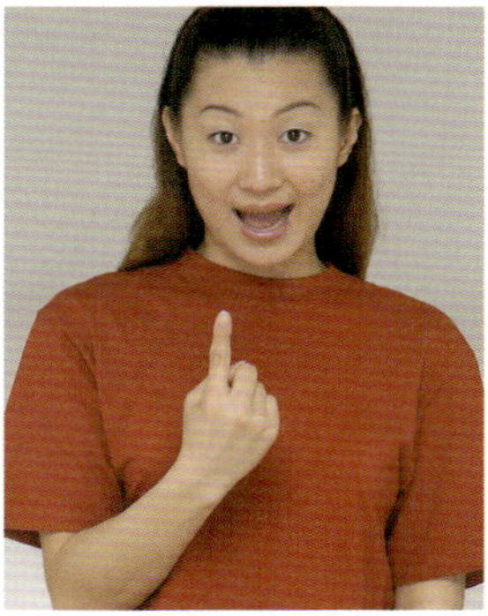

ONE POINT MEMO

ろう者のクセによって手話の形もさまざま

手話の形は、「絶対にこれでなければいけない、通じない」ということはありません。例えば、本書の先生、砂田さん、山岸さんも、同じ手話でも微妙に形が違います。「ごめん」と言うとき、砂田さんは眉間をつまむようにしていますが、山岸さんは親指と人差し指で作った輪を眉間に当てています（P170参照）。柔軟な気持ちで、相手の手話を読みとりましょう。

食事に行こう

「食事に行きませんか？」

1 食事、食べる

左手をお皿に、右手を箸に見立て、箸を使うように右手を少しひねる。

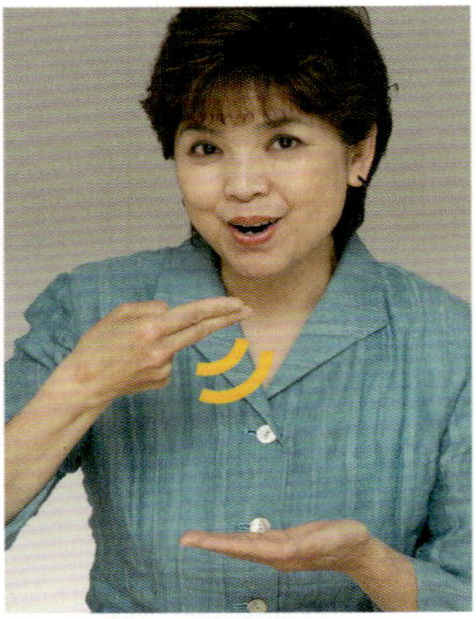

2 行く

自分に向けた人差し指を、振り下ろすようにして前に向ける。

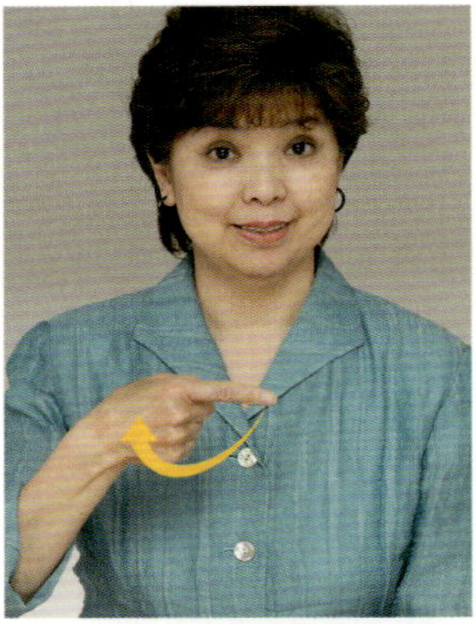

3 どう？

右手のひらを上にして、左右に細かく振る。尋ねる表情で。

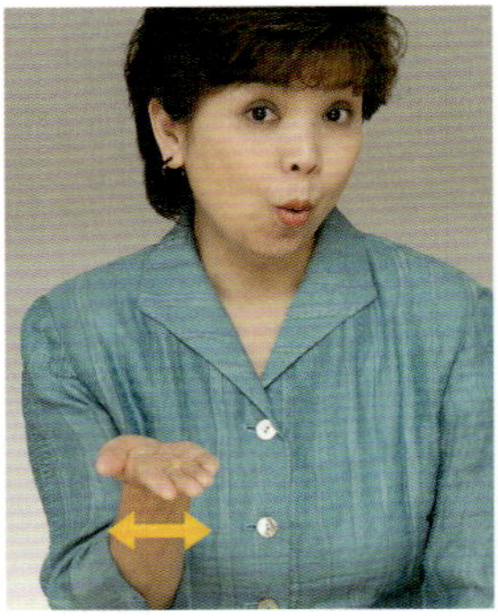

「もうそんな時間ですか？」

1 時間

左手の手首を右手の人差し指で指す。腕時計を指すように。

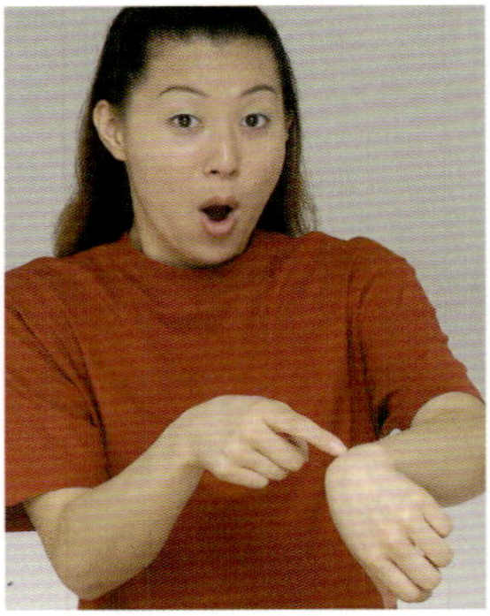

2 もう

右手の甲を相手側に向けて顔の横に立て、サッと右に払うようにする。

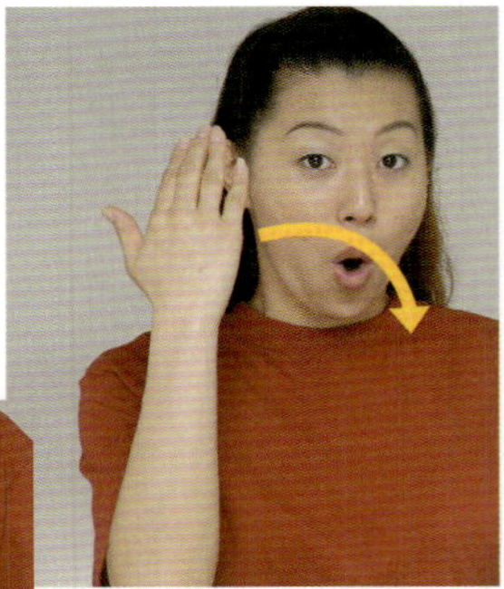

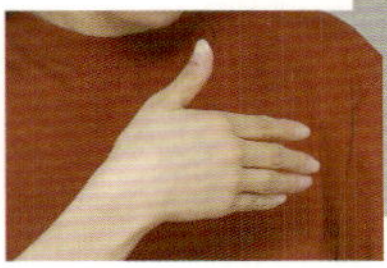

CHECK POINT 食べ物の種類、形によって表し方も変わる

食べ物を表すとき、そのものの食べ方で表現します。例えば、そばを食べるとき、ハンバーガーを食べるときは右の写真のように。ふだん自分がしている動作を思い出してください。

そば

ハンバーガー

③ 早い、急ぐ、すぐに

右手の親指と人差し指で輪を作り、他の指は握って、右肩に置き、親指と人差し指を開きながらサッと左肩のほうに出す。

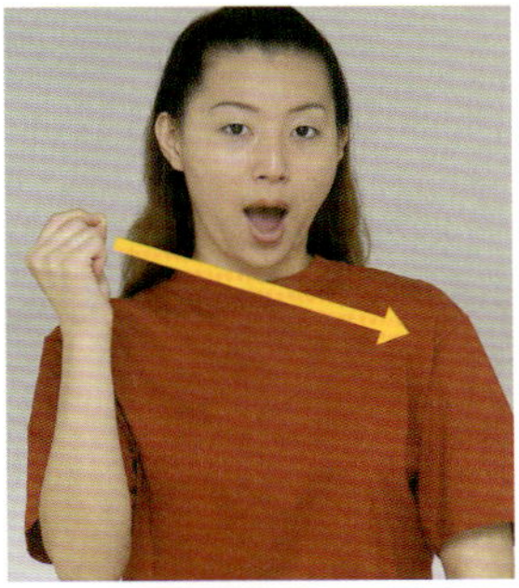

「何が食べたいですか？」

① 食べる、食事

左手をお皿に、右手を箸に見立て、箸を使うように右手を少しひねる。

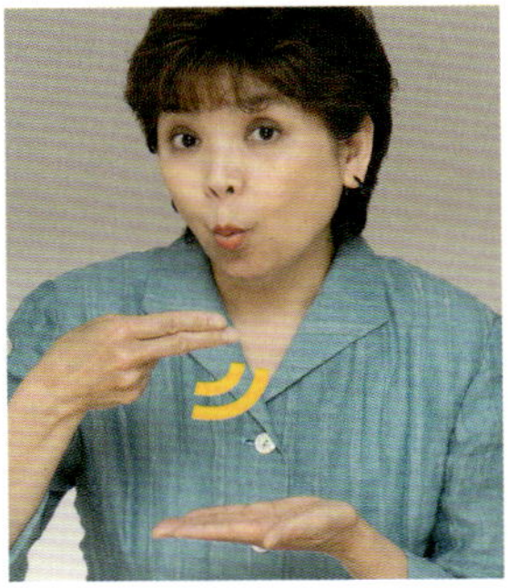

② ○○したい、好き

右手の親指と人差し指を開いてあごの下に置き、指をすぼめながら下ろす。

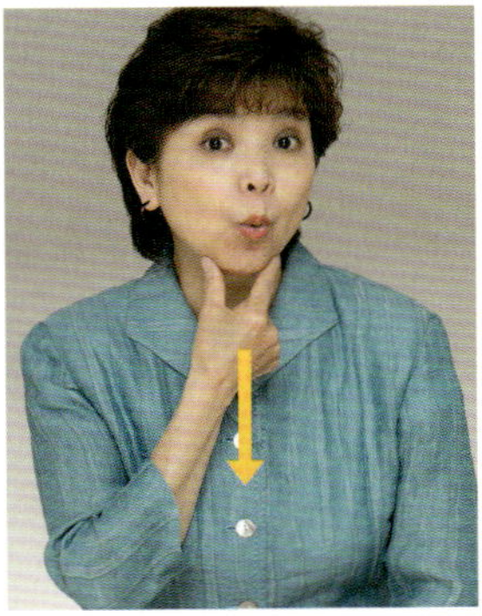

③ 何？

右手の人差し指を立て、軽く2、3回左右に振る。尋ねる表情で。

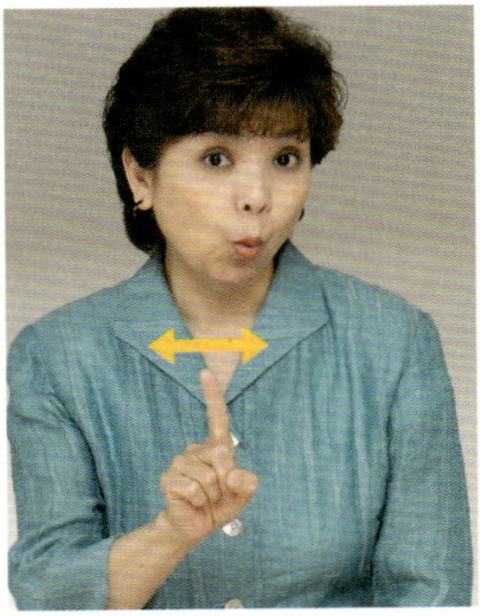

「お任せします」

① 任せる

指を曲げた右手を右肩にかぶせるように置き（「係」「責任」の手話）、その手を相手に預けるように前に出す。

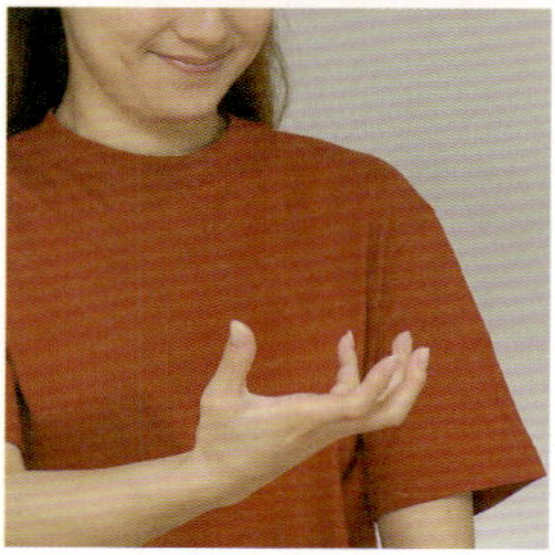

「では中華料理にしませんか？」

① では、それでは

「そうだ」と思い当たったという感じで、両手を打つ。

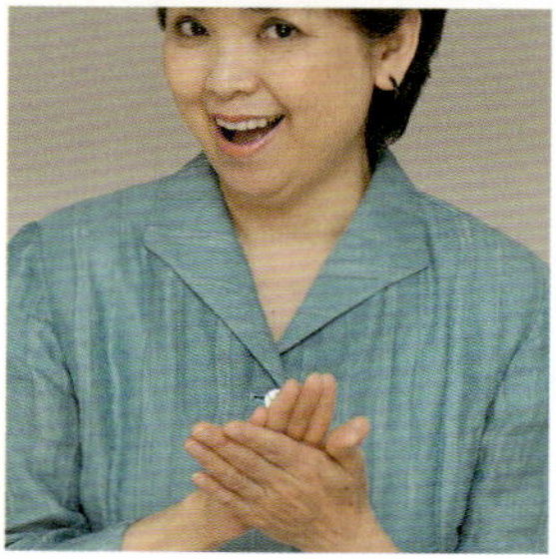

② 中国

チャイナドレスの胸元の形を示すように、親指と人差し指の先をつけた右手を動かす。

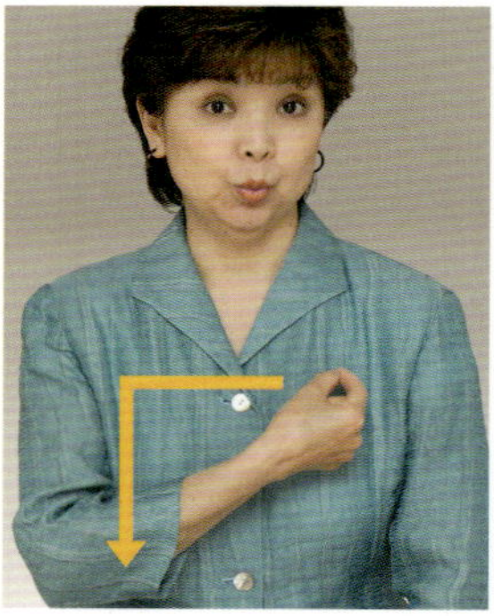

③ 食事、食べる

左手をお皿に、右手を箸に見立て、箸を使うように右手を少しひねる。

④ どう？

右手のひらを上にして、左右に細かく振る。尋ねる表情で。

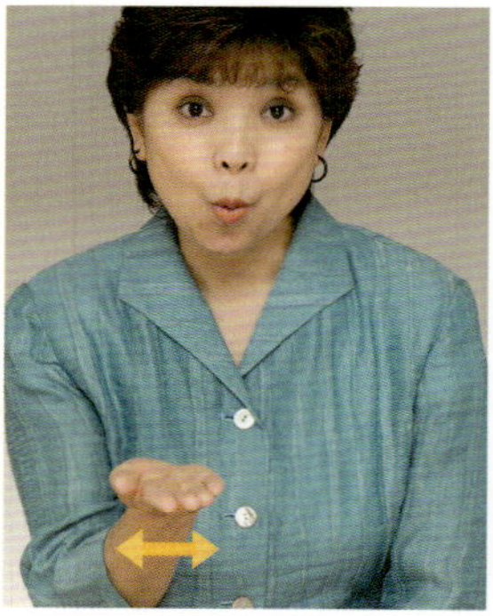

STEP 6 【単語】食事関係

食事

左手をお皿に、右手を箸に見立て、箸を使うように右手を少しひねる。

朝食

①右手のこぶしを右目の横あたりに置き、そのまま真下に下げる。
②左手をお皿に、右手を箸に見立て、箸を使うように右手を少しひねる。

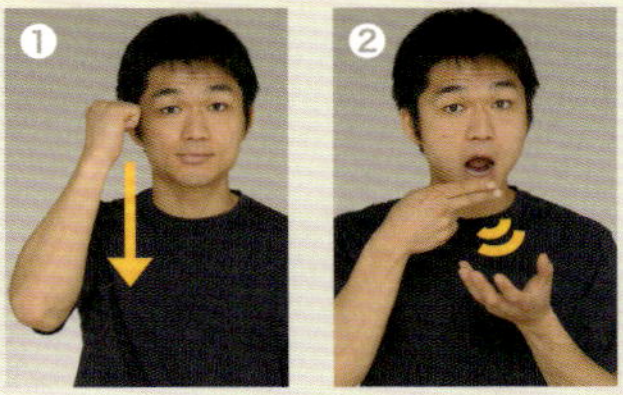

昼食

①右手の人差し指と中指を揃えて、鼻の前に立てる。「昼」を表す。

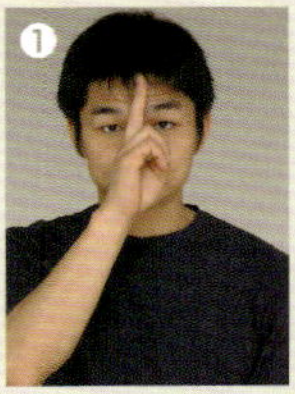

②左手をお皿に、右手を箸に見立て、箸を使うように右手を少しひねる。

夕食

①両手を大きく開き中央で交差させる。夜を表す。
②左手をお皿に、右手を箸に見立て、箸を使うように右手を少しひねる。

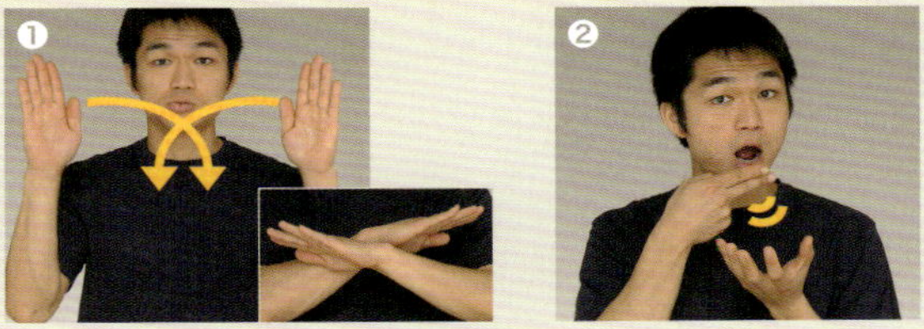

レストラン

両手とも人差し指と中指を出して交差させる。右手をナイフに見立てて切るように前後に動かす。

ファミリーレストラン

①両手で屋根を形作る。
②左手はそのままで、右手の親指と小指を出し、手首を返しながら中央から右へ動かす。
③「レストラン」の手話をする。

寿司

寿司を握るように、左手のしゃりを右手の人差し指と中指で押さえるようにする。

定食

①軽く握った両手を上下に重ねる。定まっているという意味。
②左手をお皿に、右手を箸に見立て、箸を使うように右手を少しひねる。

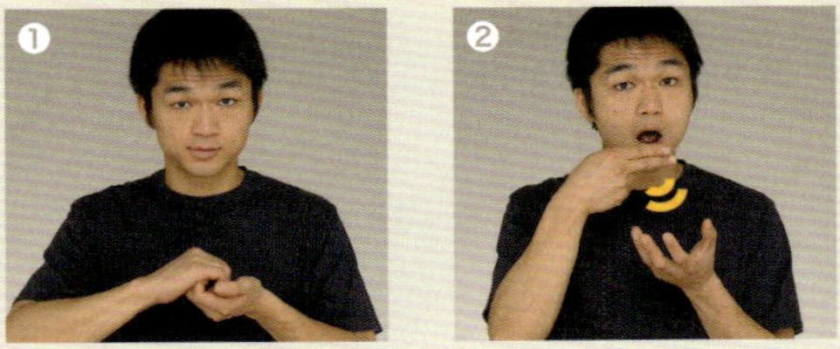

和食

①両手の親指と人差し指を広げて合わせ、左右に引きながら指先を合わせる。日本を表す。
②左手をお皿に、右手を箸に見立て、箸を使うように右手を少しひねる。

中華料理

①チャイナドレスの胸元の形を示すように、親指と人差し指の先をつけた右手を動かす。
②左手をお皿に、右手を箸に見立て、箸を使うように右手を少しひねる。

洋　食

①右手の人差し指で、目のまわりをくるくる回す。目の色の違う外国人を表す。

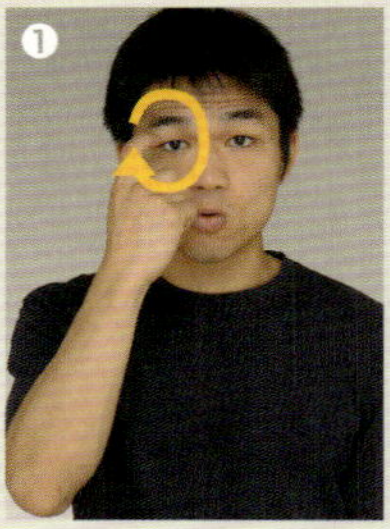

②左手をお皿に、右手を箸に見立て、箸を使うように右手を少しひねる。

ハンバーガー

ハンバーガーを両手で持って食べるように、口元に持っていく。口も開ける。

スパゲティー

左手のひらを皿に、右手の人差し指、中指、薬指をフォークに見立て、パスタを絡めるようなしぐさをする。

そ　ば

つゆが入った器を左手で持ち、右手の人差し指と中指をそばを食べるように上げる。

ラーメン

①チャイナドレスの胸元の形を示すように、親指と人差し指の先をつけた右手を動かす。
②左手にラーメン鉢を持ち、右手の人差し指と中指で麺を食べるように上下に動かす。

カレー

右手の指を軽く曲げて口の右側に置き、口に沿って左右に振る。「辛い」という表情で

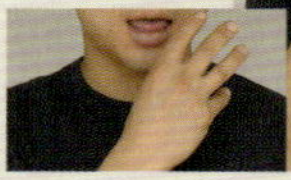

弁　当

手のひらを上向きにした左手を弁当箱に見立て、その中にご飯を詰めるように右手を2回引く。

お酒を飲みに行こう①

「明日、飲みに行きませんか？」

1 明日

顔の横に右手の人差し指を立て、手首から前に倒す。

2 お酒を飲む

さかずきを持って飲むようなしぐさをする。

3 行く

自分に向けた人差し指を、振り下ろすようにして前に向ける。尋ねる表情で。

「私は飲めないけど、つきあいますよ」

1 私

軽く自分を指さす。

2 お酒を飲む

さかずきを持って飲むようなしぐさをする。

③ できない、難しい

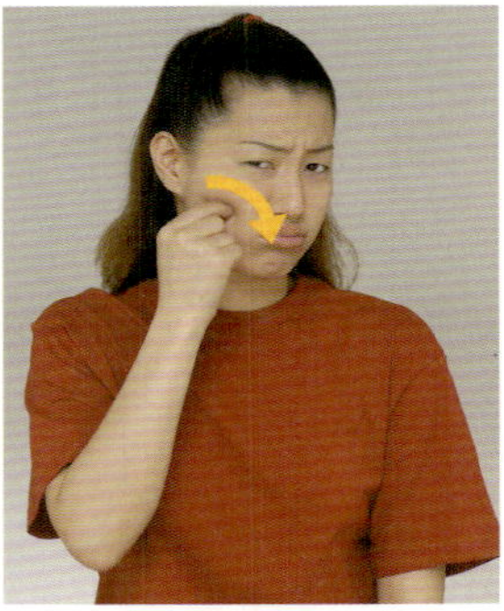

右手の親指と人差し指で頬を軽くつねるようにする。

④ でも、しかし

右手のひらを相手に向けて顔の横に立て、手首を返して甲を相手側に向ける。

⑤ いっしょに

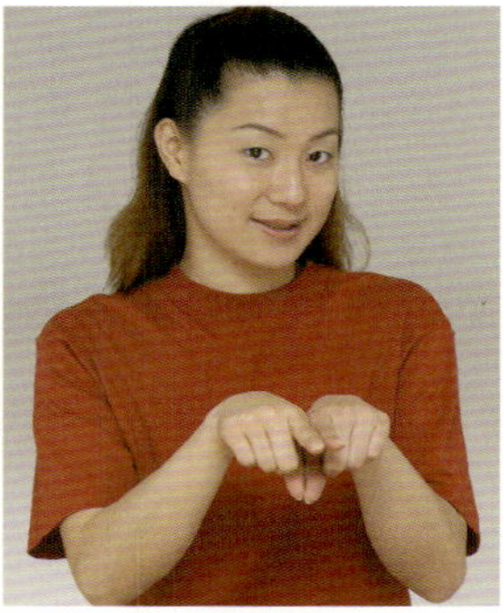

両手の人差し指の先を相手側に向けて水平に出し、中央で合わせる。

⑥ いい、かまわない

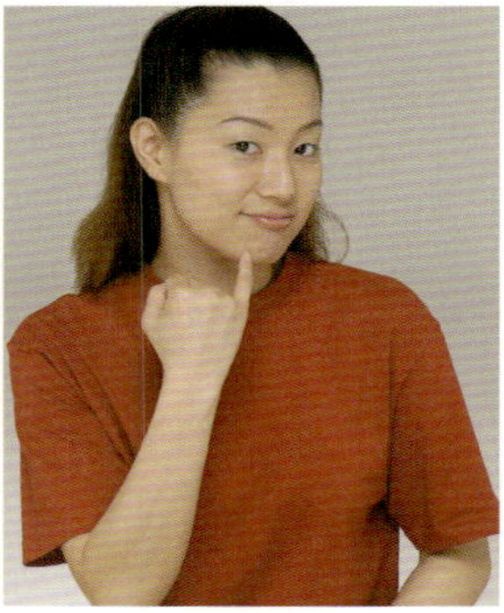

「いいですよ」という表情で、右手の小指の先をあごに当てる。

「みんなも来ますよ」

① みんな、皆さん

右手のひらを下に向け、体の前で水平に円を描く。

② 集まる

指を開いて軽く曲げた両手を肩幅に開き、同時に中央に向かって引き寄せる。

「久しぶりですね」

① 久しい

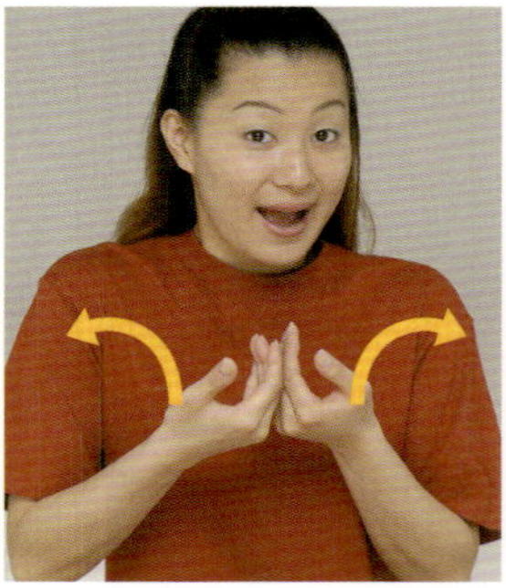

両手の指の外側を合わせ、そのまま両側に少し上に弧を描くように引き離す。まっすぐに引き離すと「別れる」の手話になる。

お酒を飲みに行こう②

「お代わりはどうですか？」

1 また、再び

右手を肩の位置で軽く握り、軽く胸の前に振り下ろしながら人差し指と中指を出す。

2 どう？

右手のひらを上にして、左右に細かく振る。尋ねる表情で。

「いえ、もうけっこうです」

1 いいえ

体の前で右手を2、3回左右に振る。拒否するような表情で。

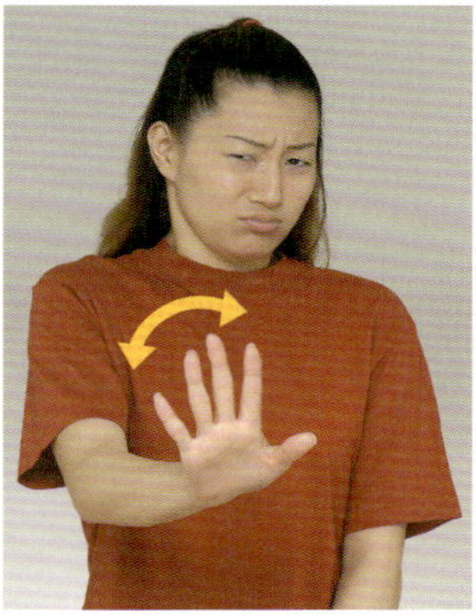

2 終わり、○○した

両手のひらを上にして軽く開き、胸の前から、指をすぼめながら下げる。強調したいときは、この動作を何度もする。

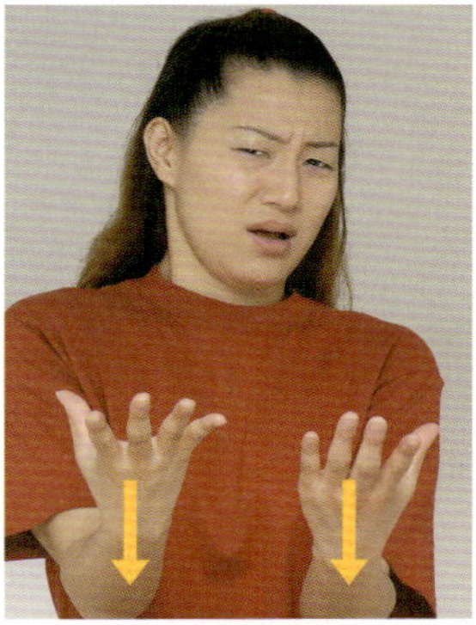

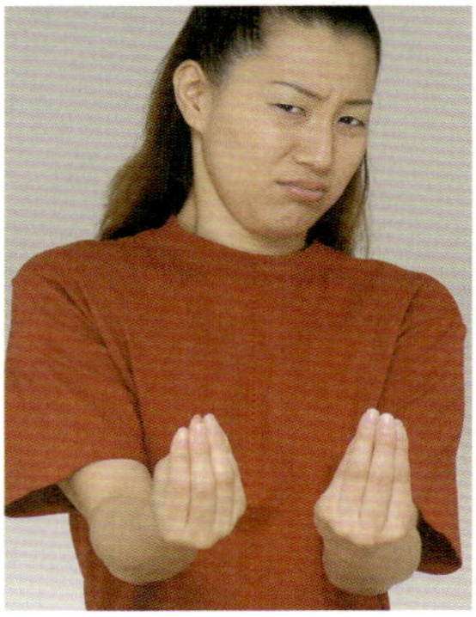

「ではそろそろ帰りましょう」

1 OK

「了解」という感じで、OKサインを出す。

2 そろそろ

右手の人差し指で左手の人差し指の先を削るように動かす。

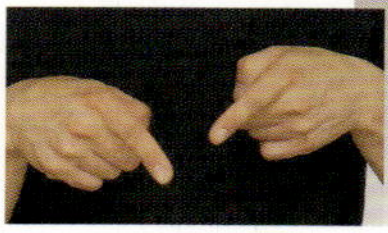

3 帰る

右手の親指と、揃えた他の4本の指を広げて体の前に立て、スッと指先を閉じながら前方に出す。「帰ってくる」は逆に前方から手前に引く。

「もう電車がないかもしれませんね」

1 電車

左手の人差し指と中指の下に折り曲げた右手の人差し指と中指を当て（電線とパンタグラフ）、右手をそのまま前に出す。

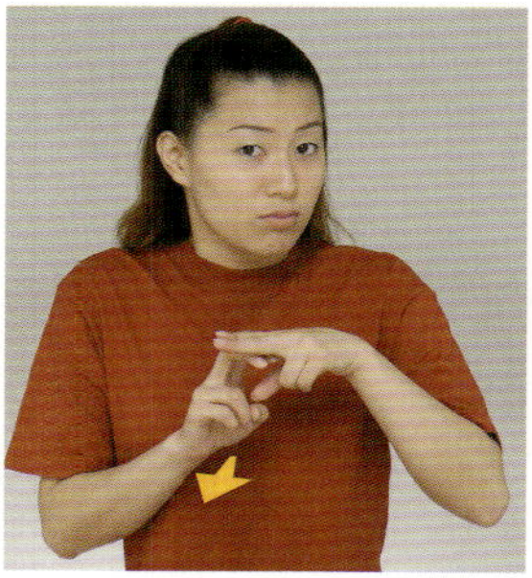

2 ない

指を開いた両手のひらを相手に向けて肩の前に出し、同時に手首を返して自分のほうに向ける。

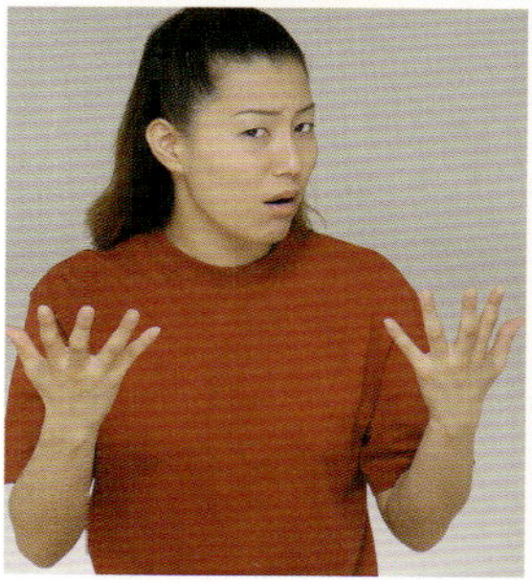

3 ○○かもしれない

右手の人差し指と中指を揃え、その指を「?」マークを書くように動かす。人差し指で書いてもよい。

STEP 6 【単語】飲み物、食べ物

水

水が流れるように右手をヒラヒラ動かしながら左から右へ移動させる。

コーヒー

左手でカップを持ち、右手の親指と人差し指でスプーンをつまんでかき混ぜるようにする。

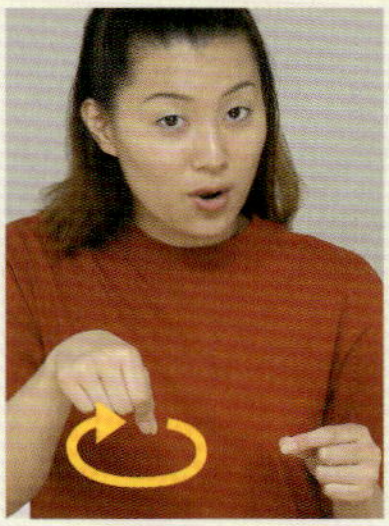

アイスコーヒー

①両手を握り、ブルブルッと震える感じで小刻みに動かす。

アイスコーヒー

②左手でカップを持ち、右手の親指と人差し指でスプーンをつまんでかき混ぜるようにする。

紅茶

左手でカップを持ち、右手の親指と人差し指でティーバッグをつまむようにし、上下させる。

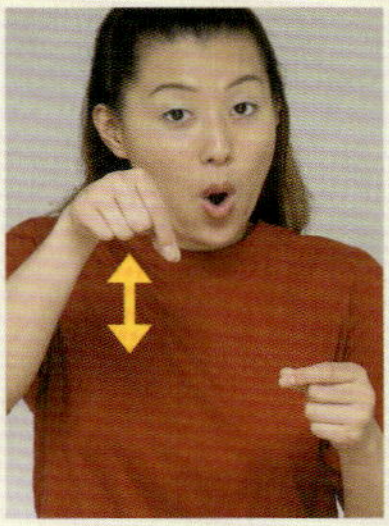

日本茶

左手のひらの上で右手に持った茶筒を2、3回トントンたたくようにする。

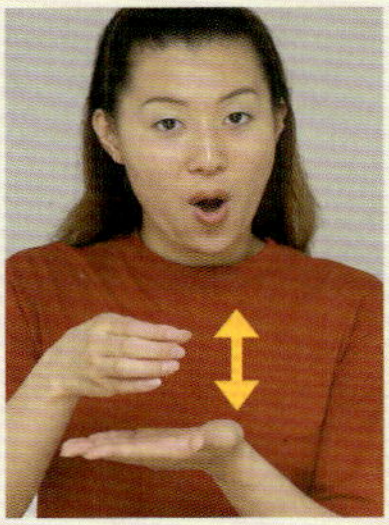

オレンジジュース

①左手にミカンを持ち、右手で皮をむくように動かす。アルファベットの「O」の字を作り、軽く振ってもよい。
②右手の小指を立てて、アルファベットの「J」を書くように動かす。

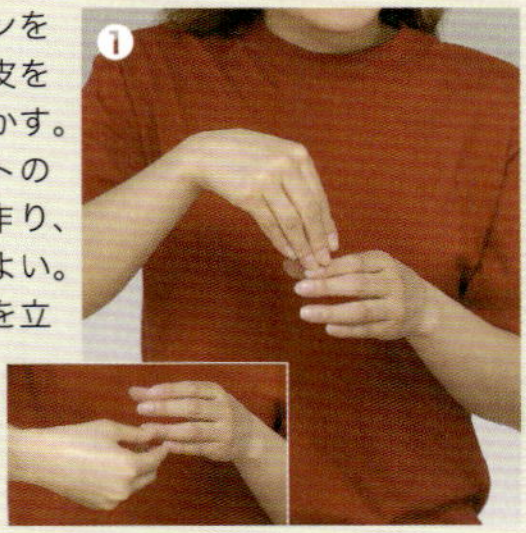

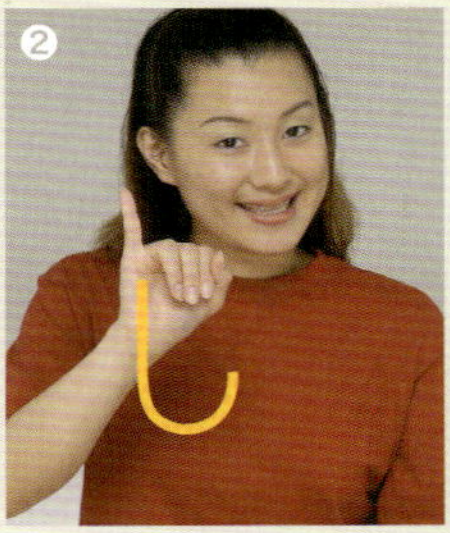

ミルク

乳を搾るように軽く開いた右手をギュッと2回縮める。

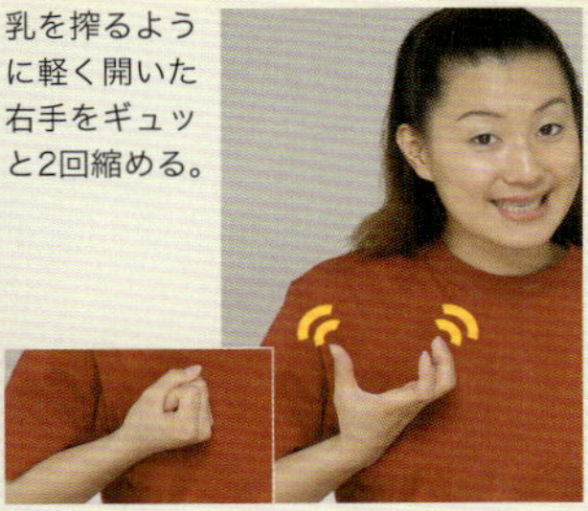

ケーキ

左手のひらを上にして出し、丸いケーキをカットするように右手を動かす。

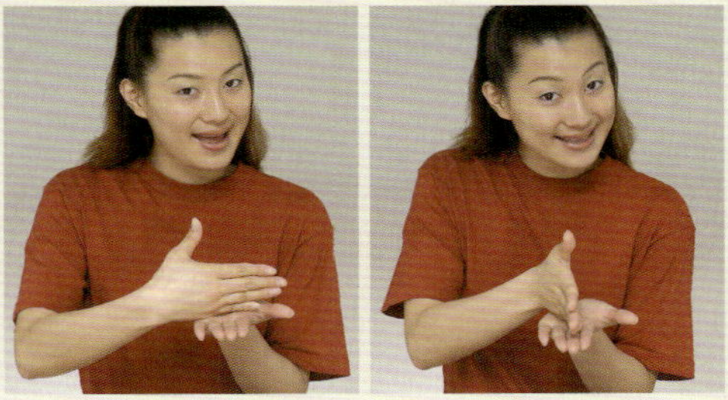

アイスクリーム

アイスクリームのコーンを右手で持ち、アイスを舐めるように口元で動かす。

スープ

左手でスープの皿を持ち、右手でスプーンを持ちスープを飲むしぐさをする。

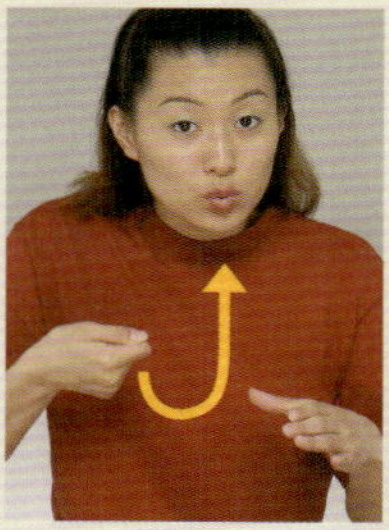

サラダ

キャベツやレタスを包み込むように、両手を左右から中央に向けて動かす。

日本酒

右手の人差し指と中指を揃えて横にしてあごに当て、弧を描くようにして額に当てる。

ワイン

❶左手を下に向け、右手は指先を曲げ、ブドウがなっているような感じで手首を返しながら下げる。指はすぼめる。左手は添えないこともある。
❷右手の人差し指、中指、薬指を出して「W」を表す。

ビール

左手のこぶしに右手の人差し指と中指を揃えて当て、栓を抜くように右手を上げる。

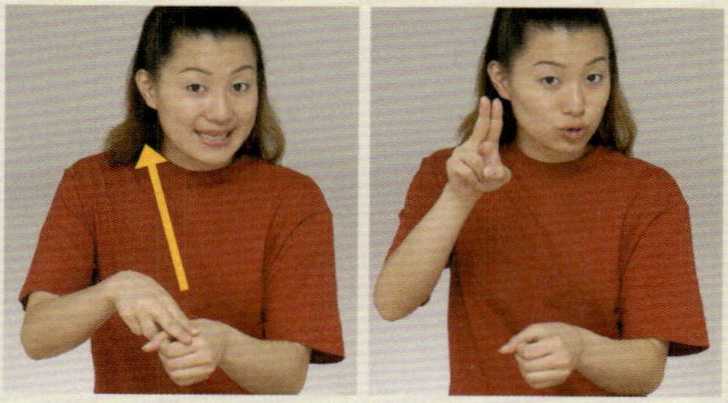

ウイスキー

右手の人差し指、中指、薬指を出して「W」を表し、口元に軽く2回当てる。

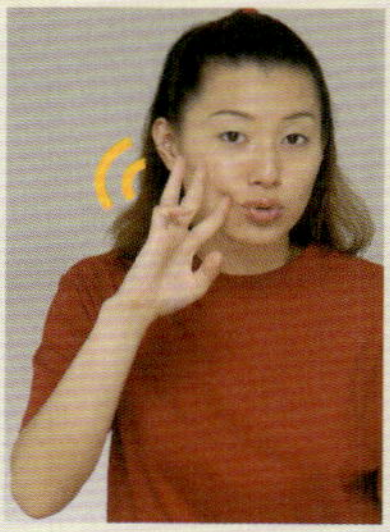

シャンパン

左手のこぶしをビンに見立て、右手のひらでふたをし、次にその手を裏返して握る。シャンパンの栓を抜くような動作のあと、吹き出すように右手を開く。

カクテル

両手でシェーカーを持つようにし、シェイクするように振る。

今日は私のおごりです

「今日は私のおごりです」

1 今日、今

両手のひらを下にし、上下に軽く2、3回動かす。

2 私

軽く自分を指さす。

3 おごり、振る舞う

軽く握った両手を重ねて置き、同時にパッと指を開いて両手を左右に開く。

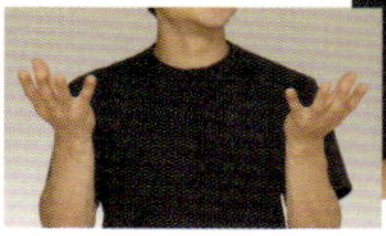

「いいえ、割り勘にしましょう」

1 いいえ

体の前で右手を2、3回左右に振る。拒否するような表情で。

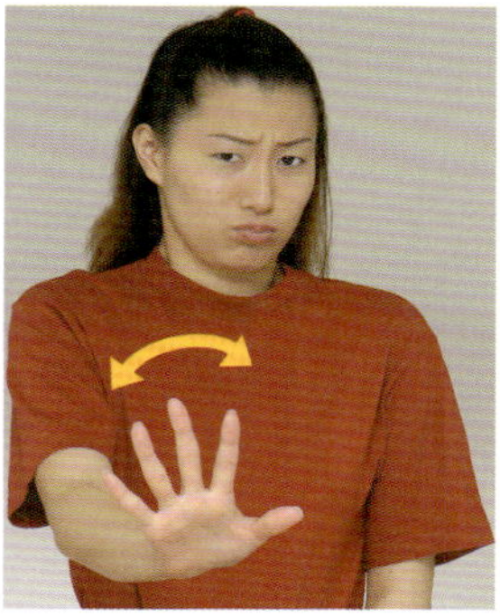

2 割り勘

親指と人差し指で輪を作り、他の指は開いた両手を両肩のあたりに置き、サッと中央に引き寄せる。

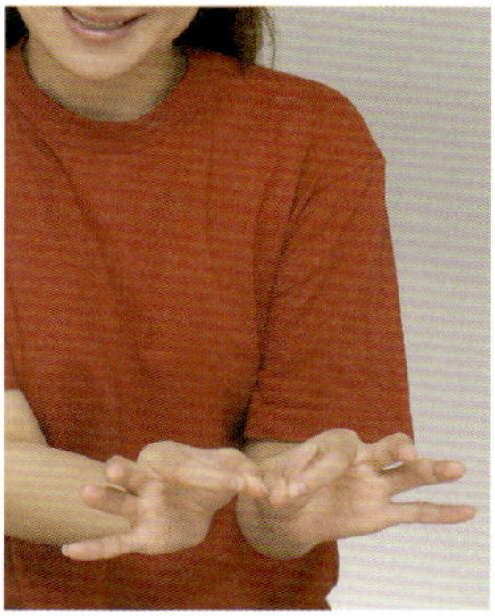

「先日、おごってもらったお礼です」

1 先日、過去

右手の甲を相手側に向けて顔の横に立て、手首から後ろに倒す。

2 ごちそうになる

指先が重なる程度に両手を重ね、食事をいただくように、そのまま口元に持っていく。

3 お礼、ありがとう

左手の甲の上に右手を垂直にのせ、右手だけそのまま上げる。軽く会釈しながら。

4 代わりに

軽く指をすぼめた両手を、右手を前、左手をその手前に置き、前後の位置を入れ替える。

「では、ごちそうさま」

1 では、ごちそうさま

左手の甲の上に右手を垂直にのせ、右手だけそのまま上げる。軽く会釈しながら。「ありがとう」で「ごちそうさま」を表す。

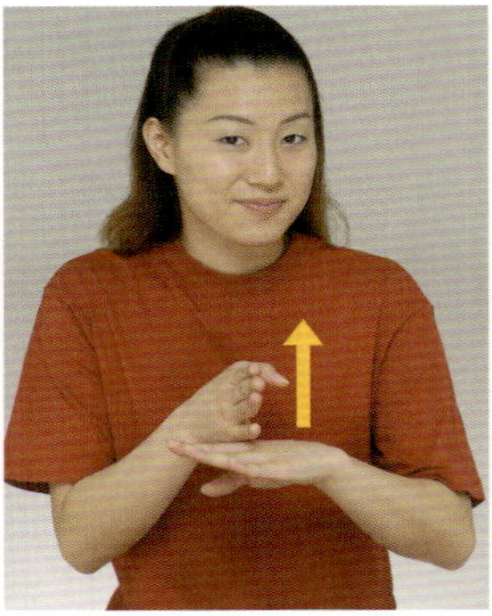

いい店を知ってる？

「そばがおいしい店を知りませんか？」

1 おいしい

右手のひらを左頬に当て、あごをなでるように右へ移動させる（男性が使う手話。女性は右手を右頬に当てる手話を使う）。

2 そば

つゆが入った器を左手で持ち、右手の人差し指と中指を、そばを食べるように上げる。

3 店、買い物、商売

親指と人差し指で輪を作った両手を体の前で交互に前後させる。お金を出し入れする感じ。

4 知る

右手をポンと軽く胸に当てる。

5 あなた

「あなたは？」と尋ねるような表情で相手を指さす。

「知っています」

① 知る

右手をポンと軽く胸に当てる。

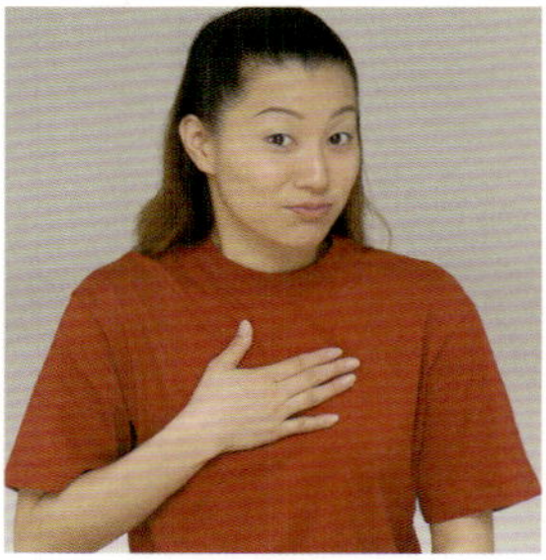

② 私

軽く自分を指さす。

「今度行きたいですね」

① 今度、あと

右手のひらを相手に向けて顔の横に置き、軽く1、2回前に出す。

② 行く

自分に向けた人差し指を、振り下ろすようにして前に出す。

③ ○○したい、好き

右手の親指と人差し指を開いてあごの下に置き、指をすぼめながら下ろす。

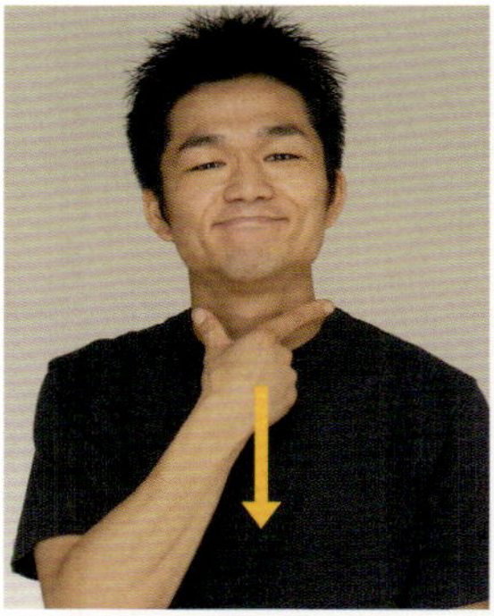

④ 私

軽く自分を指さす。

調子はどうですか？

「最近、調子はどうですか」

1 今日、今

両手のひらを下にし、上下に軽く2、3回動かす。

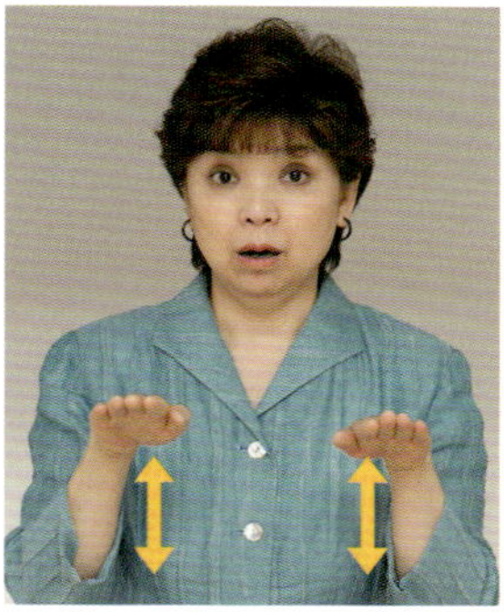

2 このごろ

右手の指先を前に向けて立て、軽く左右に振る。「今日」+「このごろ」で「最近」を表す。

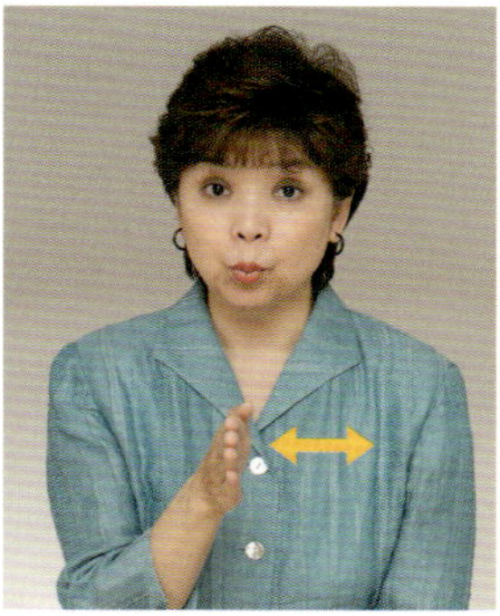

3 体調、体

胸の中央に右手を当て、小さく回す。

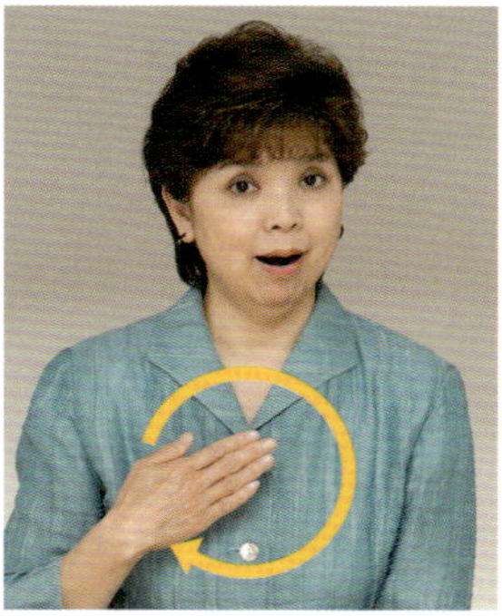

4 どう？

右手の人差し指を立て、軽く2、3回左右に振る。尋ねる表情で。

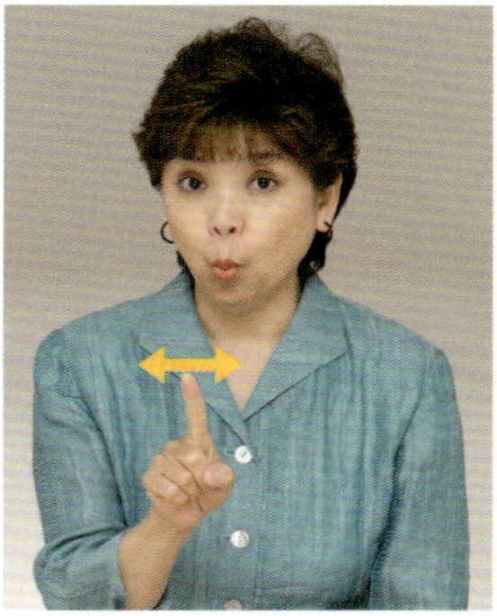

「いいですよ」

1 私

軽く自分を指さす。

2 OK

「いいですよ」という感じでOKサインを出す。

「あなたは？」

1 あなたは？

「あなたは？」と尋ねる表情で相手を指さす。

「どうも腰の調子がよくないですね」

1 どうも

「どうも」と首を傾げる。表情が大切。

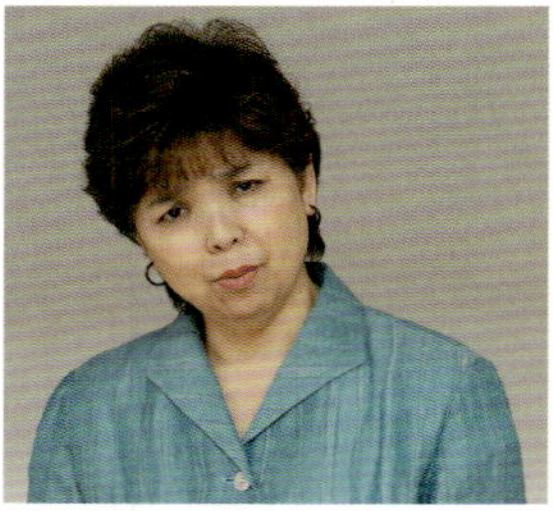

2 腰

腰が痛そうに手を当てる。

3 よい

右手のこぶしを鼻先に当て、少し前に出す。

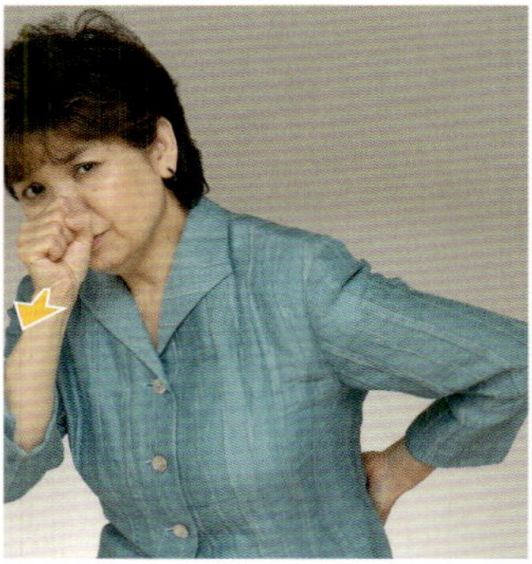

4 ダメ

「よくない」という感じで、右手を肩の前に立て、軽く左右に振る。

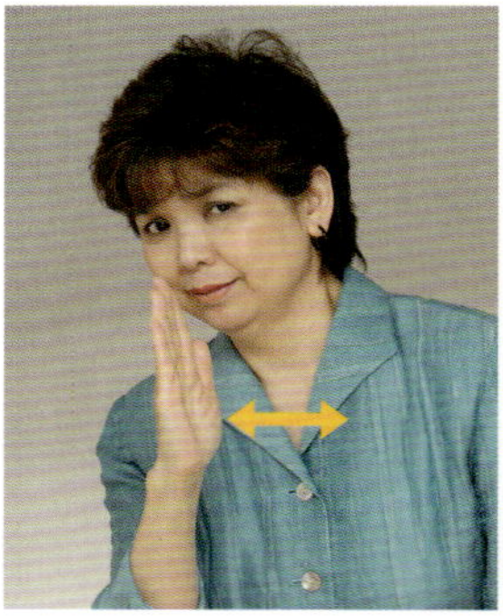

5 私

軽く自分を指さす。

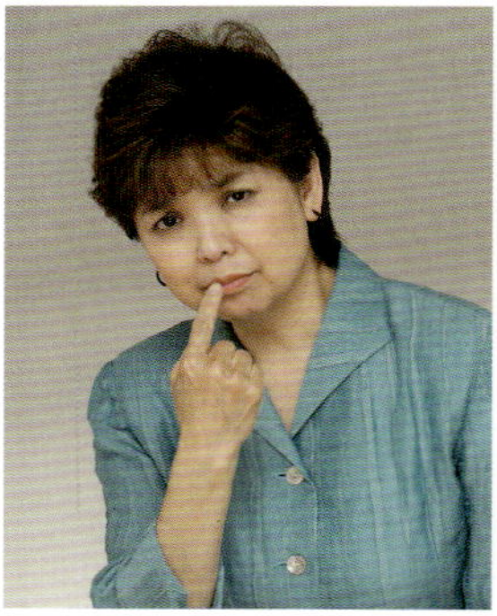

ONE POINT MEMO

体調が「よくない」は「よい」+「ダメ」で表す

「よくない」は、「いいことはない」ということで、「よい」の手話のあと、否定する感じで「ダメ」の手話をします。「よい」の手話をするときも「よくない」という表情をすることが大切。どこが悪いかを伝えるときは、体のその部分を触るなどすればよいのです。「それはいけませんね」と言うときは、「本当によくないですね」という意味で伝えます。

「それはいけませんね」

1 本当

右手を縦にしてあごを2、3回、ポンポンとたたく。

2 ダメ

「よくない」という感じで、右手を肩の前に立て、左右に振る。強調するときは振り方も大きく。

「気をつけてください」

1 気をつける

両手を握って、体の前で上下に重ね、胸の中央でグッと引き寄せる。

2 必要

指を揃えた両手の指先を自分に向けて体の前に出し、トントンと指先を胸に当てる。

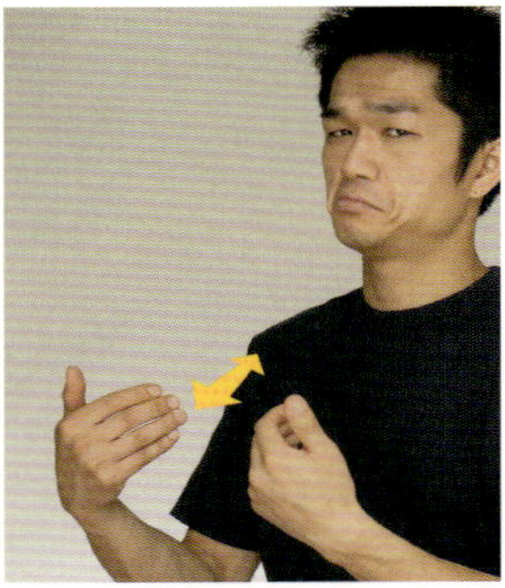

STEP 7 【単語】症状

病　気

右のこぶしをトントンと2、3回額に当てる。

吐き気

❶右手を胸のあたりに当て、胃のあたりまで下げる。気持ちが悪い表情をする。

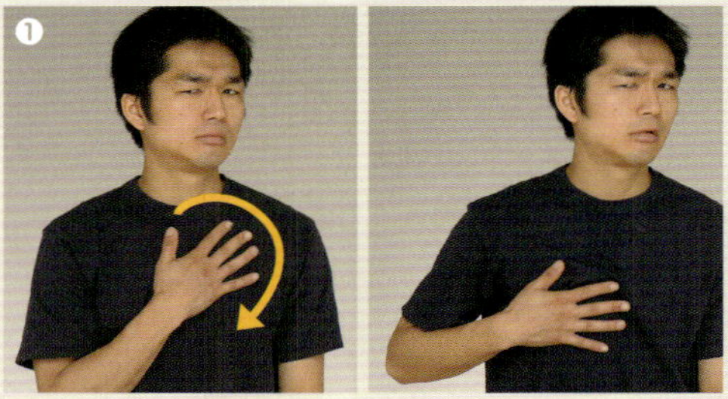

吐き気

❷食べ物を吐くように右手を口元から前に出す。

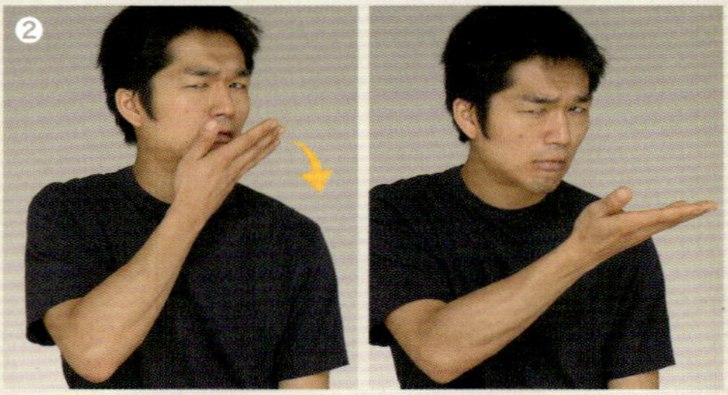

下　痢

左手はこぶしにし、右手は軽く握り左手の下に置き、パッパッと2回指を開く。

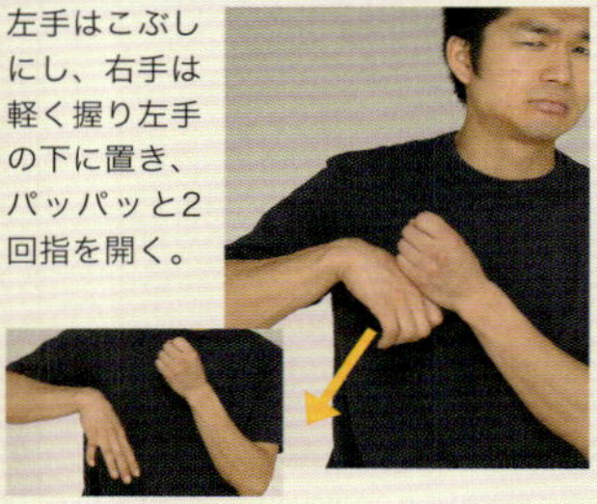

便　秘

左手は軽く握って体の右側に置き、すぼめた右手の指先を左手に差し込む。

虫　歯

口の横あたりに右手の人差し指を曲げて虫がはうように2、3回 動かす。「痛い」という表情をする。

咳

握った右手を口元に置き、ゴホゴホと咳をするしぐさをする。

高血圧

右手を左の上腕部に当て、もむように2回動かし、右手を左の上腕部の前で指を揃えて折り曲げ、そのまま上げる。

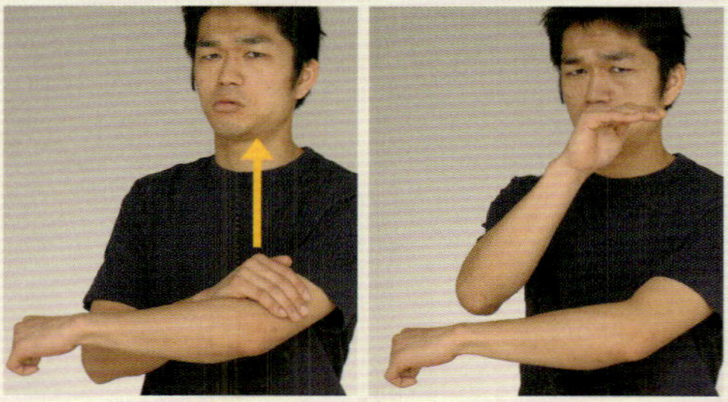

低血圧

❶右手を左の上腕部に当て、もむように2回動かす。
❷右手を左の上腕部の前で指を揃えて折り曲げ、あごの下あたりに置き、そのまま下げる。

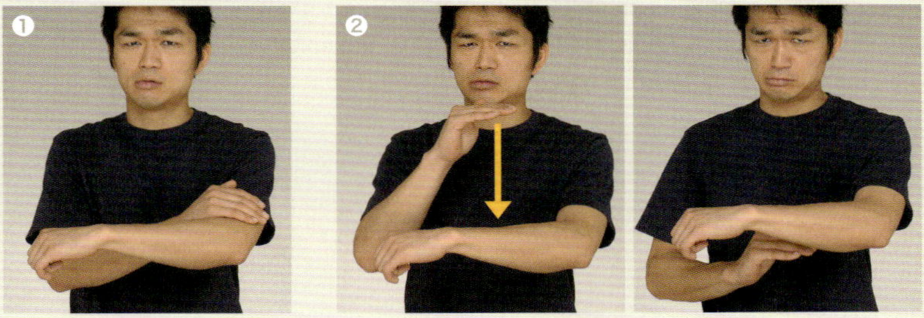

貧　血

❶両手の指を少し曲げ、指先を自分に向けて額のあたりに置いたら血が下がるような感じで下ろす。
❷両手の人差し指を左右の目に向け、左右を少しずらして内側にクルクルと円を描く。

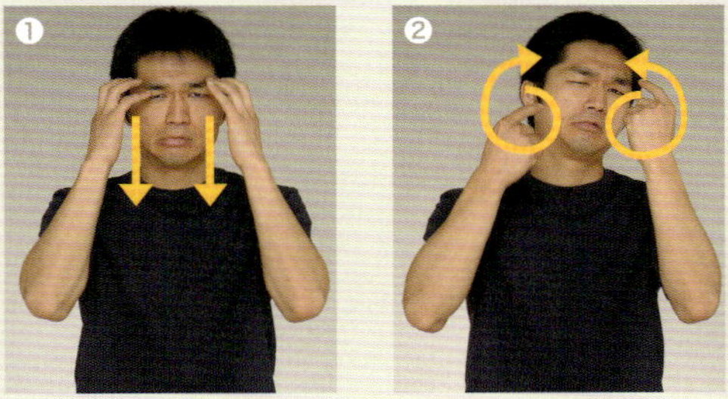

動　悸

左手のひらを自分に向けて心臓の前に出し、胸がドキドキするように、右手を左手の手前で前後させる。

頭　痛

❶右手の人差し指をこめかみに当てる。頭が痛そうな表情で。
❷右手の指を開いて曲げて軽く動かす。「痛い」を表す。

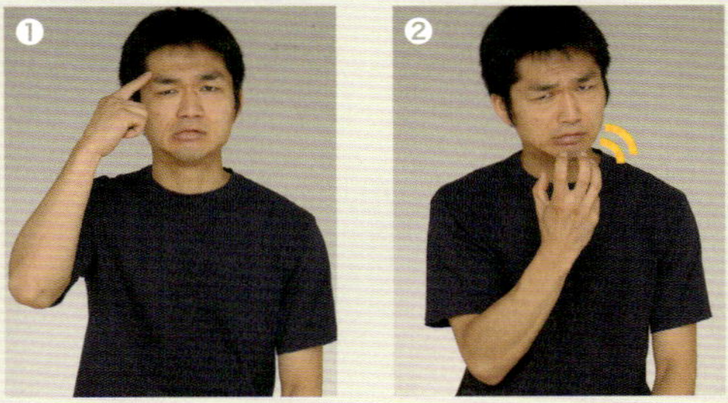

めまい

両手の人差し指を左右の目に向け、左右を少しずらして内側にクルクルと円を描く。

耳鳴り

右手の人差し指を耳に置き、右手を耳から揺らしながら離す。

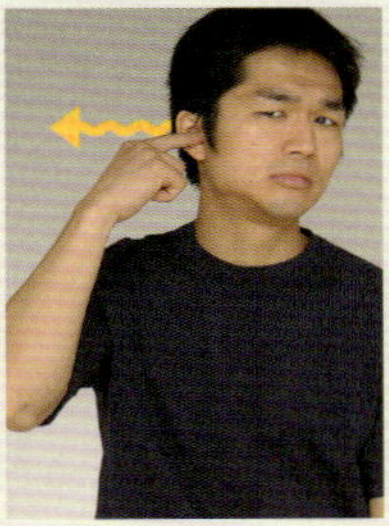

湿しん

両手の指を開いて軽く曲げ、体にボツボツと湿疹があるように、痒そうに指先を各所に当てながら両手を左右に移動する。

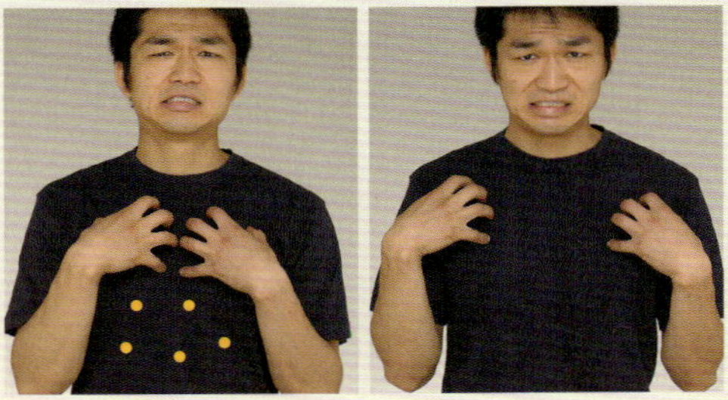

やけど

左腕を曲げて体の前に出し、軽く握った右手を開いて左手を叩き、そのまま右手を左に上げる。

肩こり

❶右手を左肩に当て、肩が凝っているように首を傾ける。
❷右手の指を開いて曲げて軽く動かす。「痛い」を表す。

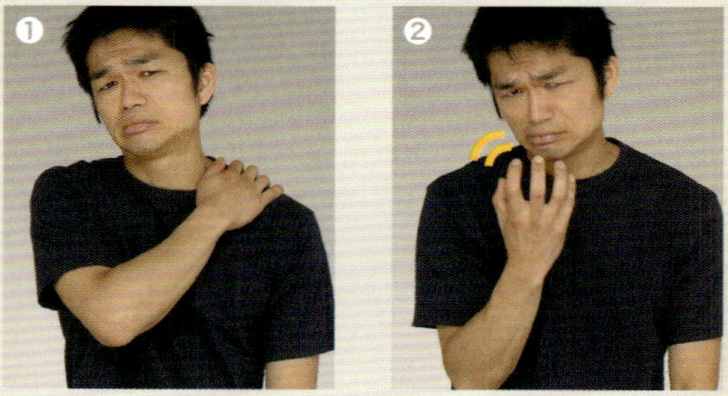

ねんざ

両手ともこぶしを握り、こぶしの先をこすり合わせる。

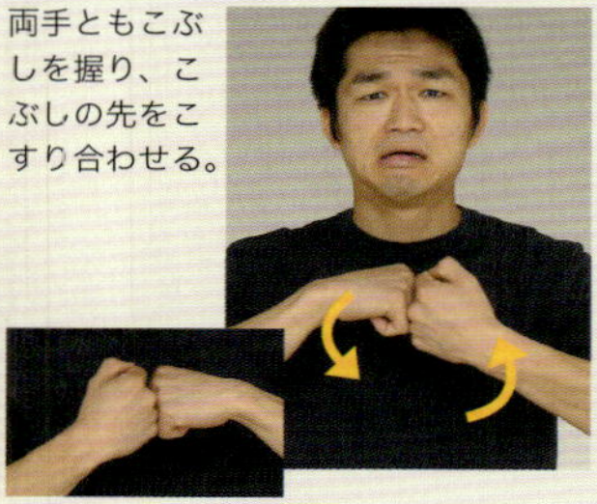

ストレス

左手を水平に胸の前に出し、指文字の「す」（P36参照）にした右手を下から当てる。「限界」の意味。

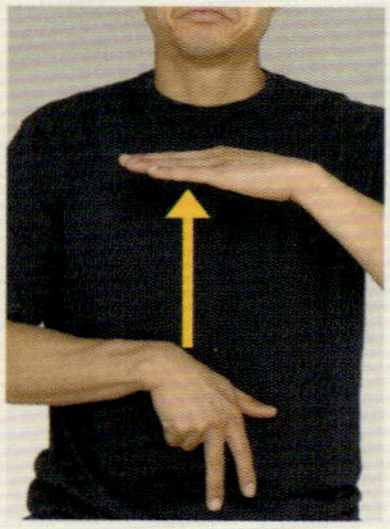

け　が

頬に切り傷があるように、左右の人差し指で右頬、左頬と順に傷を書くようにする。

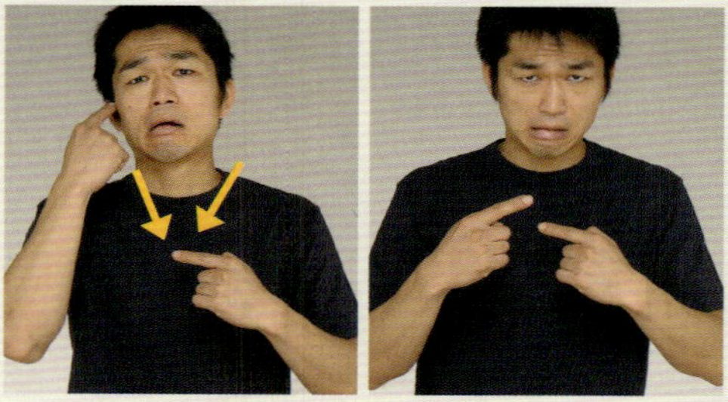

熱

右手を額に当て、パッと手首を返して離す。

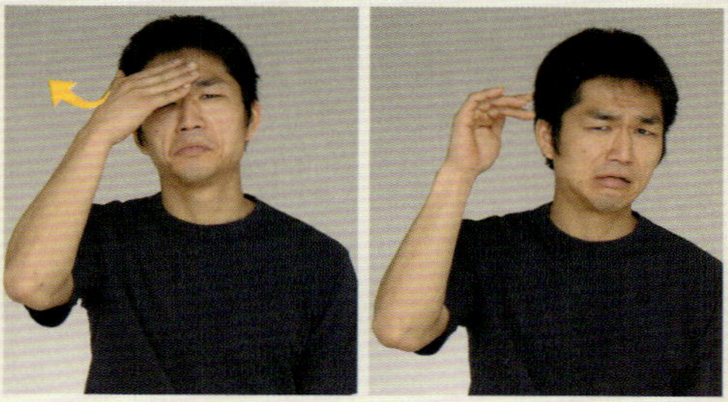

寝たきり

左手のひらの上に人差し指と中指を出した右手の甲をのせ、左から右へ移動する。

休み、早退

「具合が悪そうですね」

1 体調、体

胸の中央に右手を当て、小さく回す。

2 反対

両手の指を広げて、指の背を向かい合わせて出し、中央で勢いよく合わせる。

3 あなた

「～ですね」と確認するように相手を指さす。

「はい。早退させてください」

1 はい

「はい」という感じでうなずく。

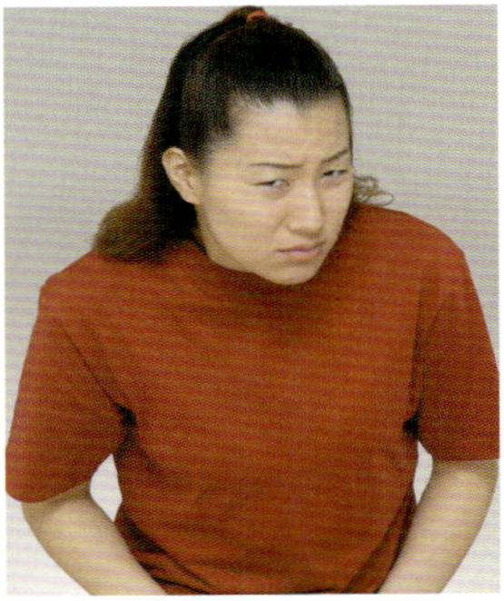

2 途中

左手の指先を相手側に向けて体の横に出し、その手のひらに向かって右手を1回だけ下に振る。

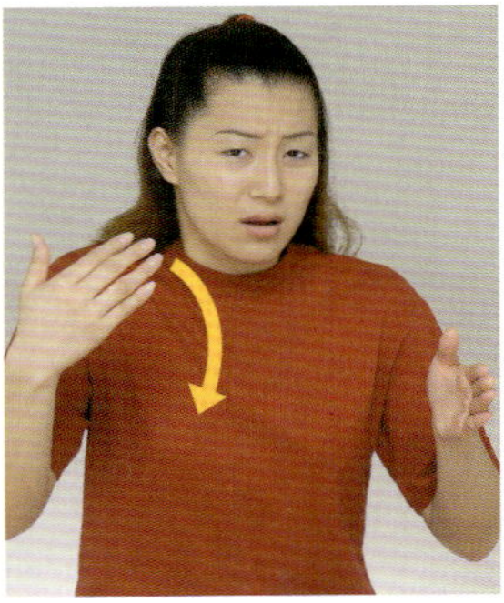

3 帰る

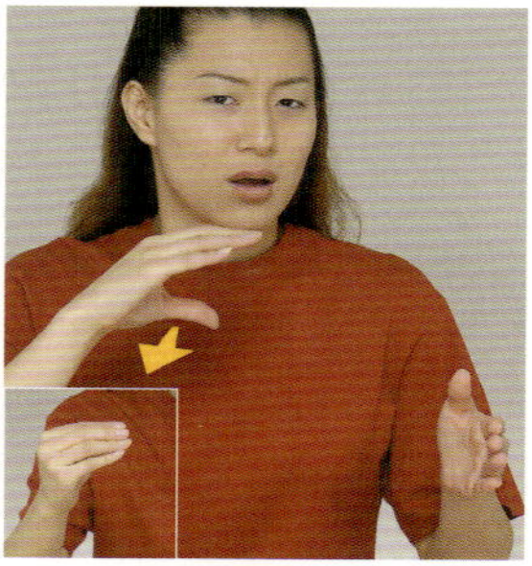

②の左手はそのままで、右手は、親指と、揃えた他の4本の指を広げて体の前に立て、スッと指先を閉じながら前方に出す。

4 お願い

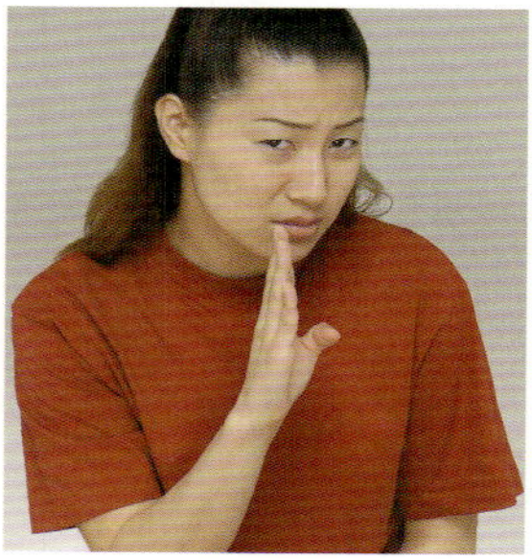

右手を縦にして、顔の前で拝むようにする。両手を合わせて拝むようにしてもよい。

「明日は休んだほうがいいですよ」

1 明日

顔の横に右手の人差し指を立て、手首から前に倒す。

2 休む、休み、閉まる

両手のひらを下に向けて左右に開いて出し、そのまま中央で合わせる。

3 よい

右手のこぶしを鼻先に当て、少し前に出す。

「無理をしないで」

1 しかたがない

右手の小指側を左肩に当て、そのまま右下に下げる。

2 ダメ

「よくない」という感じで、右手を肩の前に立て、左右に振る。強調するときは振り方も大きく。

「ありがとうございます」

1 ありがとう、お礼

左手の甲の上に右手を垂直にのせ、右手だけそのまま上げる。ていねいに言うときは深くお辞儀をしながら。

病院に行く

「明日は病院に行くつもりです」

1 明日

顔の横に右手の人差し指を立て、手首から1、2回前に倒す。

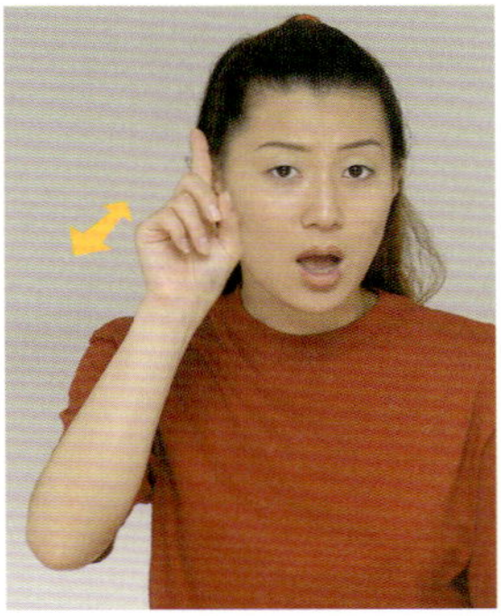

2 病院、脈

左手首で脈を測るように右手を左手首に添える（さらに「建物」の手話をつけて「病院」を表す方法もある。P142参照）。

3 行く

自分に向けた人差し指を、振り下ろすようにして前に向ける。

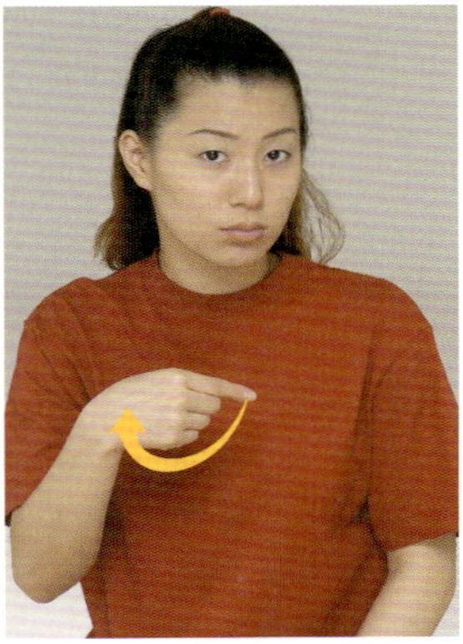

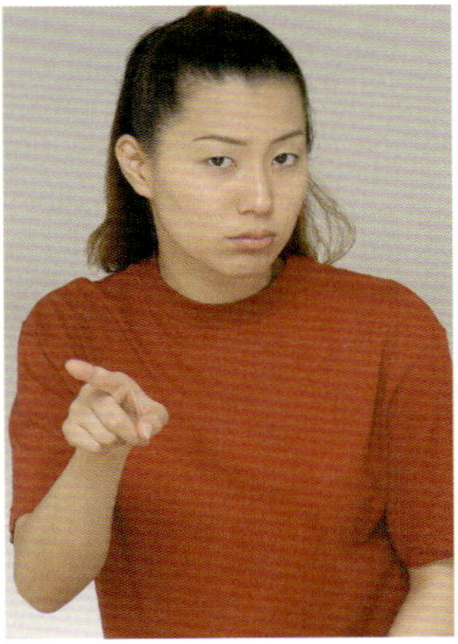

4 予定、計画

左腕を水平に体の前に置き、腕の外側を手首から指先に向けて1、2回右手の指でなぞるようにする。

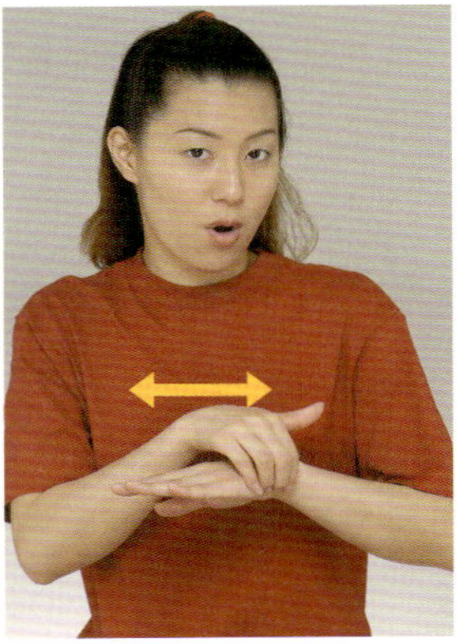

「山下病院がいいですよ」

1 山

右手で大きく山の形を描く。

2 下

右手の親指を横に出し、人差し指を下に向ける。漢字の「下」を表す。

3 脈、病院

左手首で脈を測るように右手を左手首に添える。

4 建物

両手を肩幅に開き、四角い建物の形を中央に向かって描く。「脈」＋「建物」で「病院」に。

5 よい

右手のこぶしを鼻先に当て、少し前に出す。

「そこには外科がありますか？」

1 そこ

「そこ」と横を指さす。

2 メスを入れる

左手のひら（甲でもよい）をメスで切るように、右手の人差し指で線を引く。

3 科

指文字の「か」（P36参照）で示す。「メスを入れる」＋「科」で「外科」に。

④ ある

右手のひらを斜め下に向けて、２回ぐらい軽くたたくようにする。

⑤ そこ

もう一度「そこ」を指さし、尋ねる表情をする。

「あります」

① ある

右手のひらを斜め下に向けて２回ぐらい軽くたたくようにする。

「でも木曜日は休みですよ」

① でも、しかし

右手のひらを相手に向けて顔の横に立て、手首を返して甲を相手側に向ける。

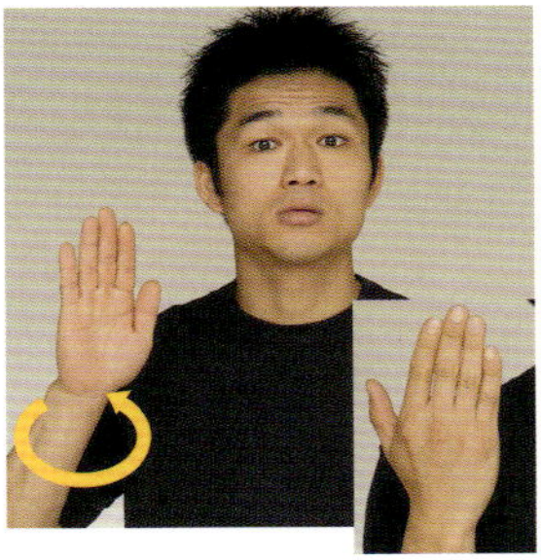

② 木曜日、木

親指と人差し指でＬ字を作った両手を、木の幹を表すように下から上に上げる。

③ 毎週

左手の親指以外の４本の指を広げて出し、その指先の上から下へ、右手の人差し指を当てて下ろす。

④ 休み、閉まる

両手のひらを下に向けて左右に開いて出し、そのまま中央で合わせる。扉が閉まるように。

STEP 7

【単語】病院関係

病　院

❶左手首に右手を当て、脈を取るようなしぐさをする。
❷両手を肩幅に開き、四角い建物の形を中央に向かって描く。

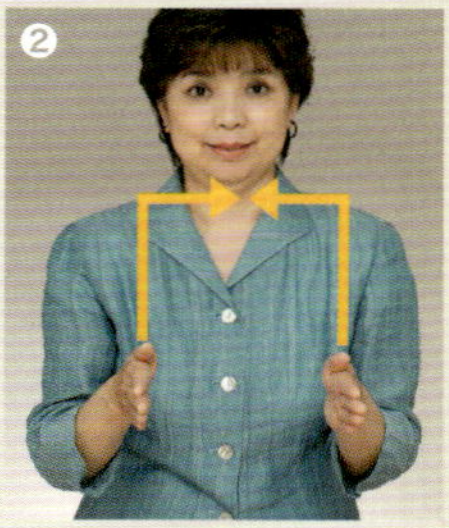

医　師

❶左手首に右手を当て、脈を取るようなしぐさをする。

医　師

❷右手の親指を出す。女性の医師の場合は小指を出す。

看護師

❶左手首に右手を当て、脈を取るようなしぐさをする。
❷体の前で向かい合わせた両手を交互に上下させる。

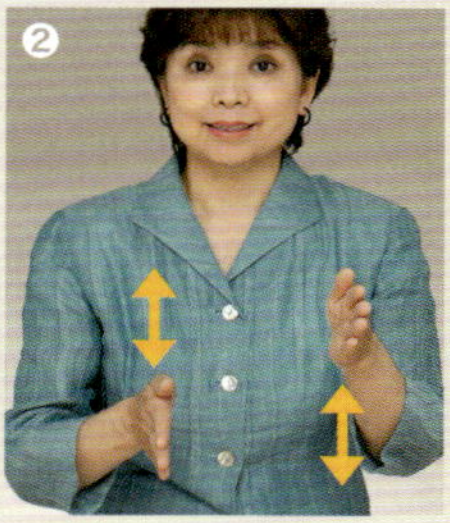

看護師

❸指文字の「し」（P36参照）で表す。

患　者

❶右のこぶしをトントンと2、3回額に当てる。病気を表す。
❷両手の親指と小指を立て、中央から両端に手首を返しながら移動する。人々の意味。

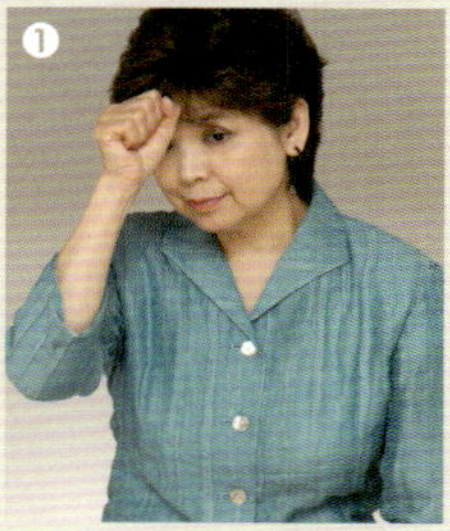

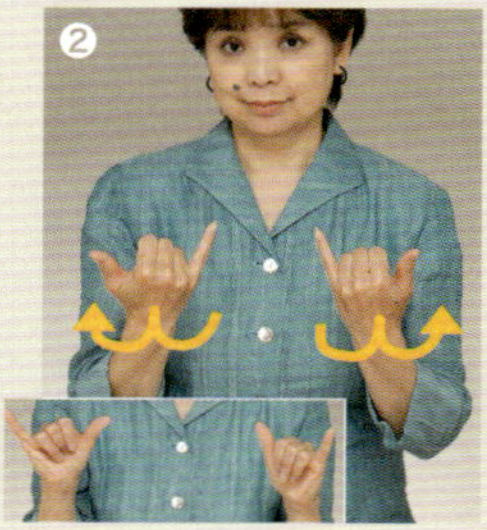

外　科

❶左手のひら（甲でもよい）をメスで切るように右手の人差し指で線を引く。
❷「科」は指文字の「か」（P36参照）で表す。

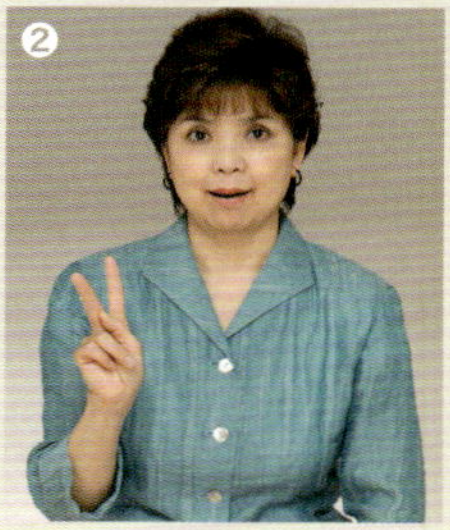

内　科

❶左手を体の前に出し、右手首を回してその内側を人差し指で指す。

内　科

❷「科」は指文字の「か」（P36参照）で表す。

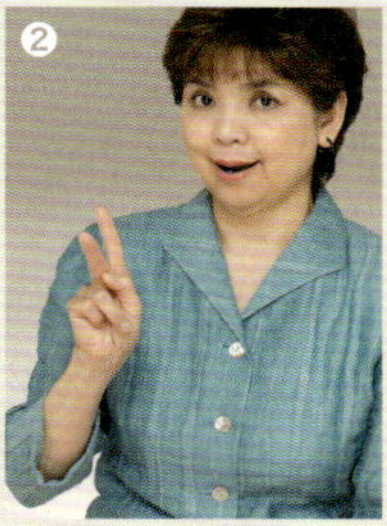

小児科

❶左手の人差し指を右手の人差し指と中指で挟んで漢字の「小」を作る。
❷「科」は指文字の「か」（P36参照）で表す。

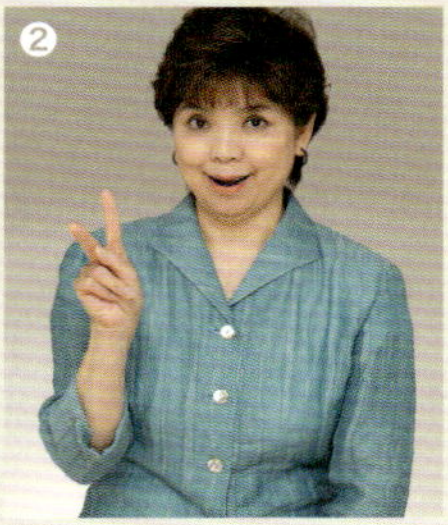

産婦人科

❶両手を軽く握って、パッと開きながら斜め下に出す。「誕生」の意味。
❷両手の小指を並べて合わせ、手首を返しながら手前に円を描くようにして親指を合わせる。

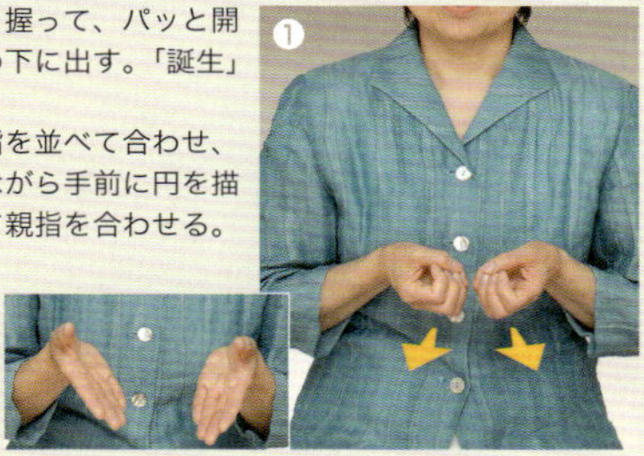

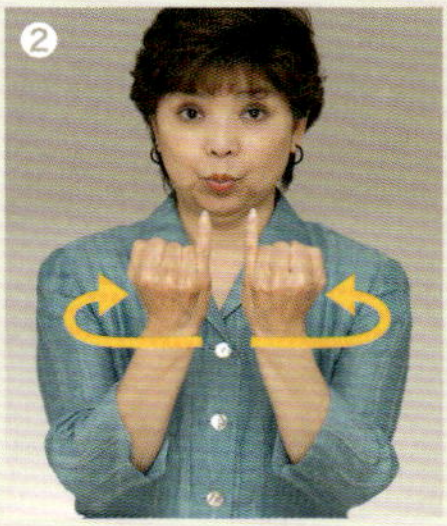

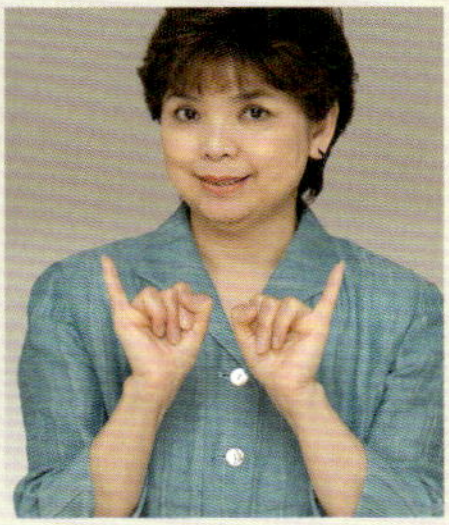

産婦人科

❸「科」は指文字の「か」（P36参照）で表す。

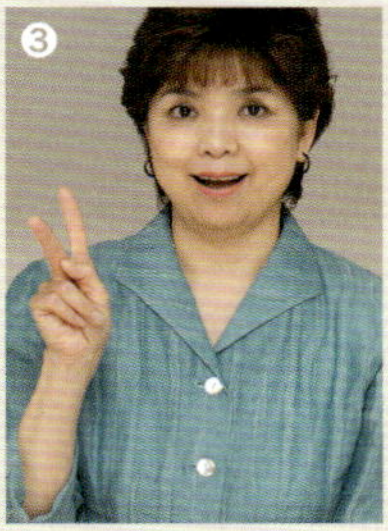

耳鼻科

❶右手の人差し指で右耳を指さす。
❷右手の人差し指で鼻を指さす。

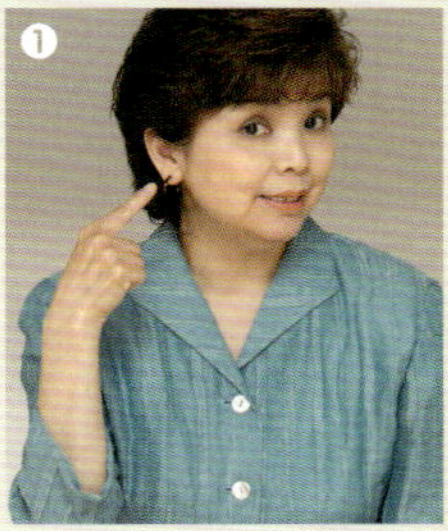

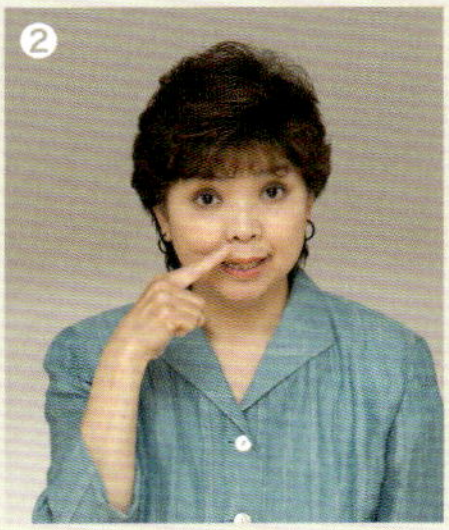

耳鼻科

❸「科」は指文字の「か」（P36参照）で表す。

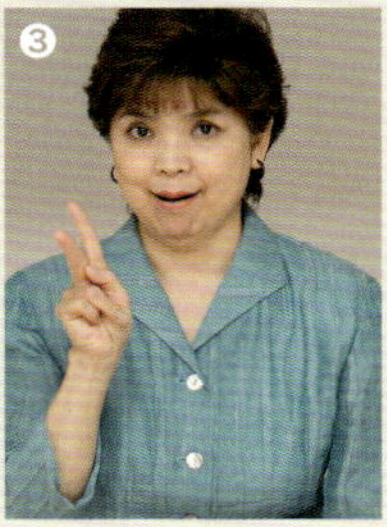

受　付

左手を机のように水平に出し、その上に受付の紙が垂れ下がっているように右手を垂らす。

薬

左手のひらを上にして出し、その上で右手の薬指を薬を塗るように回す。

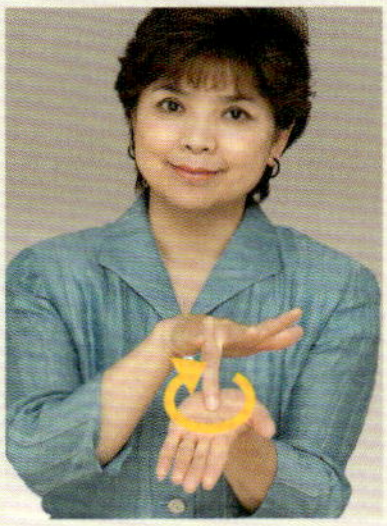

薬　局

❶左手のひらを上にして出し、その上で右手の薬指を薬を塗るように回す。
❷親指と人差し指で輪を作った両手を、体の前で交互に前後させる。お金の出し入れの意味。

会　計

❶右手の親指と人差し指で輪を作り、相手に見せるように少し振る。
❷そろばんの玉をはらうように、左手のひらの上で右手の指先をサッと1、2回払う。

待合室

❶右手の4本の指を揃えて折り曲げ、指先をあごの下に当てる。
❷左手の人差し指と中指に右手の人差し指と中指を腰かけるように置き、左から右へポンポンと移動する。

待合室

❸両手を両脇に置いてから、左手を前側に、右手をお腹の前に置く。四角い部屋の形を表す。

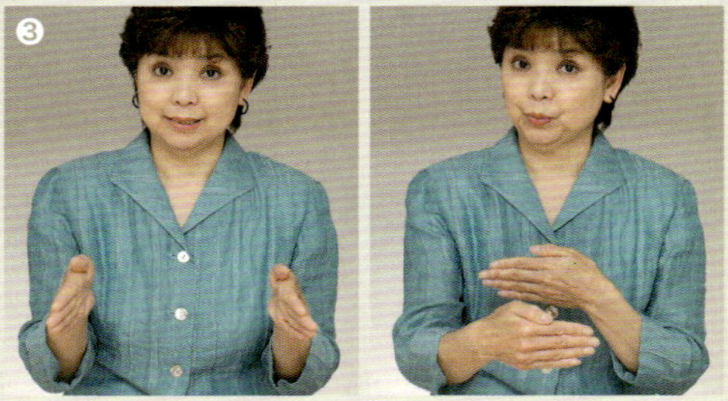

処方箋

❶左手のひらを上にして出し、その上で右手の薬指を薬を塗るように回す。

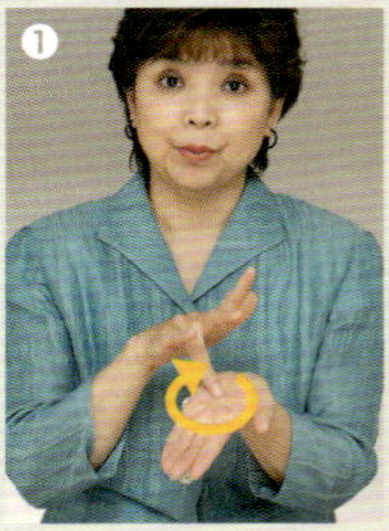

処方箋

❷両手の人差し指同士を中央で合わせ、紙の四角形を描く。

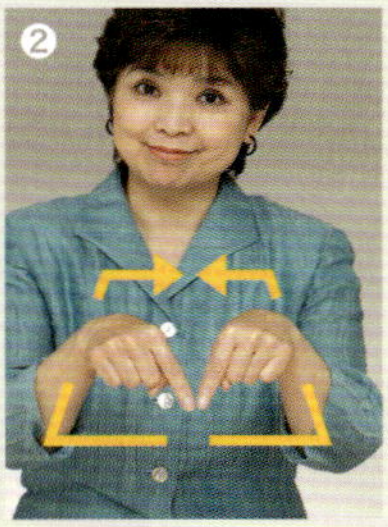

入　院

右手の人差し指と中指を揃えて上向きにし、左手の下をくぐらせるように移動させる。

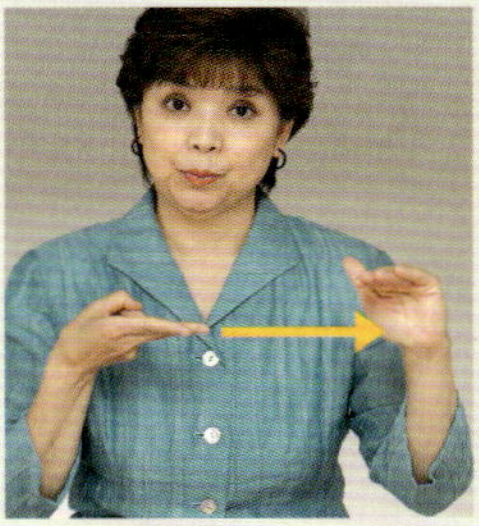

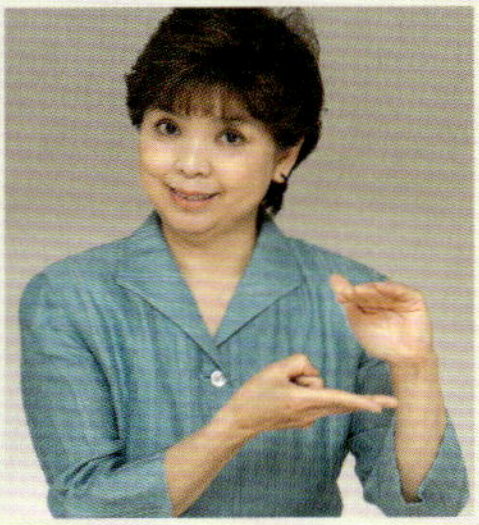

退　院

右手の人差し指と中指を左手の下に置き、横に引く。「入院」の手話の反対の動きをする。

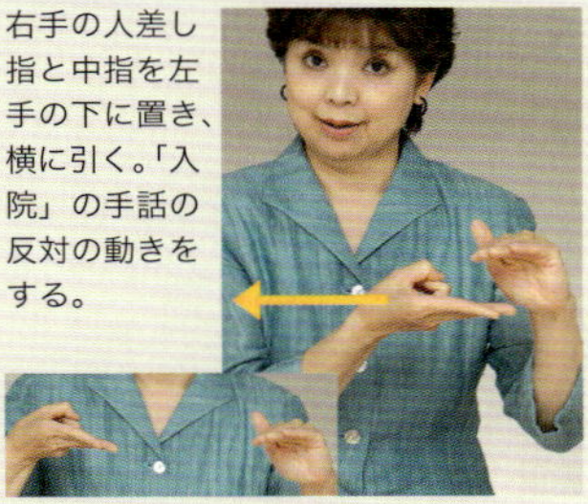

車いす

車いすのタイヤを両手で持ち、回転させるように2回動かす。

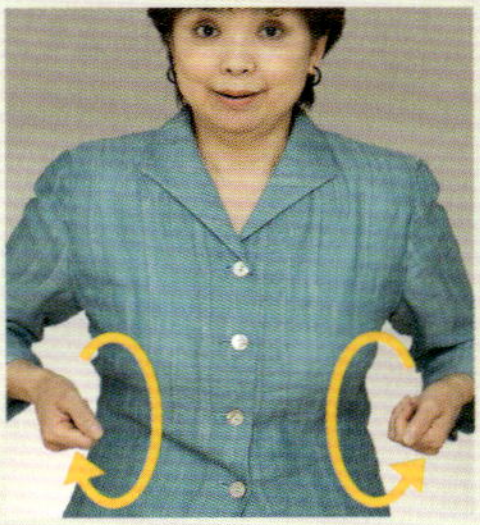

注　射

左手を前に出し、右手に注射を持って左腕に注射するようなしぐさをする。

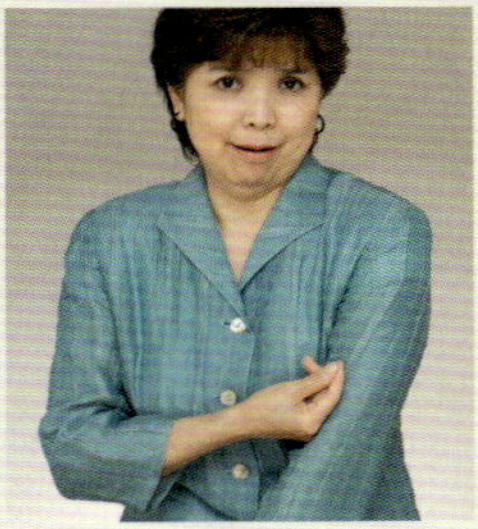

体温計

右手の人差し指を左脇の下に挟む。

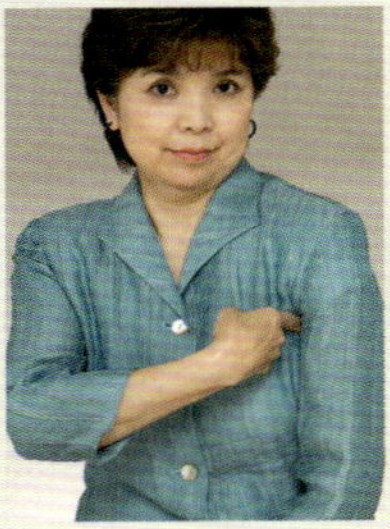

救急車

❶右手の人差し指で唇を指し、そのまま左へ移動させる。「赤」を表す。
❷左手で右手首をつかみ、右手をクルクル動かしながら、左側へ移動させる。

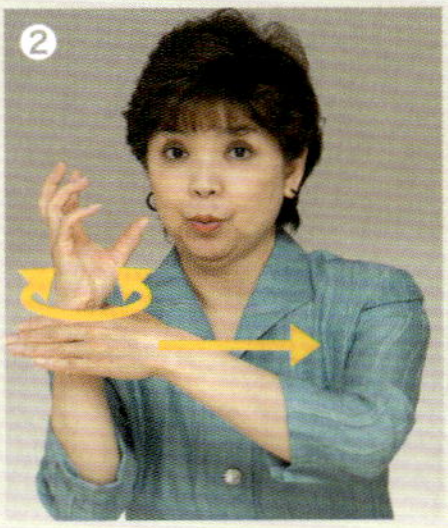

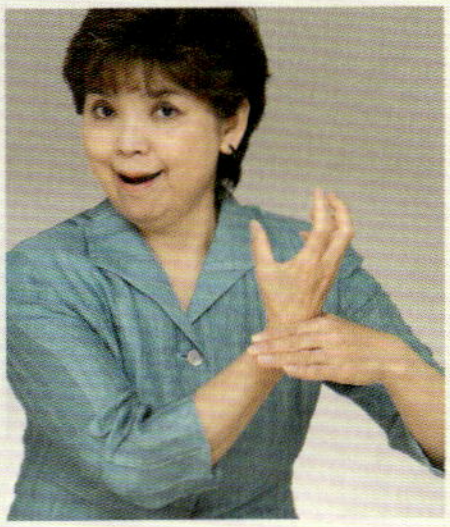

風邪ですか?

「風邪ですか?」

1 風邪、咳

握った右手を口元に近づけ、ゴホゴホと咳をするしぐさをする。尋ねる表情で。

「インフルエンザだと言われました」

1 イ

指文字の「い」(P36参照)を示す。

2 ン

指文字の「ん」(P38参照)を示す。

3 フ

指文字の「ふ」(P37参照)を示す。

4 ル

指文字の「る」(P38参照)を示す。

5 風邪、咳

握った右手を口元に近づけ、ゴホゴホと咳をするしぐさをする。1～5までで「インフルエンザ」を表す。

6 言われる

軽く握った右手を前方に出し、顔に向かってパッと開く。

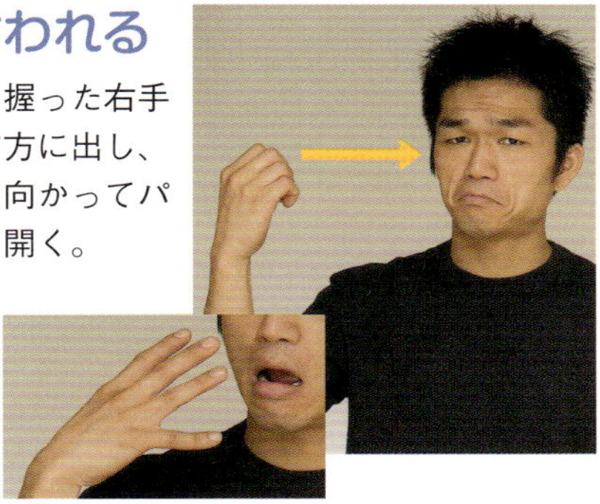

7 あの人

「あの人」に言われたという感じで、横を指さす。

「ええっ、大変ですね」

1 ええっ?

「ええっ?」と驚いた表情をする。

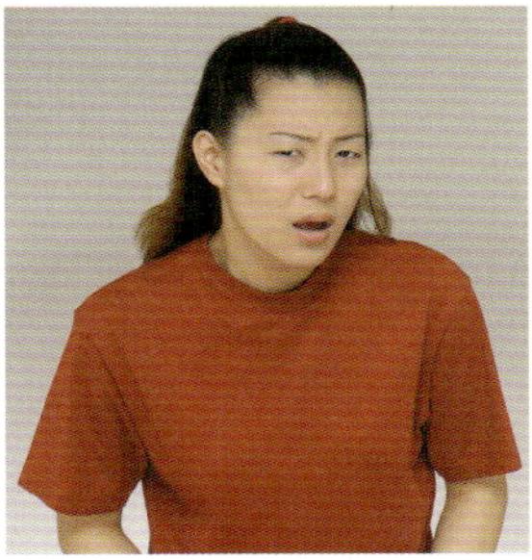

2 大変

左手を体の前に出し、その手首を右のこぶしでトントンとたたく。「大変」という表情で。

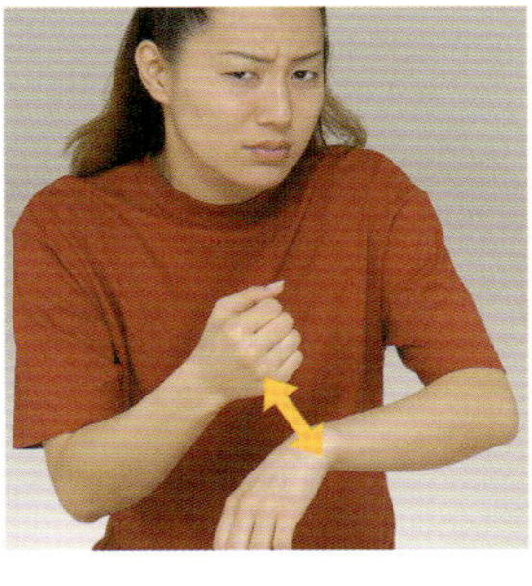

「もう帰って寝ます」

1 もう、すぐに

右手の親指と人差し指で輪を作り、他の指は握って、右肩に置き、親指と人差し指を開きながらサッと左肩のほうに出す。

2 帰る

右手の親指と、揃えた他の4本の指を広げて、スッと指先を閉じながら前方に出す。「帰ってくる」は逆に前方から手前に引く。

3 寝る

枕に頭をつけるように、握った右手に頭を傾ける。

ダイエット

「少し太ったのではないですか？」

1 少し、少ない

右手の親指と人差し指の先を軽く2回こすり合わせる。

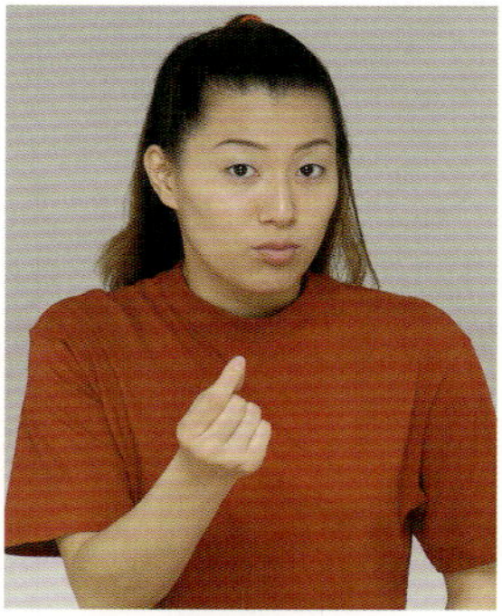

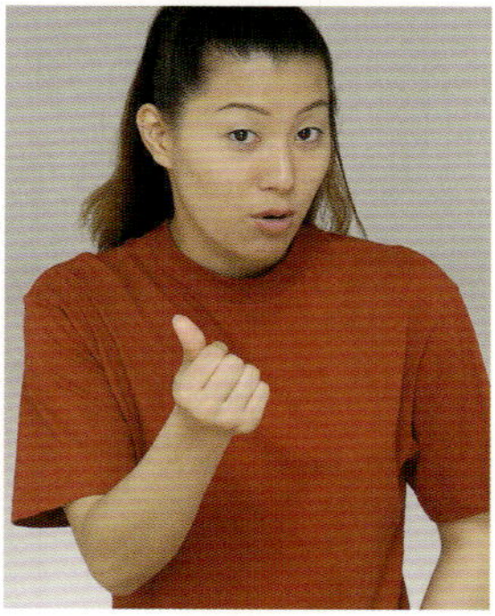

2 太る

胸の前でボールを抱えるようにした両手を少し左右に開く。

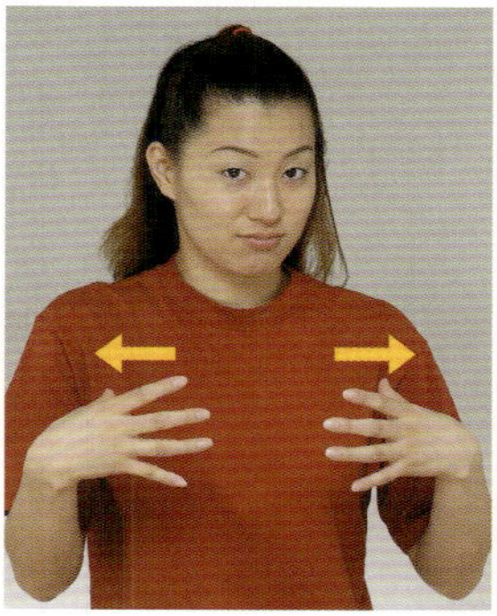

3 違う

右手の親指と人差し指でＬ字を作り、手首からクルクルと振る。「違う？」という表情で。

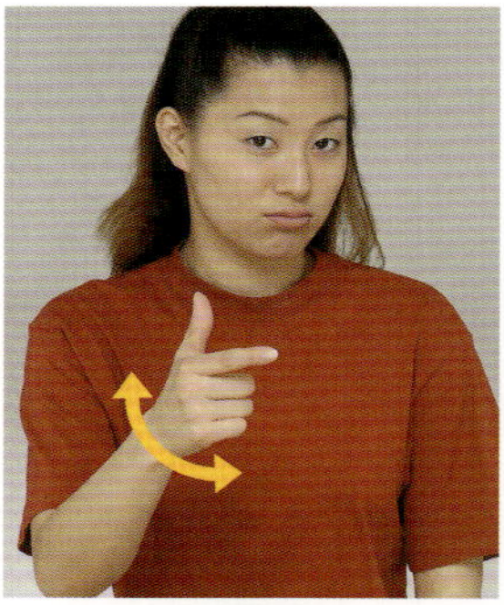

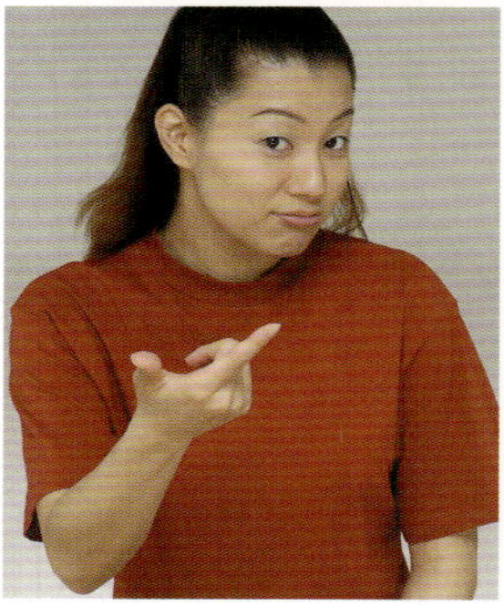

「痩せたいとは思っているのですが」

1 痩せる

両手のひらを向かい合わせて肩幅に広げ、中央に向けて幅を狭める。

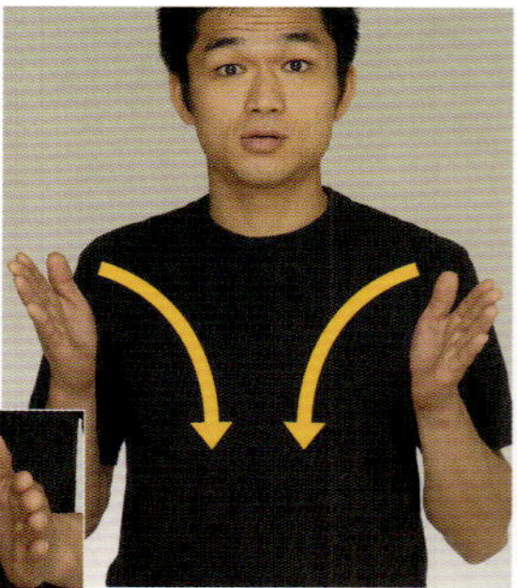

② ○○したい、好き

右手の親指と人差し指を開いてあごに置き、指をすぼめながら下ろす。

③ 思う

こめかみに人差し指を当て、ちょっと首を傾げる。

④ ○○ですが、しかし

手のひらを相手側に向けて立て、手首を返して自分のほうに向ける。

「私も今、ダイエットしています」

① 私

軽く自分を指さす。

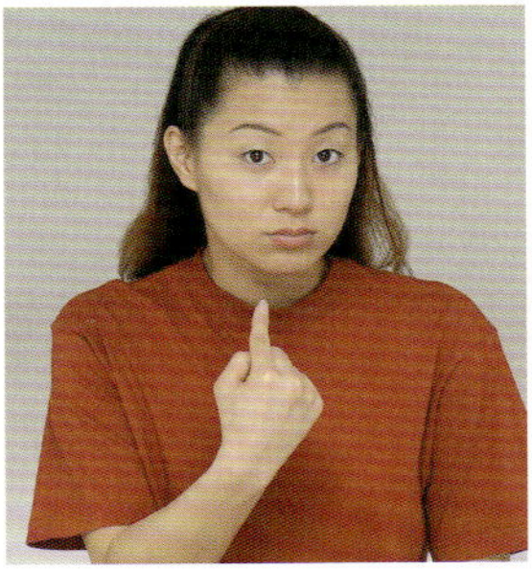

② 今、今日

両手のひらを下にし、上下に軽く2、3回動かす。

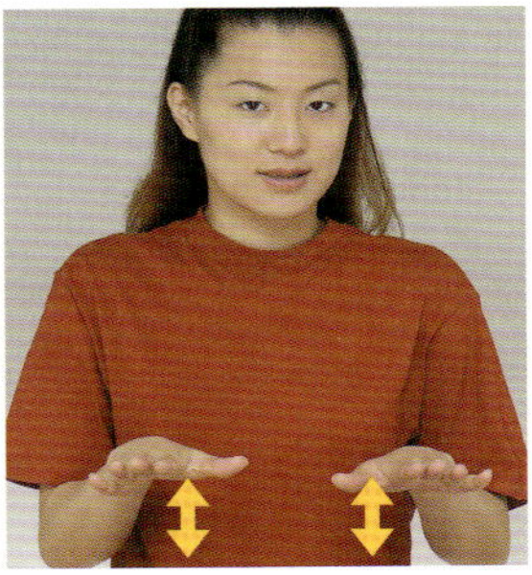

③ ダイエット、痩せる

両手のひらを向かい合わせて肩幅に広げ、中央に向けて幅を狭める。

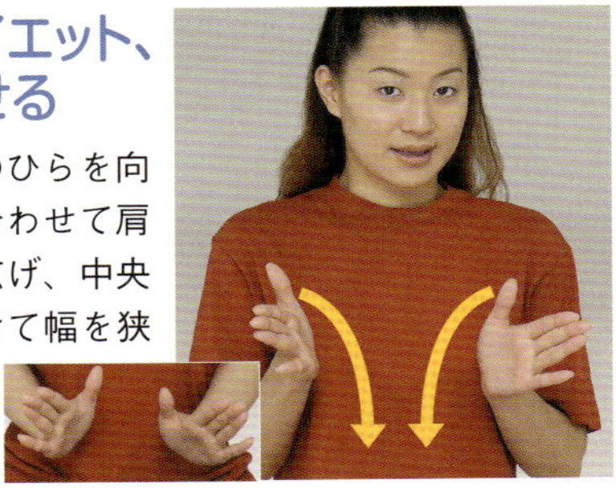

④ ○○する、行う

胸の前で両手を握り、こぶしをグッと前に出す。

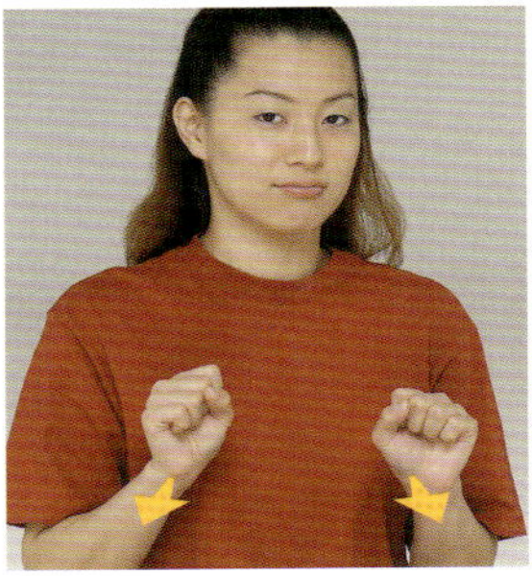

「そんなに気にしなくてもいいのに」

1 考える

人差し指でこめかみをグッと押さえる。

2 ない、要らない

親指以外の指を揃えて、その指先を胸に当て、パッと前に払うようにして指先を前方に向ける。「考える」＋「ない」で「考える必要がない」に。

3 いい、かまわない

右手の小指を立て、指先をあごの下に当てる。

4 違う

右手の親指と人差し指でＬ字を作り、手首からクルクルと振る。「違う？」という表情で。

ONE POINT MEMO

「思う」と「考える」の違いは?「気にしない」は?

「思う」も「考える」も人差し指をこめかみに当てますが、「思う」は当てるだけ、「考える」はこめかみに当ててグリグリとねじるように動かすという違いがあります。「気にしない」は、「考える必要はない」という表現のしかたをします。手を使う手話の数は言語ほど多くありませんが、表情も言葉の一つとして、感情や意味の違いを表しています。

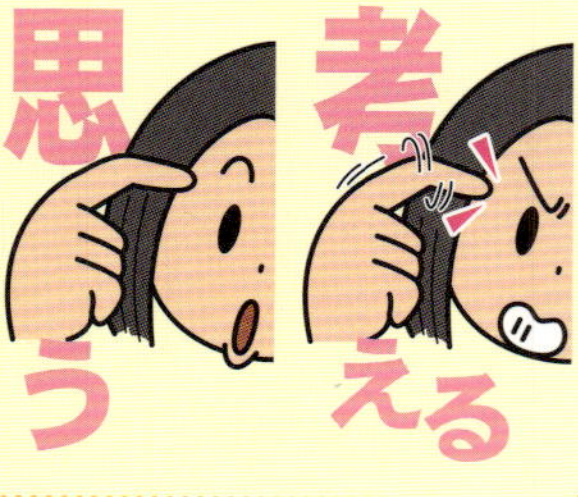

STEP 7 【単語】病名

風 邪

❶右手の人差し指と中指を出し、鼻の下に当て、鼻水が出ているように右手を下げる。
❷握った右手をゴホゴホと咳をするしぐさをする。

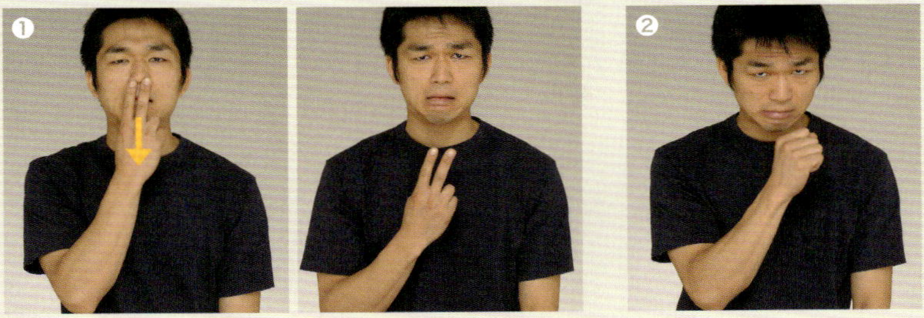

ぜん息

右手をのどのあたりに当て、そのまま2回ぐらい上下する。不快な表情をする。

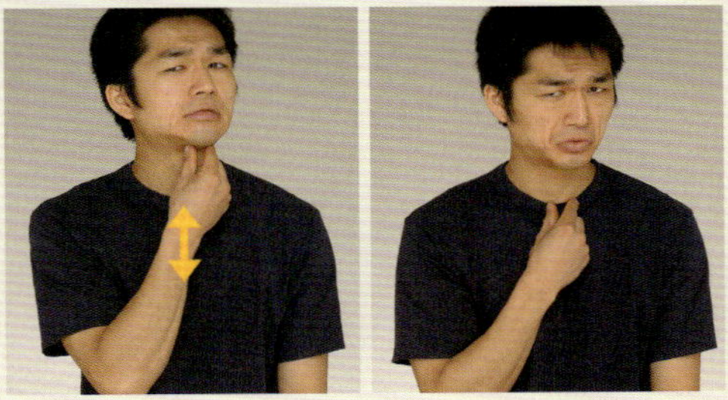

アトピー

右手を握り親指だけ立て、その親指をあごの横に当て、点々と親指をこめかみまで移動させる。

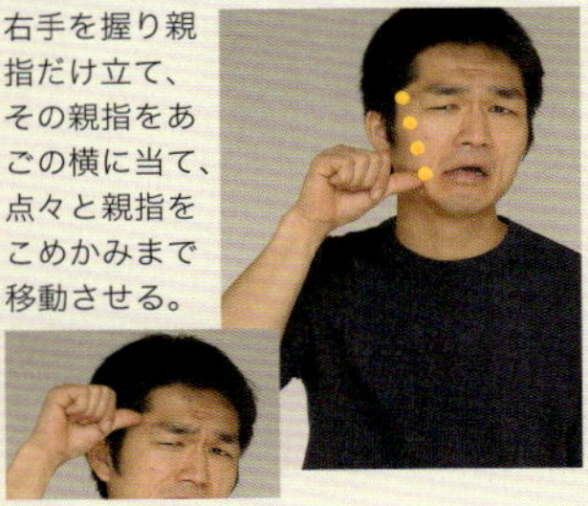

花粉症

❶両手を握り重ねて、花のつぼみのような形を作る。花が開いたように両手を回しながらパッと開く。
❷右手を開き指先を少し曲げ、鼻の穴に向けて指先を動かす。

花粉症

❸すぼめた右手を口元に当て、くしゃみをするように右手を開きながら前に出す。

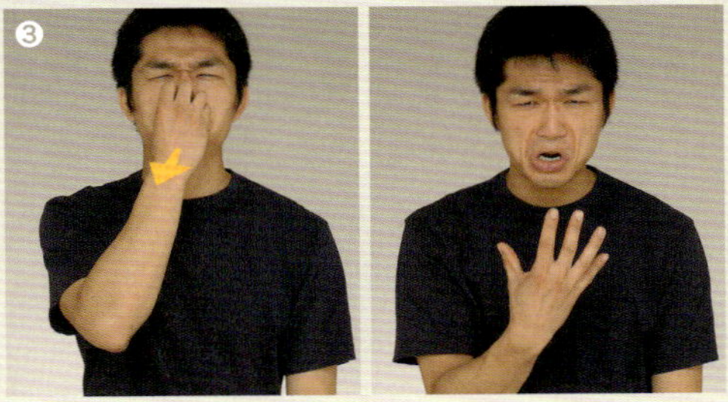

インフルエンザ(A)

❶指文字の「い」(P36参照)で表す。

インフルエンザ(A)

❷指文字の「ん」(P38参照)で表す。
❸指文字の「ふ」(P37参照)で表す。
❹指文字の「る」(P38参照)で表す。

インフルエンザ(A)

❺握った右手をゴホゴホと咳をするしぐさをする。

インフルエンザ(B)

❶両手ともこぶしをにぎり、体の中央で揃える。こぶしを広げながら前方に出す。

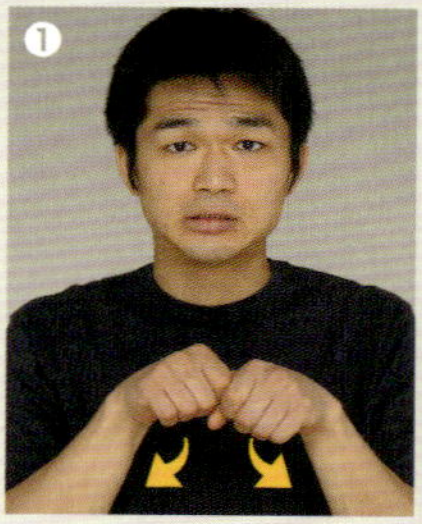

インフルエンザ(B)

❷握った右手をゴホゴホと咳をするしぐさをする。

がん

❶指文字の「が」(P38参照)で表す。
❷指文字の「ん」(P38参照)で表す。

胃がん

❶右手を軽く握り、胃のあたりに置く。
❷右手で指文字の「が」(P38参照)で表す。
❸指文字の「ん」(P38参照)で表す。

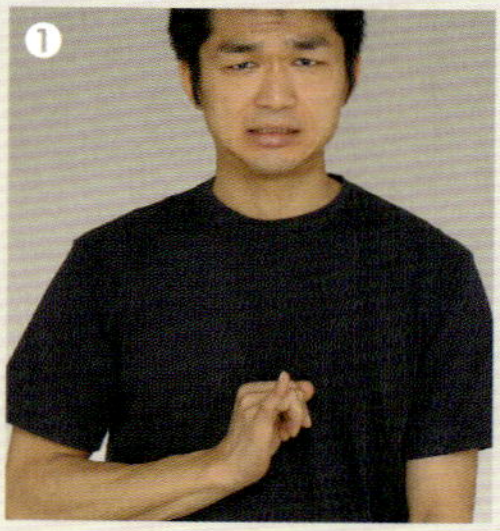

すみませんが、こちらに書いてください

「すみませんが、こちらに書いてください」

1 すみません

親指と人差し指の先をつけた右手を眉間に当て、その手を前に倒しながら指を揃える。

2 こちらに

「こちら」と書くものを指さす（写真では、書くものの代わりに右手を出している）。

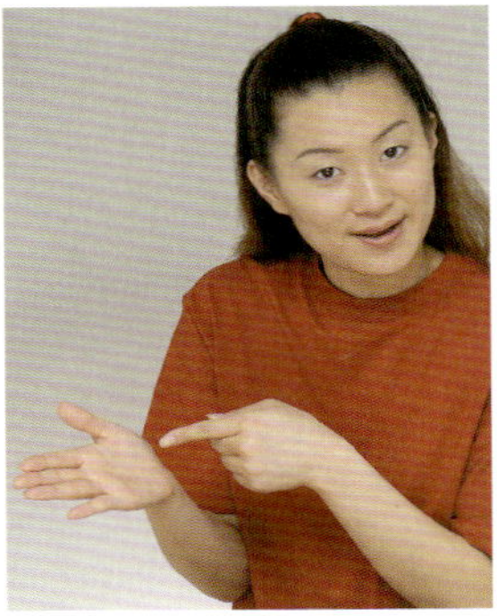

3 書く

2で示した右手（左手でもよい）の上に鉛筆で書くように左手（右手）を動かす。

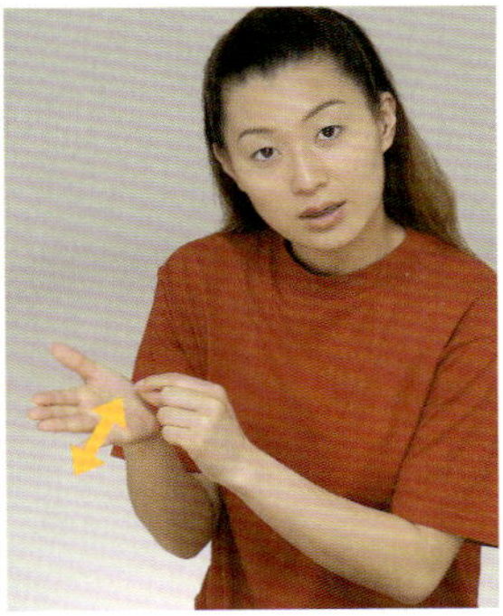

4 お願い

左手を縦にして、顔の前で拝むようにする。両手を合わせて拝むようにしてもよい。

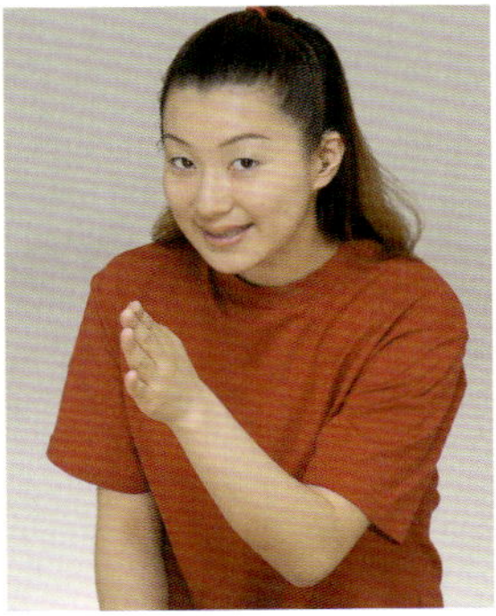

公共機関で

「どんなご相談ですか？」

1 相談

両手の親指を出して向かい合わせ、こぶしを2、3回打ち付ける。

2 内容

左手を水平に体の前に置き、その手前に右手の人差し指を下に向けて置き、水平に円を描く。

3 何？

右手の人差し指を立て、軽く2、3回左右に振る。尋ねる表情で。

「5階の福祉課を訪ねてください」

1 5階

数詞の「5」を示し（P54参照）、その手を少し弧を描いて上げる。階上を示す。

CHECK POINT ○階、○番の言い方は？1から何番目？

「5階」は1階から5階に上がるという感じで数詞の「5」を少し弧を描いて上げます。「8番」は「1から続いて8番目にある」という意味で、「1」を表し、横に移動させながら「8」を表します。

5階

8番

2 福、幸せ、幸福

右手の親指と人差し指であごを挟むようにし、その指をすぼめながら下ろす。

3 祉

指文字の「し」（P36参照）で表す。

4 課

指文字の「か」（P36参照）で示す。

5 訪ねる、行く

右手の人差し指を立て、体の前から前方に出す。

6 お願い

右手を縦にして、顔の前で拝むようにする。両手を合わせて拝むようにしてもよい。

「こちらの用紙にご記入ください」

❶ 用紙、紙

両手の人差し指の指先を合わせ、体の中央から下に向かって四角を描く。水平に四角を描いてもよい。

❷ こちらに

❶の左手はそのままで、右手の人差し指で「この用紙」という感じで指さす。

❸ 書く

❷の左手はそのままで、右手を文字を書くように動かす。

❹ お願い

右手を縦にして、顔の前で拝むようにする。両手を合わせて拝むようにしてもよい。

「印鑑はお持ちですか？」

❶ 印鑑

右手をすぼめ、それにハーッと息を吹きかけ、ポンと左手のひらに印鑑を押すようなしぐさをする。

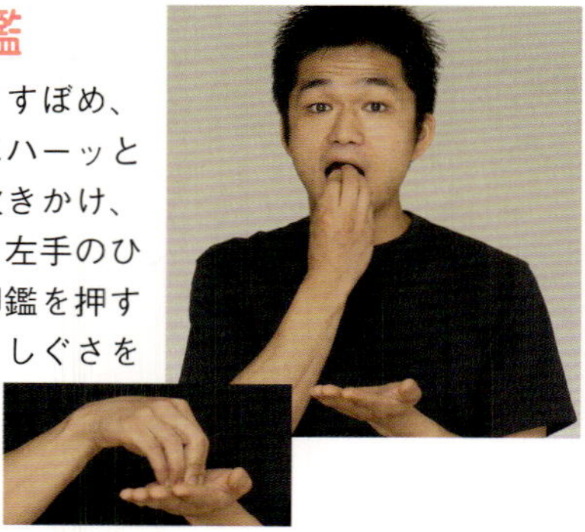

❷ 持つ

右手を開いて前に出し、手前に引き寄せながらグッと握る。

❸ あなた

「どうですか？」と尋ねる表情で相手を指さす。

図書館で

「その本は8番の書棚にあります」

1 その

「その」と指さす。

2 本

両手を胸の前で合わせ、本を開くように両手を左右に開く。

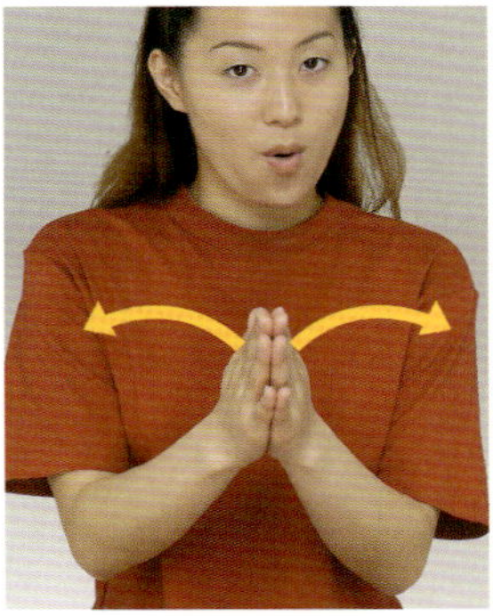

3 8番

「1〜8」と示すことで「8番」を表す。まず数詞の「1」を体の左のほうで示し、その手を右に移しながら数詞の「8」を作る。

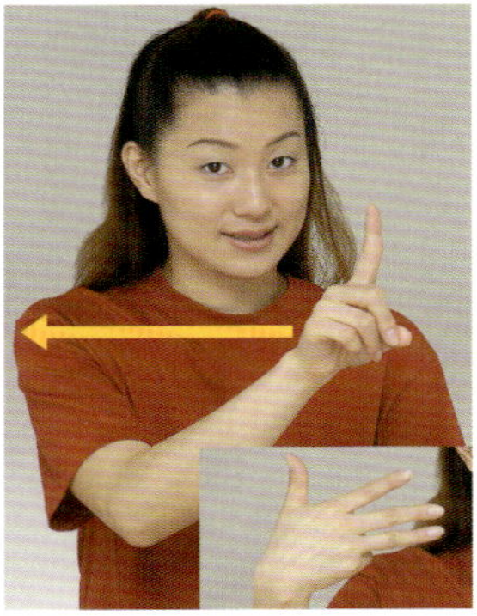

4 書棚

両手のひらを向かい合わせて少しすき間を開け、書棚がつながっているように、右手だけ右に移動させる。

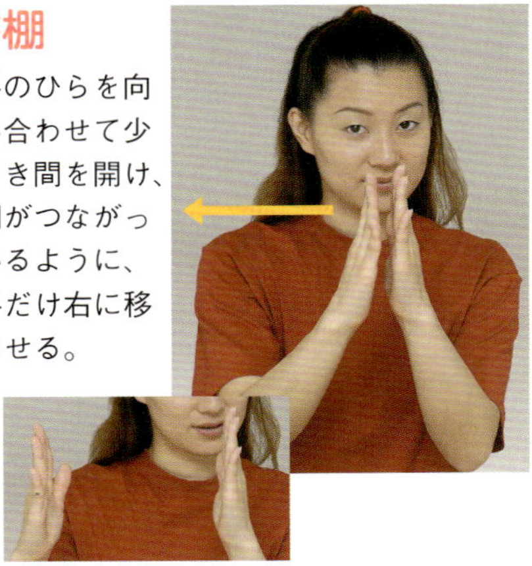

5 ある

右手のひらを下に向け、2回ぐらい軽くたたくようにする。

「その本はここにはありません」

❶ その

「その」と指さす。

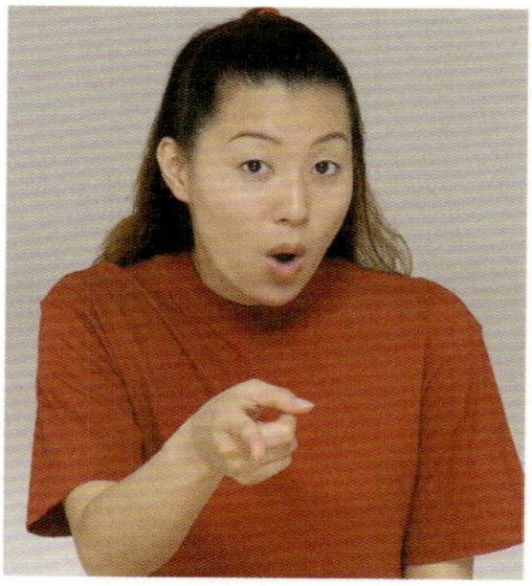

❷ 本

両手を胸の前で合わせ、本を開くように両手を左右に開く。

❸ ここ

「ここ」と、人差し指で下を指さす。

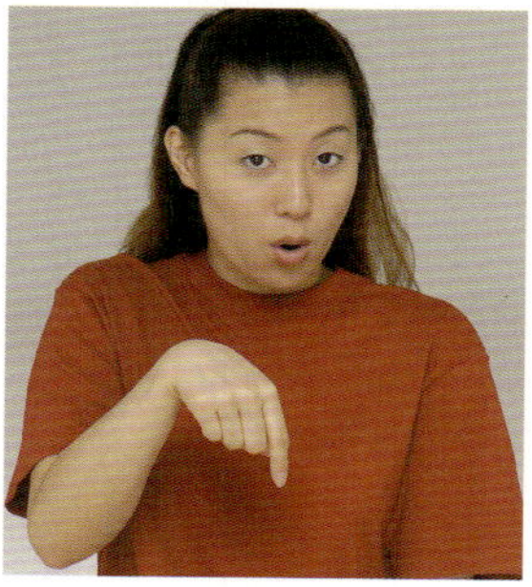

❹ ない

指を開いた両手のひらを相手に向けて肩幅に開いて出し、同時に手首を返して自分のほうに向ける。

「今、貸し出し中です」

❶ 今、今日

両手のひらを下にし、上下に軽く2、3回動かす。

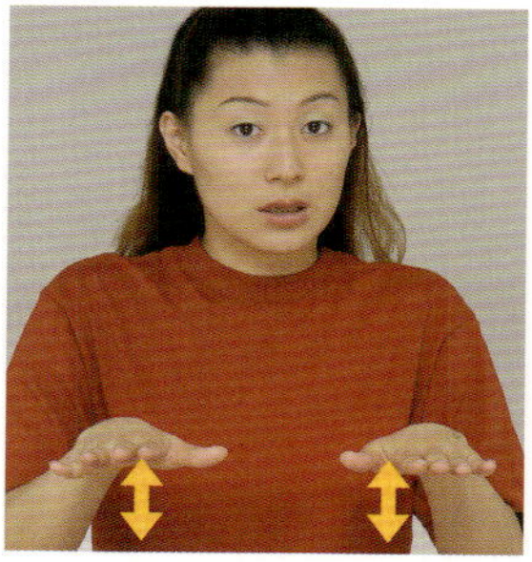

❷ 貸す

❶の左手はそのままで、親指と他の4本の指を開いた右手の指先を自分に向け、指先をスッとすぼめながら前方に出す。

3 ○○中

漢字の「中」を作る。左手の親指と人差し指を横に伸ばし、右手をその中央に垂直に立てる。

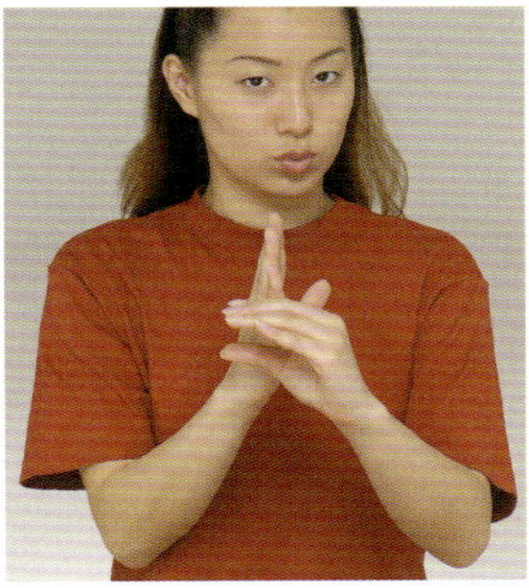

「予約しますか？」

1 前に、前もって

右手の指を揃えて軽く曲げて前に差し出すようにし、そのままひじから手前に引く。

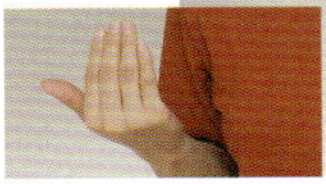

2 約束、きっと

両手の小指同士を絡ませ、指切りする。「前に」＋「約束」で「予約」を表す。

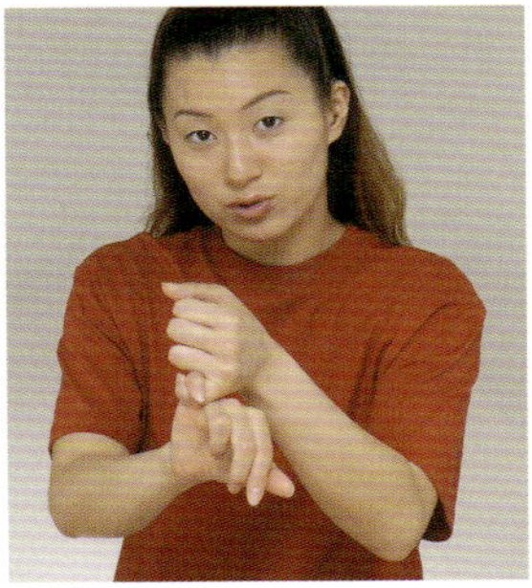

3 ○○する、行う

胸の前で両手を握り、こぶしをグッと前に出す。尋ねる表情で。

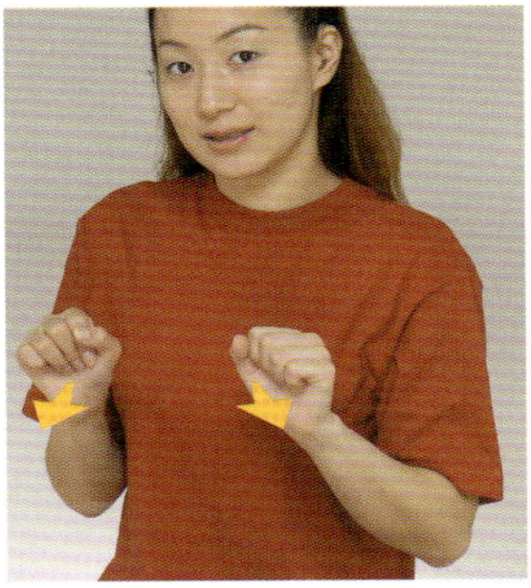

「入りしだいご連絡します」

1 手に入る

右手を前方に差し出し、受け取るように胸元に引き寄せる。

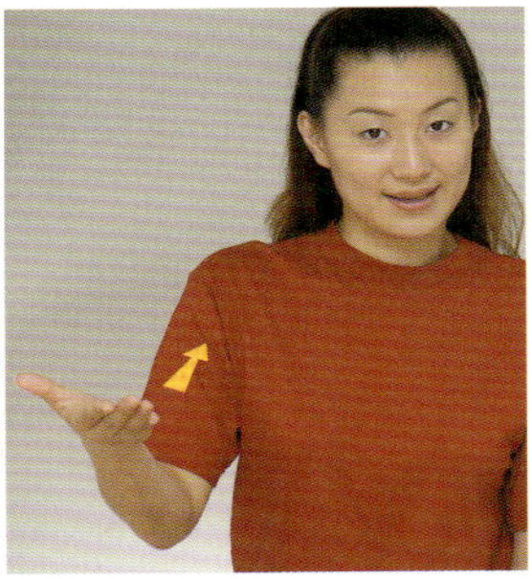

2 すぐに、早い、急ぐ

右手の親指と人差し指で輪を作り、他の指は握って、右肩に置き、親指と人差し指を開きながらサッと左肩のほうに出す。

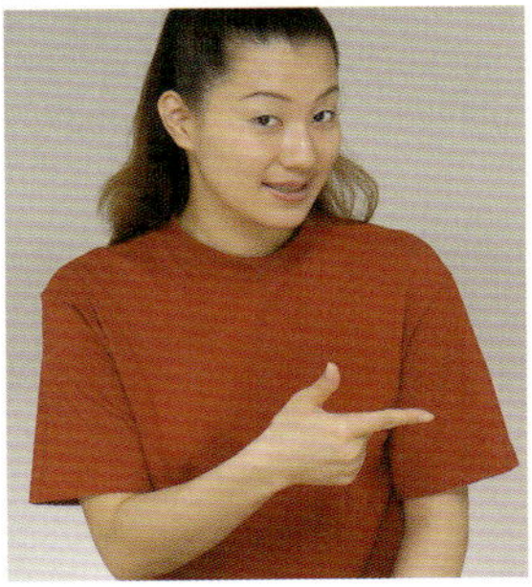

3 連絡する、伝える

親指と人差し指で輪を作った両手を鎖のようにつなぎ、体の前から前方に出す。

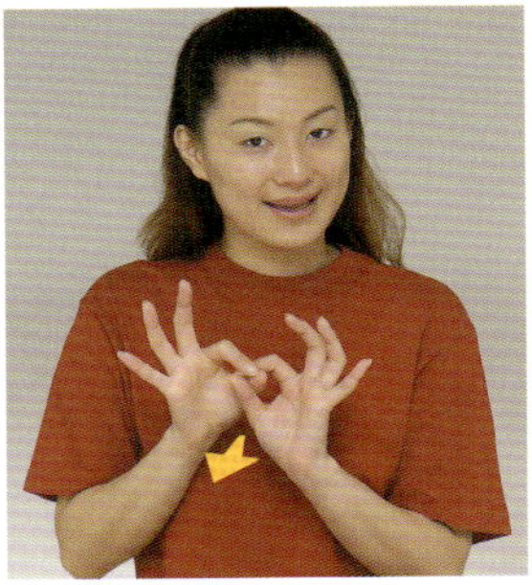

郵便局で

「普通便でいいですか?」

1 普通、平等

両手の親指と人差し指を開いて他の指は握り、親指同士、人差し指同士の先を合わせるようにし、そのまま左右に引き離す。

2 郵便

右手の人差し指と中指、左手の人差し指で「〒」マークを作り、体の前から前方に出す。

3 いい、かまわない

右手の小指を立て、指先をあごの下に当てる。尋ねる表情で。

「時間の指定はありますか?」

1 時間

左手の手首を右手の人差し指で指す。腕時計を指すように。

2 郵便

右手の人差し指と中指、左手の人差し指で「〒」マークを作り、体の前から前方に出す。

3 ○○したい、好き

右手の親指と人差し指を開いてあごに置き、指をすぼめながら下ろす。

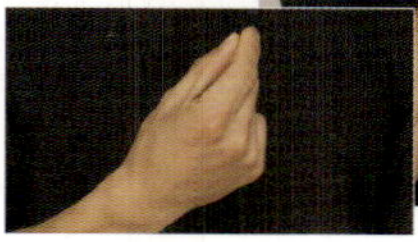

4 ある

右手のひらを斜め下に向けて2回ぐらい軽くたたくようにする。尋ねる表情で。

「送料は510円になります」

1 郵便

右手の人差し指と中指、左手の人差し指で「〒」マークを作り、体の前から前方に出す。

2 お金

右手の親指と人差し指で輪を作り、相手に見せるように振る。「郵便」＋「お金」で「郵便料金」を表す。

3 500

数詞の「5」（P54参照）を表し、そのまま親指を縦に向ける。

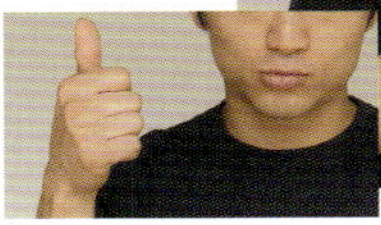

4 10

数詞の「10」（P55参照）を示す。

5 円

右手の親指と人差し指でコの字を作って指先を相手に向け、左から右へ水平に動かす。

「証明するものはお持ちですか？」

1 証明する

軽く丸めた右手の指先を右頬につけ、左手のひらにポンと下ろす。

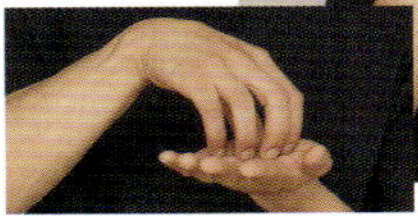

2 ある

①の左手はそのままで、右手のひらを斜め下に向けて2回ぐらい軽くたたくようにする。尋ねる表情で。

銀行で

「番号札を取ってお待ちください」

1 数える、いくつ

指を親指から小指まで順番に折り曲げていって数えるようにする。

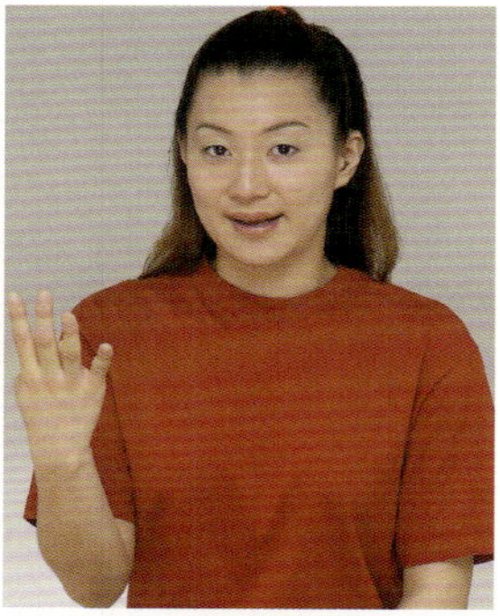

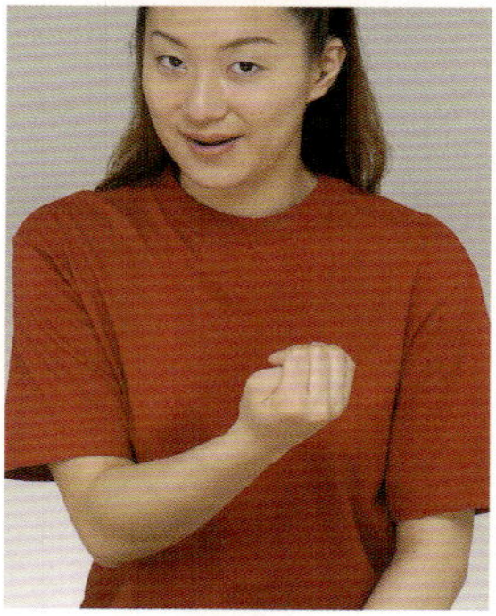

2 札、券、チケット

両手の親指と人差し指で四角を作る。

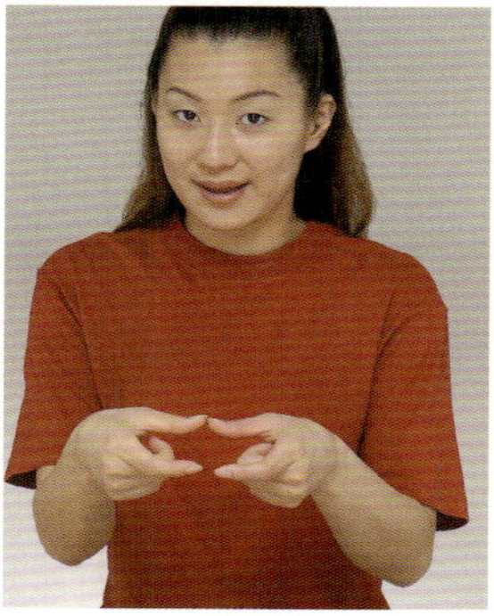

3 取る

2の左手はそのままで、券を引き抜くように右手を動かす。

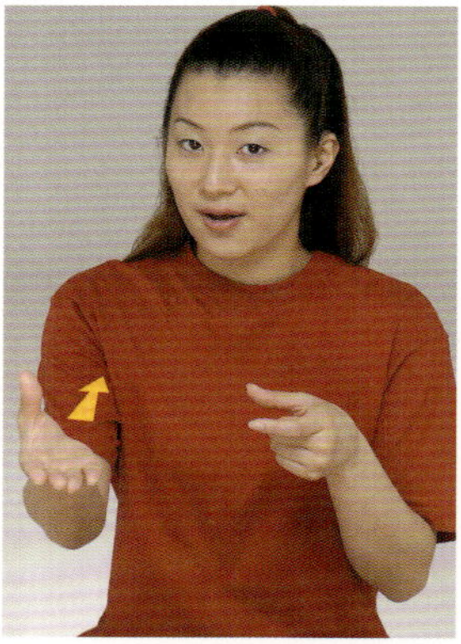

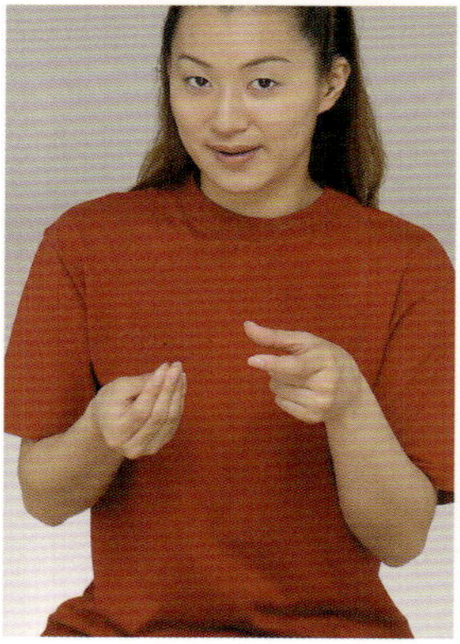

4 待つ

あごの下に右手の指をつける。指は直角に折り曲げるようにする。

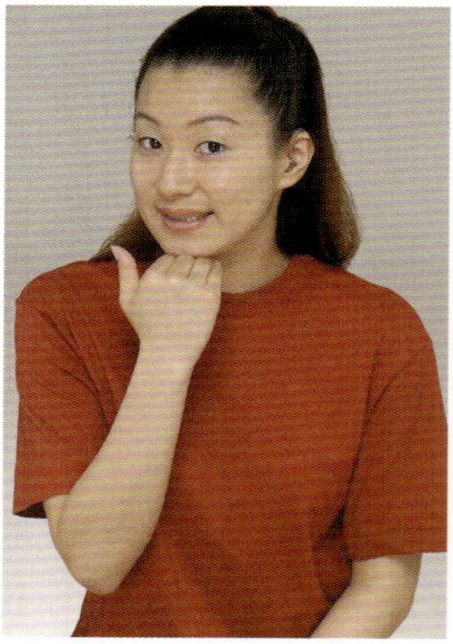

5 お願い

右手を縦にして、顔の前で拝むようにする。両手を合わせて拝むようにしてもよい。

「大変お待たせいたしました」

1 大変、すごい

親指と人差し指の先をつけた右手を左胸の前に置き、その親指と人差し指を開きながら素早く右のほうへ移動させる。

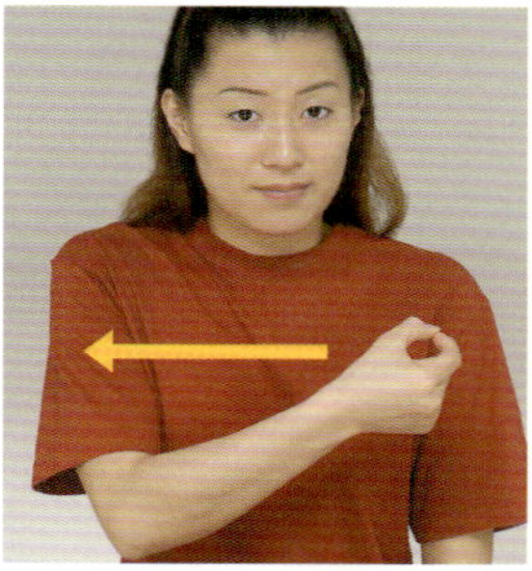

2 待つ

あごの下に右手の指をつける。指は直角に折り曲げるようにする。

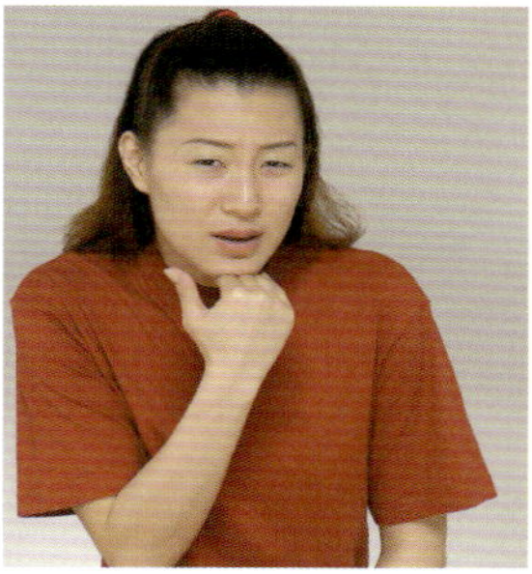

3 すみません

親指と人差し指の先をつけた右手を眉間に当て、その手を前に倒しながら指を揃える。

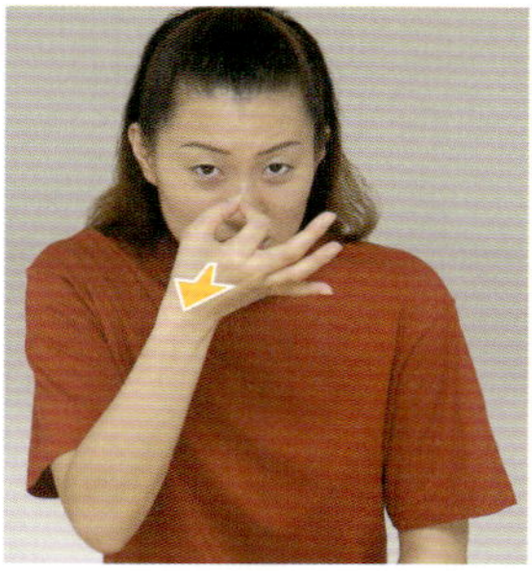

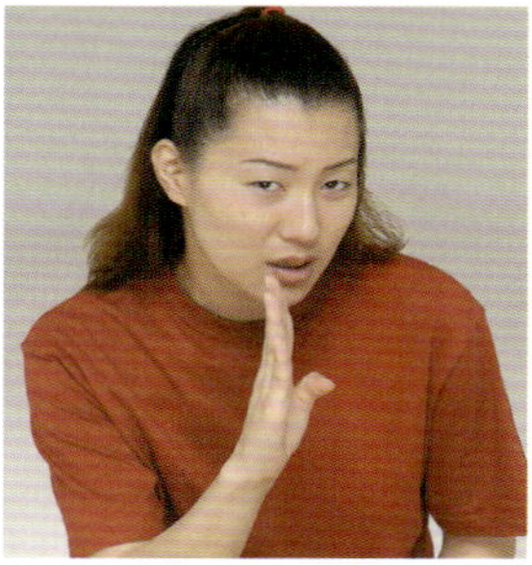

「電話番号とお名前をご記入ください」

1 電話

右手の親指と小指を出して、耳の横で軽く振る。

2 番号、数

両手の人差し指と中指、薬指を立てて、手の甲を相手側に向け、中央で2回合わせる。

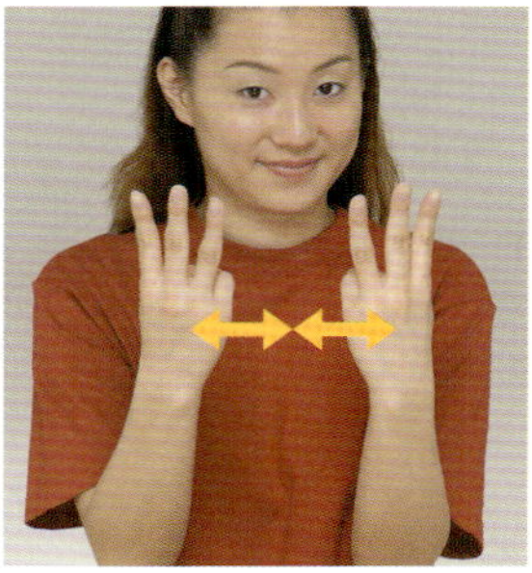

❸ 名前

右手のひらを相手に向けて出し、その手のひらに左手の親指を当てる。

❹ 書く

右手（左手）のひらを用紙に見立て、それに書き込むように左手（右手）を動かす。

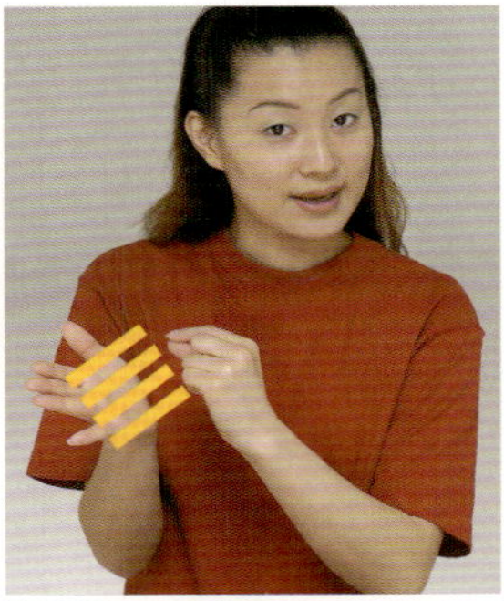

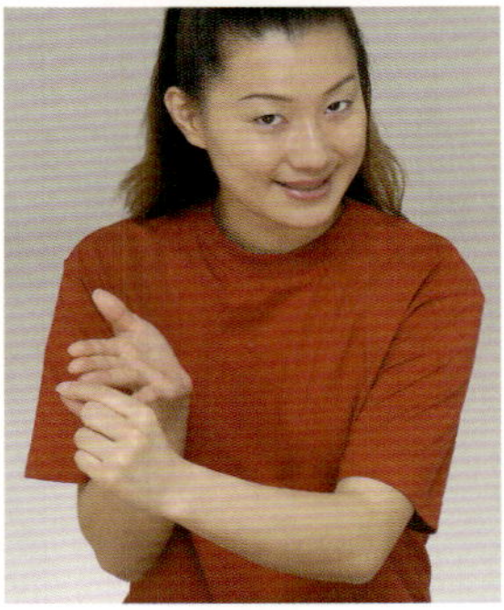

❺ お願い

右手を縦にして、顔の前で拝むようにする。両手を合わせて拝むようにしてもよい。

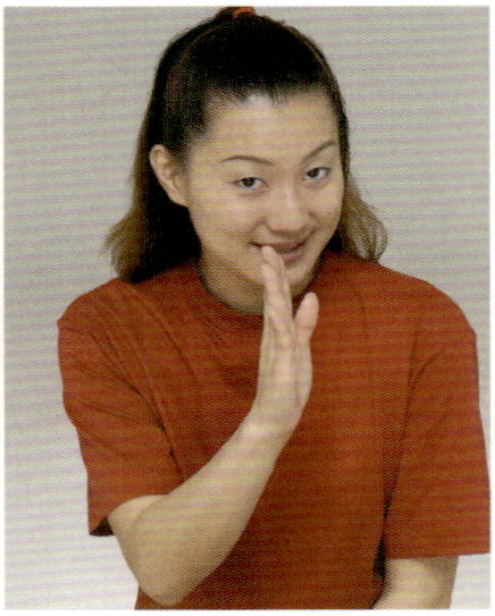

「手数料がかかります」

❶ 手

左手の甲に右手をのせる。

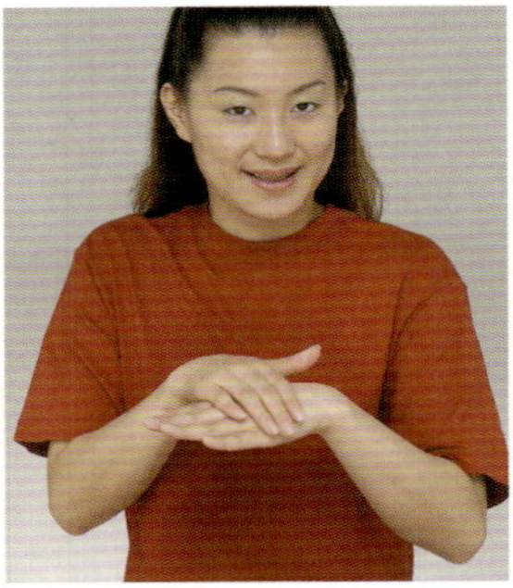

❷ お金

右手の親指と人差し指で輪を作り、相手に見せるように振る。「手」＋「お金」で「手数料」を表す。

❸ 必要

両胸を両手の指先でトントンと軽くたたく。

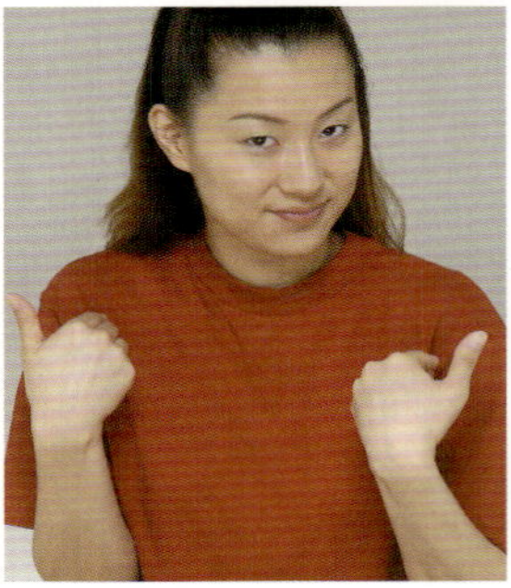

病院で

「初めてですか?」

1 はじめて、最初

左手の甲の上に右手を重ね、人差し指だけ伸ばした右手をそのまま上げる。「1番目」を意味する。

2 あなた

1の左手はそのままで、右手で相手を指さす。尋ねる表情で。

2 用紙、紙

両手の人差し指の指先を合わせ、体の中央から下に向かって四角を描く。水平に描いてもよい。

3 書く

2の左手はそのままで、右手を記入するように動かす。横書きでも縦書きでもよい。

「問診票にご記入ください」

1 質問、問診

甲を相手側に向けた右手を頬の横に立て、そのまま前に出す。

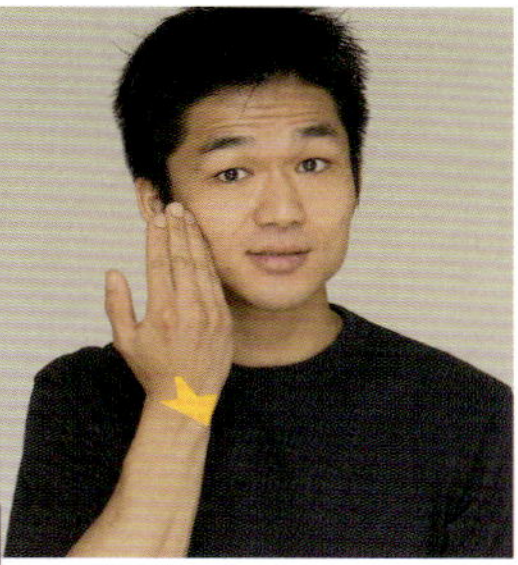

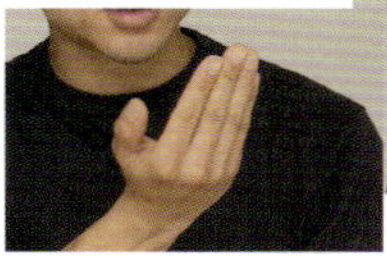

4 お願い

右手を縦にして、顔の前で拝むようにする。両手を合わせて拝むようにしてもよい。

「熱を計ってください」

1 熱を測る、体温計

右手の人差し指を体温計に見立て、左脇に挟む。

2 お願い

右手を縦にして、顔の前で拝むようにする。両手を合わせて拝むようにしてもよい。

3 薬

右手の薬指の先を左手のひらに当て、軽く回す。

4 場所

3の左手はそのままで、ボールを上からつかむようにした右手を体の前に置く。「薬」＋「場所」で「薬局」に。

「お薬は薬局でもらってください」

1 薬

右手の薬指の先を左手のひらに当て、軽く回す。

2 それ

手のひらの薬を指さすようにする。

5 もらう、いただく

手のひらを上にした両手を相手に差し出すようにし、そのまま手前に引く。

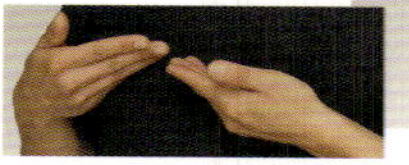

6 お願い

右手を縦にして、顔の前で拝むようにする。両手を合わせて拝むようにしてもよい。

テーマパークなどの窓口で

「パスポートになさいますか？」

1 札、券、チケット

両手の親指と人差し指で四角を作り、パスポートの場合は左右に少し広げる。口話で「パスポート」と言う。

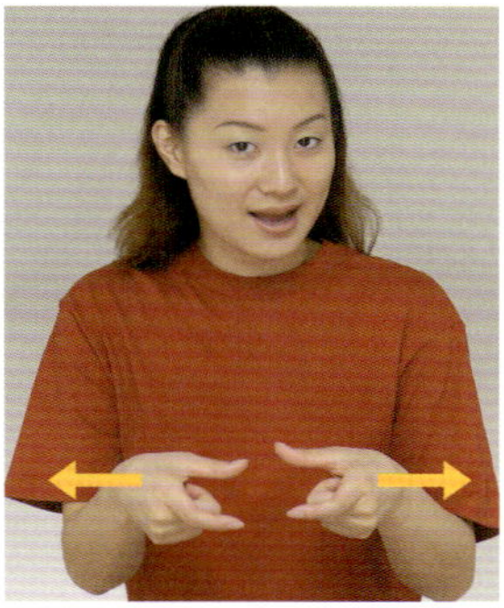

2 何？

1の左手はそのままで、右手の人差し指を立て、軽く2、3回左右に振る。

3 どう？

右手のひらを上にして、左右に軽く振る。尋ねる表情で。

「乗り物券は別になっています」

1 乗り物

左手の人差し指と中指を揃えて出し、その上に腰掛けるように、右手の人差し指と中指をかける。

2 札、券、チケット

両手の親指と人差し指で四角を作る。

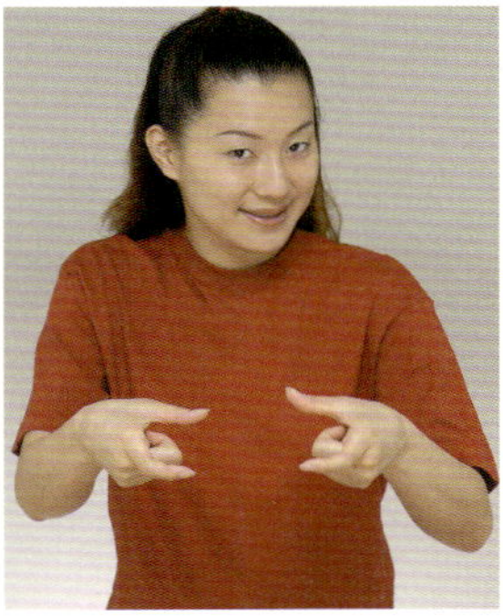

3 別

左手の前に右手の甲を背中合わせに重ね、右手だけ前に出す。

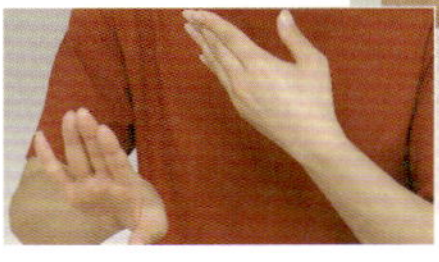

4 ○○している、ある

右手のひらを斜め下に向け、軽く２回程度たたくようにする。

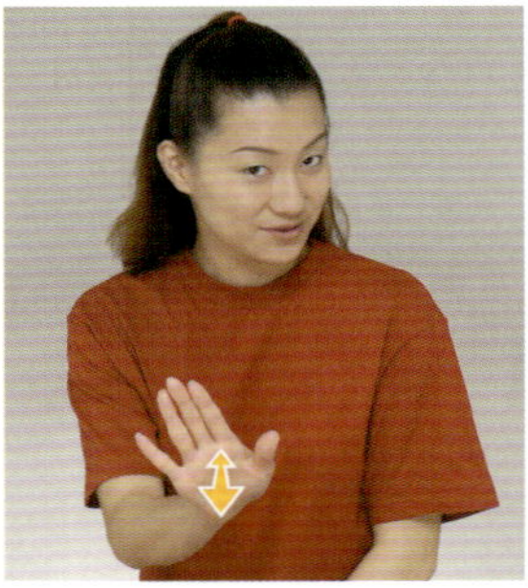

「お呼び出しですか？」

1 呼ぶ

親指を立てた左手を前に出し、その親指を右手で招くようにしながら両手を自分に引き寄せる。

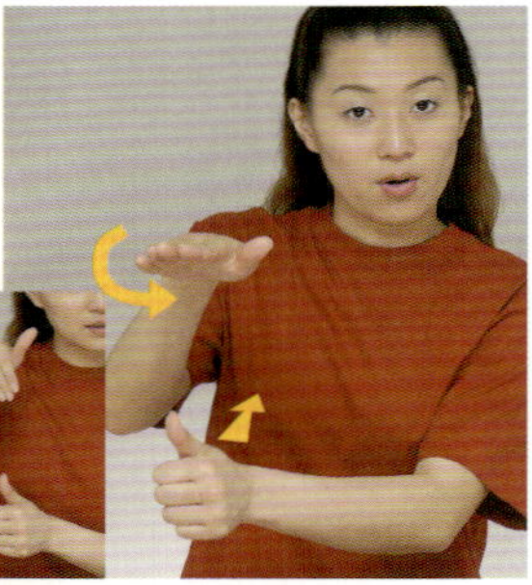

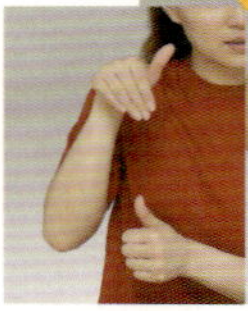

2 放送

軽くすぼめた両手を胸の前に置き、パッと指を開きながら前に出す。

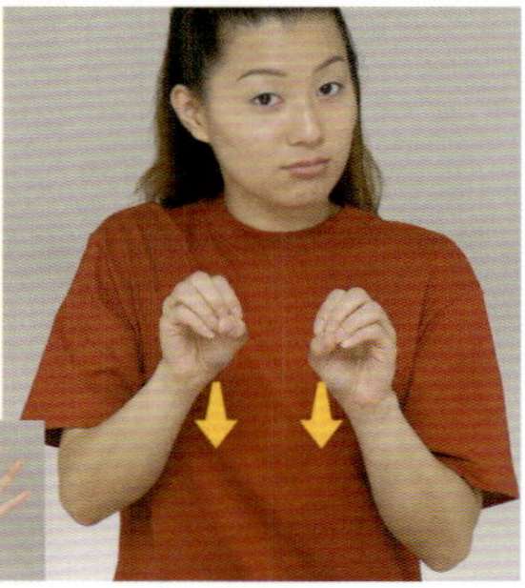

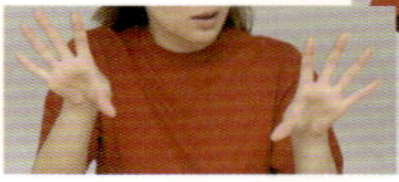

3 どう？

右手のひらを上にして、左右に軽く振る。尋ねる表情で。

「お名前と住所をお書きください」

1 名前

右手のひらを相手に向けて出し、その手のひらに左手の親指を当てる。

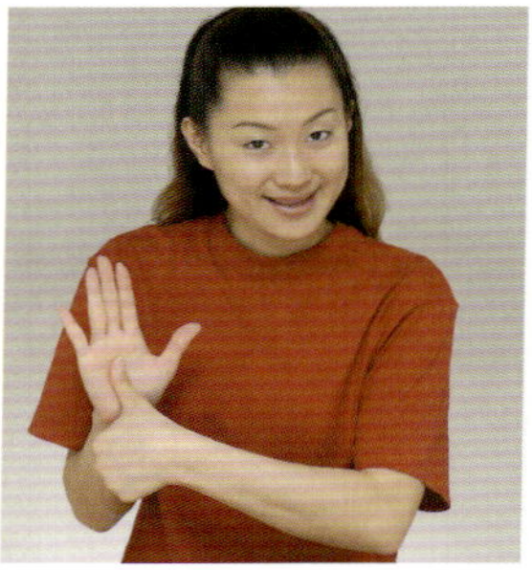

2 住所

両手で屋根の形を作り、右手はそのままで、左手でものをつかむように前に出す。

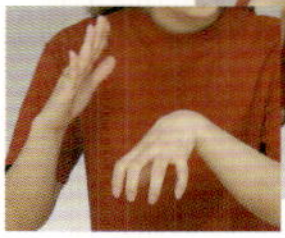

3 書く

右手（左手）のひらを用紙に見立て、それに書き込むように左手（右手）を動かす。

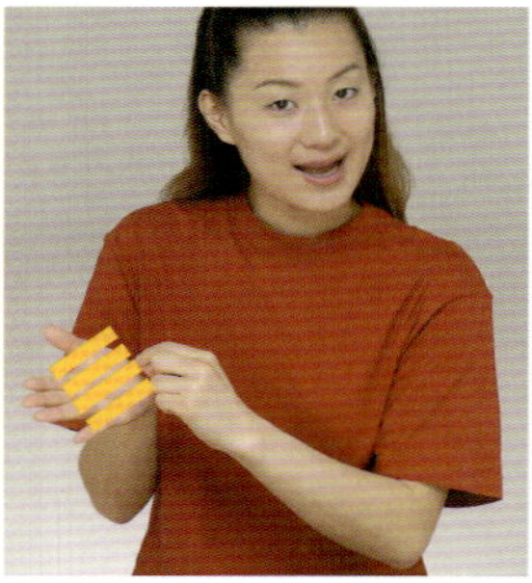

4 お願い

右手を縦にして、顔の前で拝むようにする。両手を合わせて拝むようにしてもよい。

応対の基本

「いらっしゃいませ」

1 どうぞ

「どうぞこちらへ」という感じで、両手で招き入れるようにする。

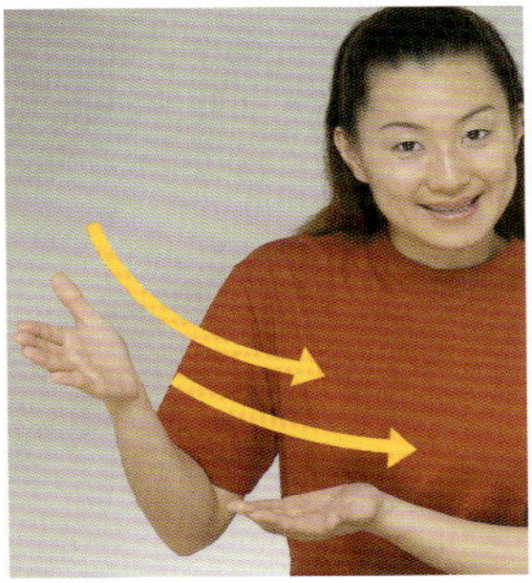

「ありがとうございました」

1 ありがとう、お礼

左手の甲の上に右手を垂直にのせ、右手だけそのまま上げる。深く会釈をしながら。

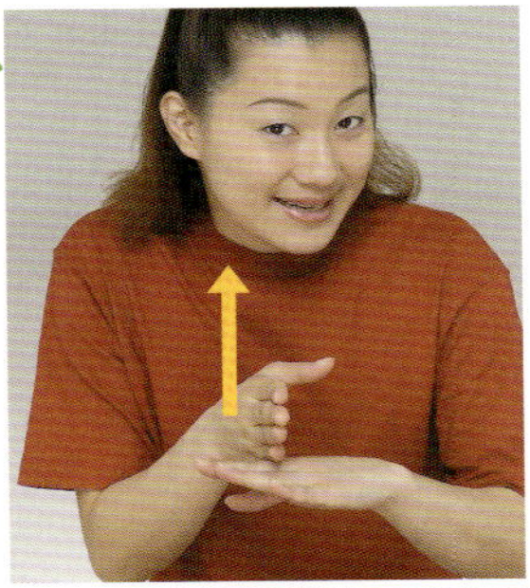

「少々お待ちください」

1 少し、少ない

右手の親指と人差し指の先を軽く2回こすり合わせる。

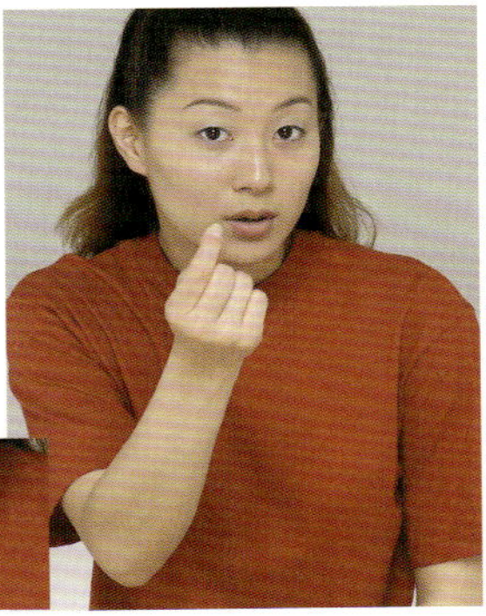

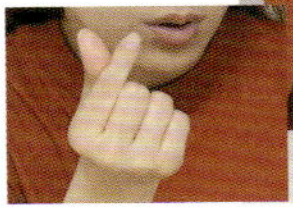

2 待つ

あごの下に右手の指をつける。指は直角に折り曲げるようにする。

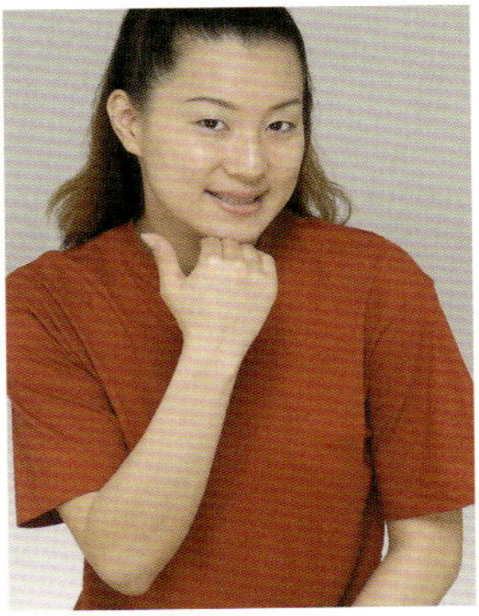

3 お願い

右手を縦にして、顔の前で拝むようにする。両手を合わせて拝むようにしてもよい。

#「お待たせいたしました」

1 待つ

あごの下に右手の指をつける。指は直角に折り曲げるようにする。

2 すみません

親指と人差し指の先をつけた右手を眉間に当て、その手を前に倒しながら指を揃える。

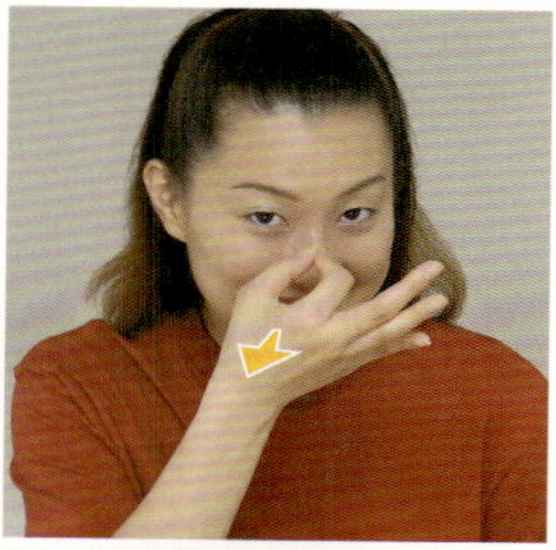

2 おこしください

前に出した左手のひらに親指を立てた右手をのせて、そのまま胸元に引き寄せる。

3 お願い

右手を縦にして、顔の前で拝むようにする。両手を合わせて拝むようにしてもよい。

#「申し訳ございません」

1 すみません

親指と人差し指の先をつけた右手を眉間に当て、その手を前に倒しながら指を揃える。深くお辞儀しながら。

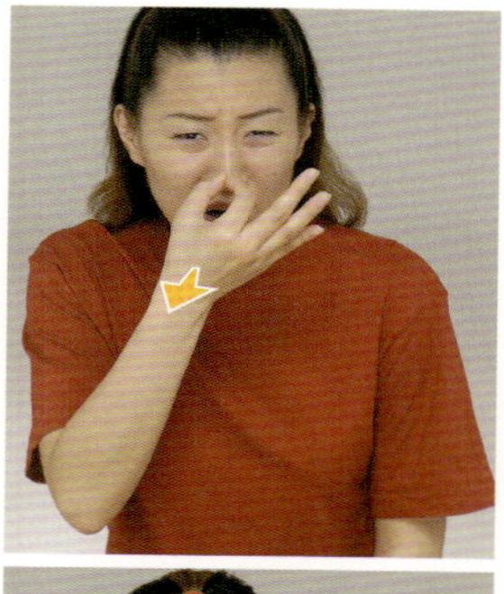

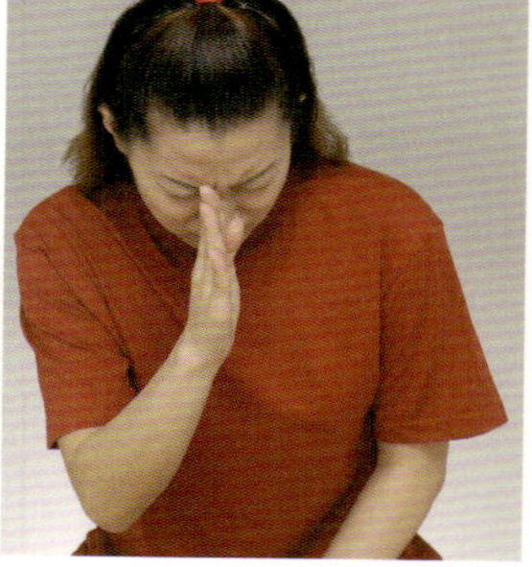

#「またおこしください」

1 また、再び

右手を肩の位置で軽く握り、胸の前に振り下ろしながら人差し指と中指を出す。

インフォメーションで

「何をお探しですか？」

❶ 探す

右手の親指と人差し指で輪を作って他の指は広げ、輪を目の前でクルクル回しながら右へ移動させる。

❷ 何？

右手の人差し指を立て、軽く2、3回左右に振る。尋ねる表情で。

「エレベーターで7階にお上がりください」

❶ 7階

数詞の「7」を示し（P54参照）、その手を少し弧を描いて上げる。上の階であることを示す。

❷ エレベーター

左手のひらに右手の人差し指と中指を立ててのせ、両手を同時に上げる。

❸ お願い

右手を縦にして、顔の前で拝むようにする。両手を合わせて拝むようにしてもよい。

「当店ではお取り扱いしておりません」

1 店、買物、商売

親指と人差し指で輪を作った両手を体の前で交互に前後させる。お金を出し入れする感じ。

2 ここ

「この店」というように下を指さす。

3 ない

指を開いた両手のひらを相手に向けて肩幅に開いて出し、同時に手首を返して自分のほうに向ける。

ONE POINT MEMO

強調するときは同じ動作を何度もする

気持ちを強調したいとき、「大変」や「すごく」といった言葉を手話でつける場合と、同じ手話を何回も繰り返して行う場合があります。例えば、「全然ない」と強調するときは「ない」の動作を、「すごくうれしい」というときも「うれしい」の動作を何回も繰り返します。その動作と表情が十分に「大変」「すごく」の手話の代わりをするのです。

衣料品店（売り場）で

「広げてご覧ください」

1 広げる

軽く握った両手を体の中央で合わせ、包みを開くように、少し上に弧を描いて左右に広げる。

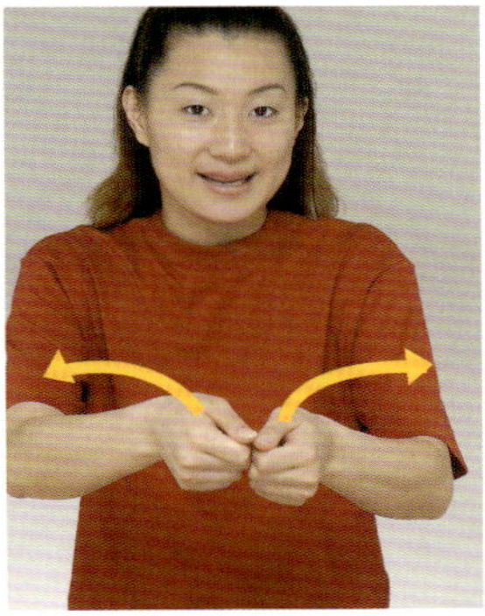

2 見る

右手の人差し指と中指を出し、「商品を見て」というようにそちらを指さす。

3 お願い

右手を縦にして、顔の前で拝むようにする。両手を合わせて拝むようにしてもよい。

「サイズをお探しします」

1 服

両手で胸のあたりの服をつまむ。

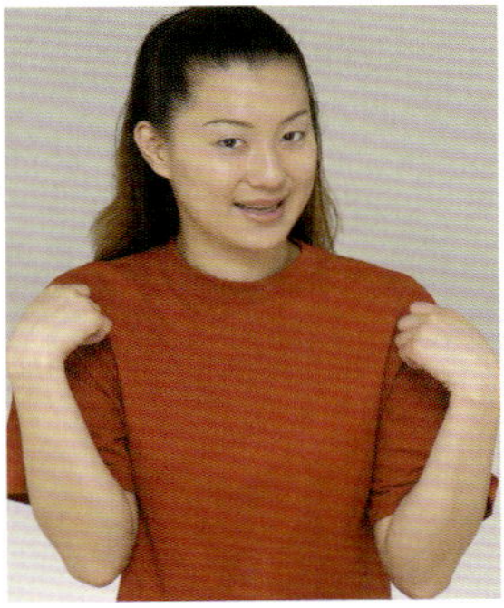

2 サイズ

両手を肩幅に広げ、同時に中央に向かって左右に軽く振る。「サイズ」と口話もつけて。

3 探す

右手の親指と人差し指で輪を作って他の指は広げ、輪を目の前でクルクル回しながら右へ移動させる。

4 私

軽く自分を指す。

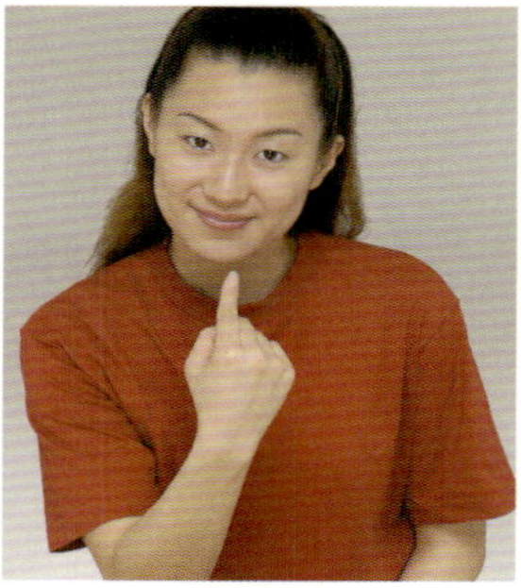

「お似合いですよ」

1 似合う

左右の人差し指同士で、軽く2、3回たたく。相手をほめる表情で。

「試着なさってください」

1 試す

右手の人差し指を目の下に当てる。

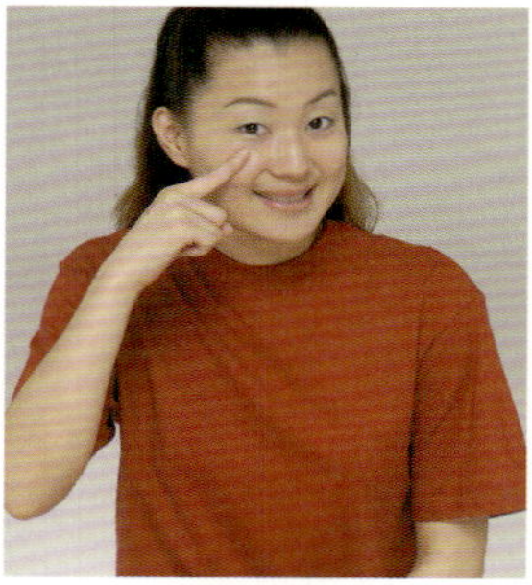

2 着る

両手を肩をつまむように軽くのせ、服を羽織るように体の前に動かす。

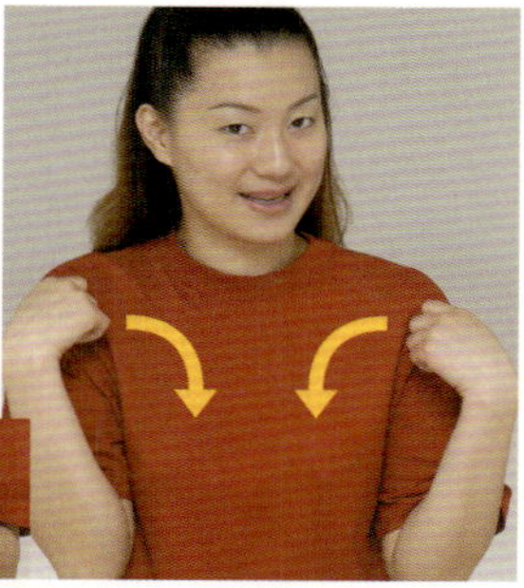

3 お願い

右手を縦にして、顔の前で拝むようにする。両手を合わせて拝むようにしてもよい。

「お直しもできます」

1 直す

両手の甲を相手側に向け、両手とも人差し指を立てて胸の前に出し、中央で交差させる。

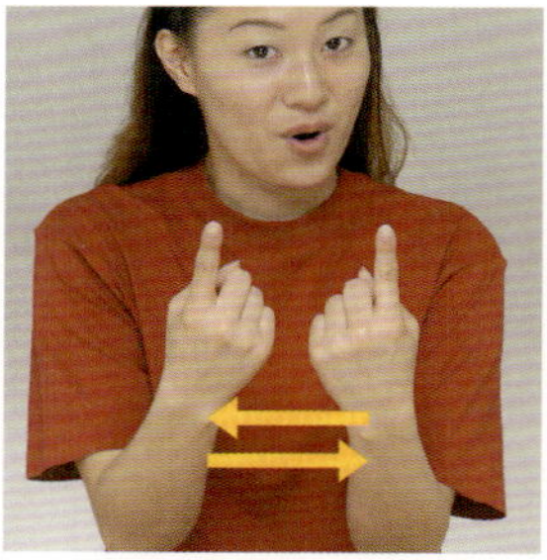

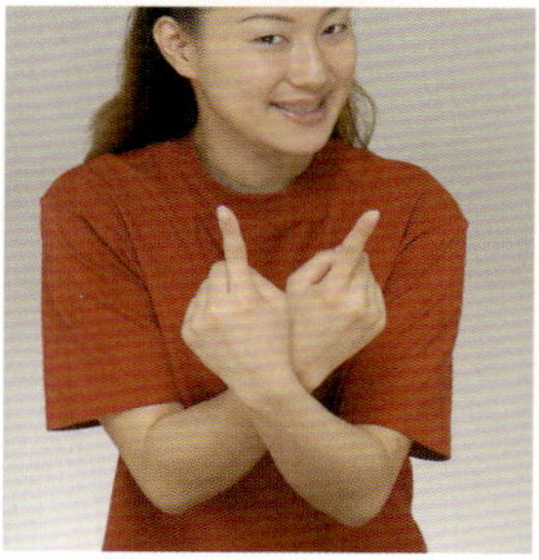

2 できる、大丈夫

右手の指を揃えて指先を軽く左胸に当て、そのまま前に弧を描きながら右胸に移す。

レストランで

「ご注文は？」

① 何?

右手の人差し指を立て、軽く2、3回左右に振る。尋ねる表情で。

② 注文

右手の指を揃えて口元に立て、そのまま前に出す。人差し指だけで同じ動作をしてもよい。

「コーヒーはお代わりができます」

① コーヒー

左手でカップを持ち、右手の親指と人差し指でスプーンをつまんでかき混ぜるようにする。

② また、再び

右手を肩の位置で軽く握り、軽く胸の前に振り下ろしながら人差し指と中指を出す。

③ できる、大丈夫

右手の指を揃えて指先を軽く左胸に当て、そのまま前に弧を描きながら右胸に移す。

「ご注文は以上ですか？」

❶ 注文

右手の指を揃えて口元に立て、そのまま前に出す。人差し指だけで同じ動作をしてもよい。

❷ ○○まで

左手の指先を前に向けて出し、その手のひらに向かって右手をまっすぐ移動させる。

❸ ○○した、終わり

両手のひらを上にして軽く開き、胸の前から、指をすぼめながら下げる。尋ねる表情もつけて。

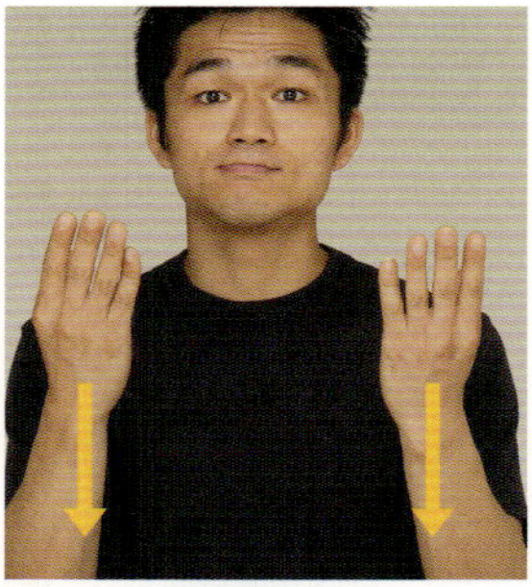

「ドレッシングは何になさいますか？」

❶ ドレッシング

サラダにドレッシングをかけるように、ボトルを振るしぐさをする。

❷ 何？

右手の人差し指を立て、軽く2、3回左右に振る。尋ねる表情で。

❸ ○○したい、好き

右手の親指と人差し指を開いてあごの下に置き、指をすぼめながら下ろす。

薬局で

「何の薬をお探しですか？」

1 何？

右手の人差し指を立て、軽く2、3回左右に振る。尋ねる表情で。

2 薬

右手の薬指の先を左手のひらに当て、軽く回す。

3 探す

右手の親指と人差し指で輪を作って他の指は広げ、輪を目の前でクルクル回しながら右へ移動させる。

「頭痛薬はこれがいいです」

1 頭

右手の人差し指をこめかみに当て、頭が痛そうな表情をする。

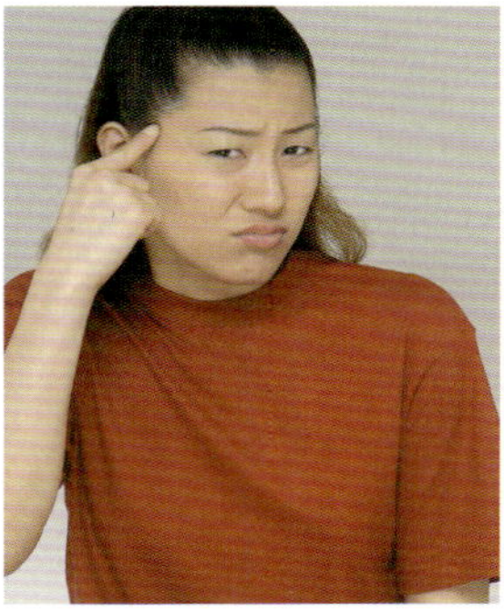

2 痛い

右手の指を開いて曲げて前に出し、グッと力を入れる。「痛い！」という表情で。「頭」＋「痛い」で「頭痛」に。

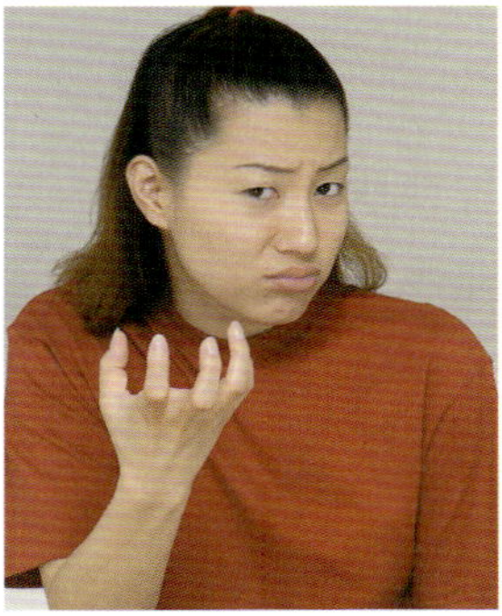

3 薬

右手の薬指の先を左手のひらに当て、軽く回す。

❹ これ

「これ」と指さす。

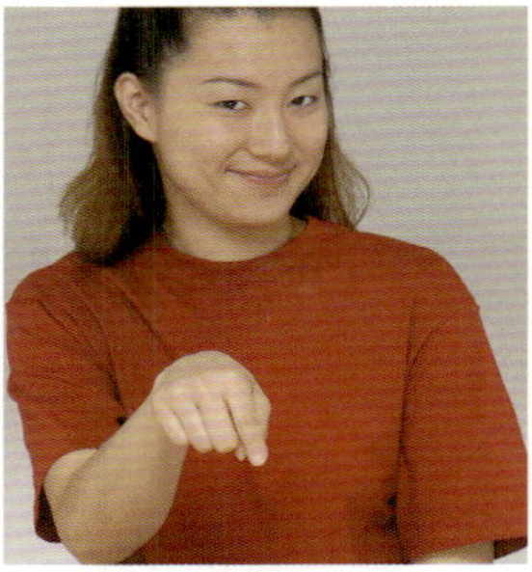

❺ よい

右手のこぶしを鼻先に当て、少し前に出す。

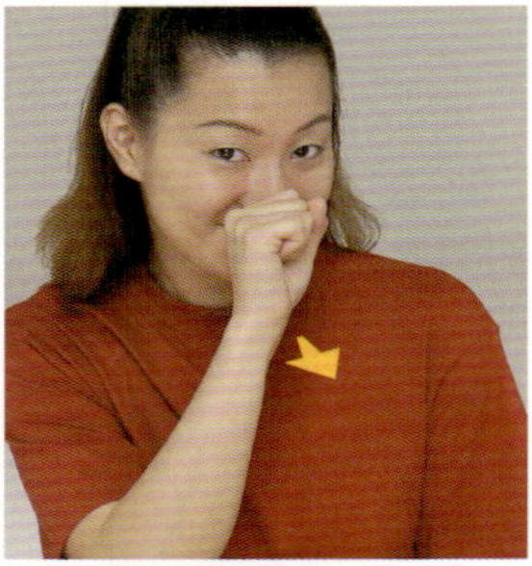

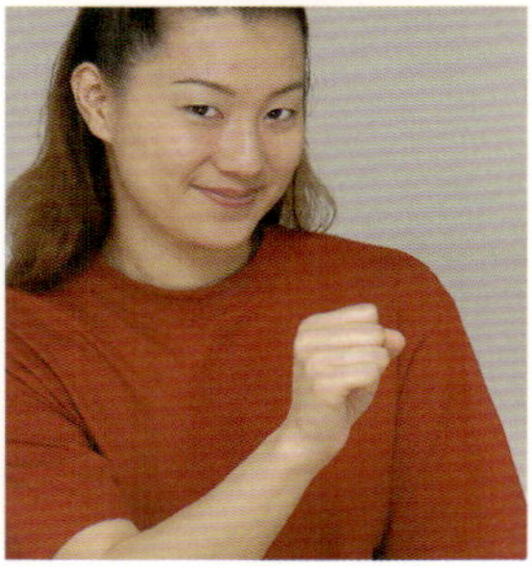

「これは眠くなるので、注意してください」

❶ これ

「これ」と指さす。

❷ 眠る

軽く開いた両手を、甲を相手側に向けて顔の前に立て、指先をすぼめながら同時に右へ移動させる。

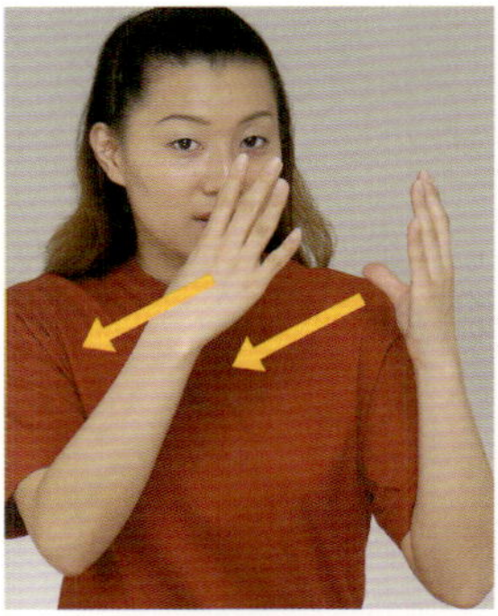

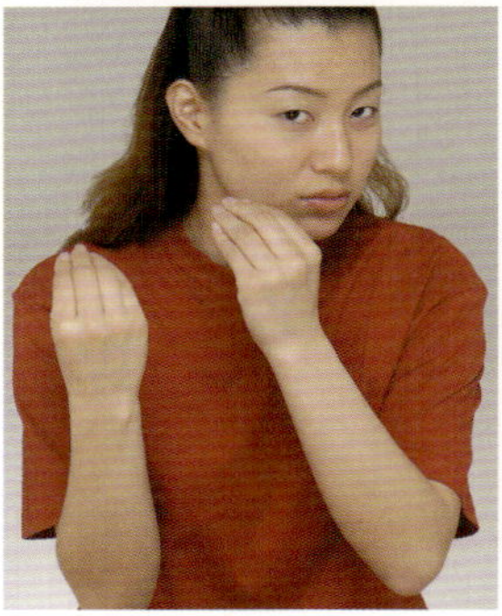

❸ 簡単

右手の人差し指を口元か口に当てて、その指を左手のひらにトンとのせる。「○○しやすい」を表す。

❹ 注意、気をつける

握った両手を身体の中央で上下に置き、グッと押さえる。親指は立てなくてもよい。

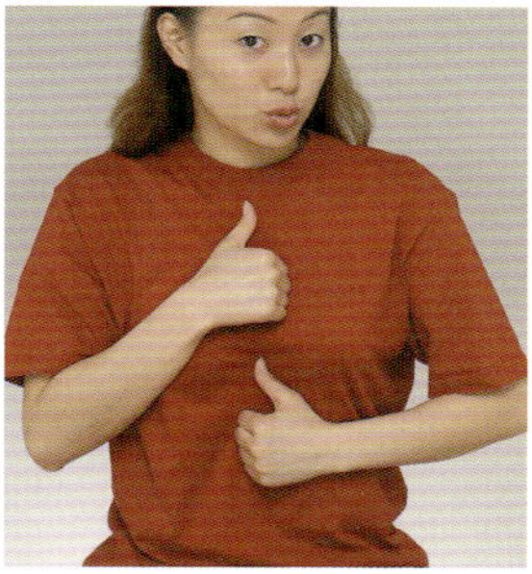

❺ お願い

右手を縦にして、顔の前で拝むようにする。両手を合わせて拝むようにしてもよい。

「食後に飲んでください」

❶ 食事、食べる

左手をお皿に、右手を箸に見立て、箸を使うように右手を少しひねる。

❷ あと、今度

❶の左手はそのままで、右手のひらを相手に向けて顔の横に置き、軽く1、2回前に出す。「食事」＋「あと」で「食後」に。

❸ 薬を飲む

錠剤をつまみ、口に入れるようにする。口に入れるときはパッと指を広げる。

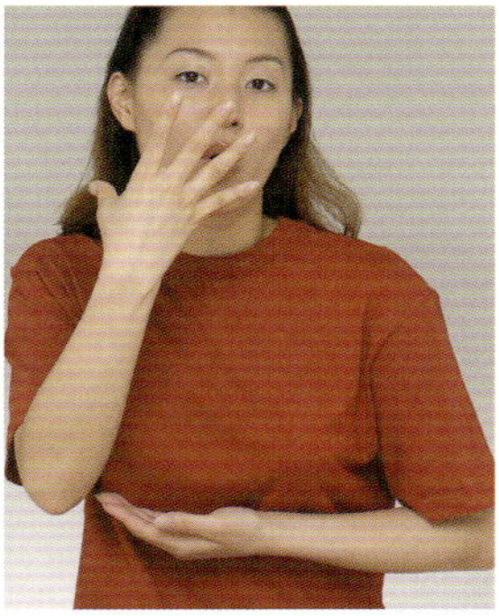

❹ お願い

右手を縦にして、顔の前で拝むようにする。両手を合わせて拝むようにしてもよい。

行く

「明日、行きます」

1 明日

右手の人差し指を顔の横あたりに立て、軽く前に倒す。

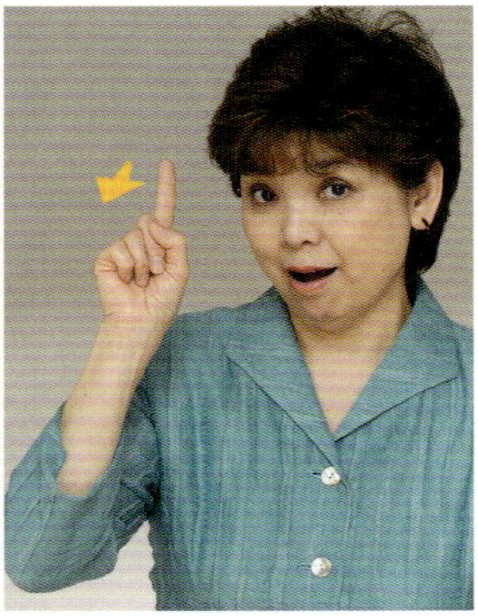

2 行く

自分に向けた人差し指を、振り下ろすようにして前に向ける。

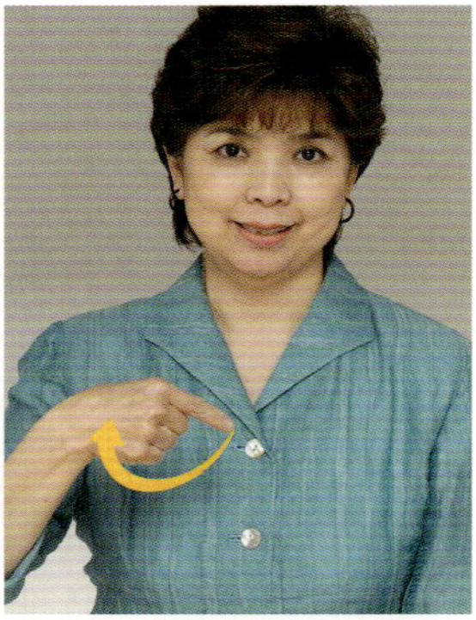

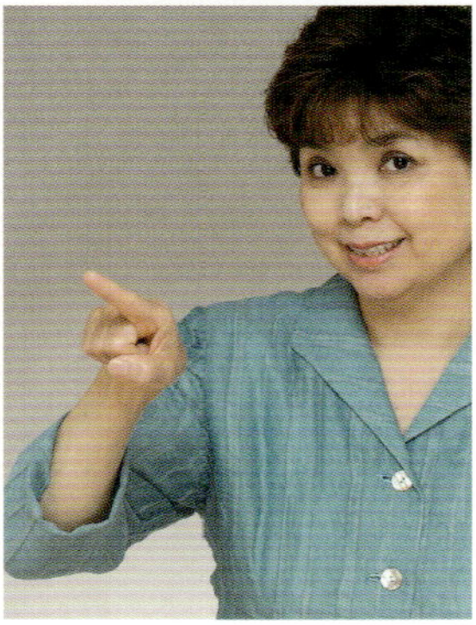

3 私

軽く自分を指さす。

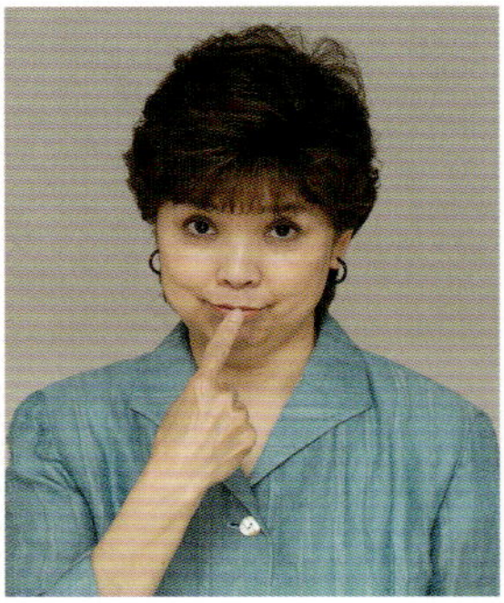

「いっしょに行きましょう」

1 いっしょに行く

両手の人差し指の先を相手側に向けて水平に出し、中央で合わせて、そのまま前に出す。

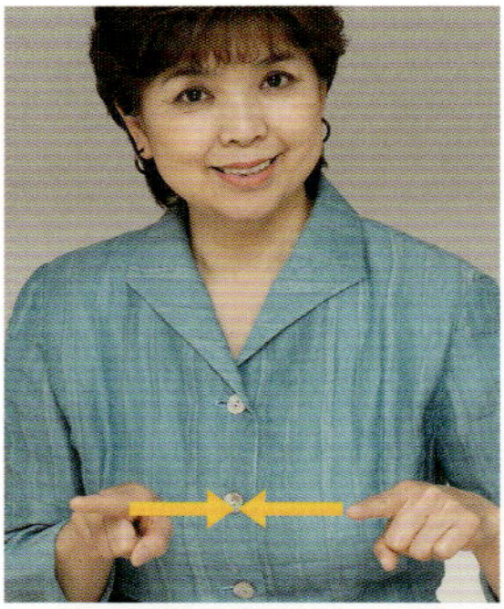

CHECK POINT

同じ動詞でも、その形態、状況によって手話は変わる

「行く」の手話は、一人で行く場合と何人かでいっしょに行く場合とでは違います。つまり、一つの言葉を表す場合も状況によって表し方が違うのです。その状況を考えて手話をしましょう。

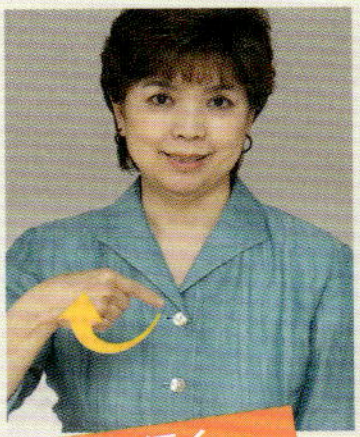
行く

いっしょに行く

「明日、あなたが行きますか？」

1 明日

右手の人差し指を顔の横あたりに立て、軽く前に倒す。

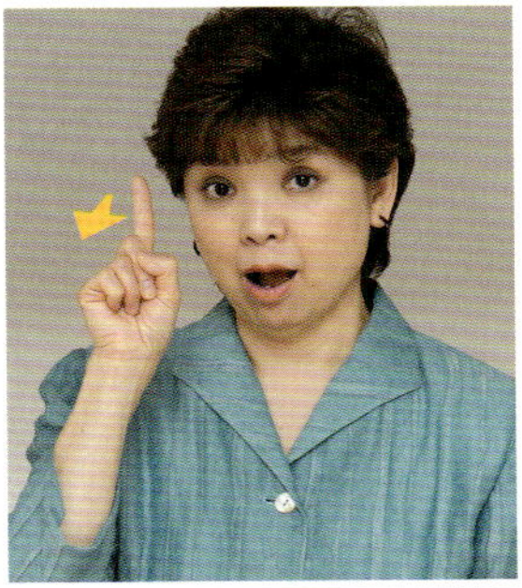

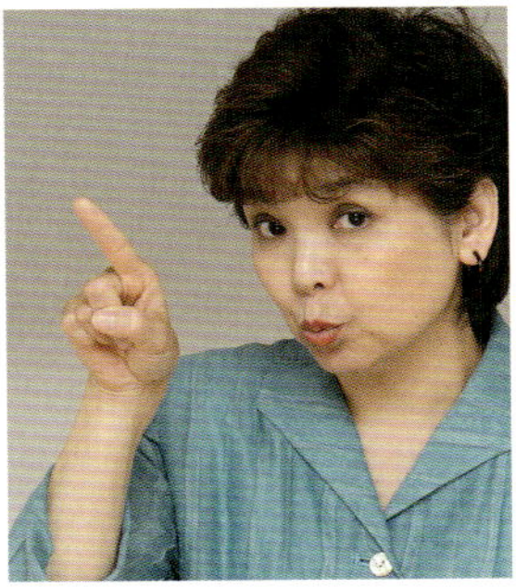

2 あなた

相手を指さす。

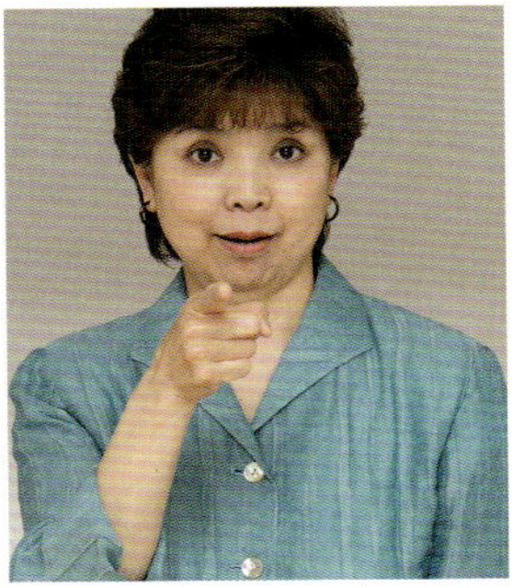

3 行く

自分に向けた人差し指を、振り下ろすようにして前に向ける。尋ねる表情で。

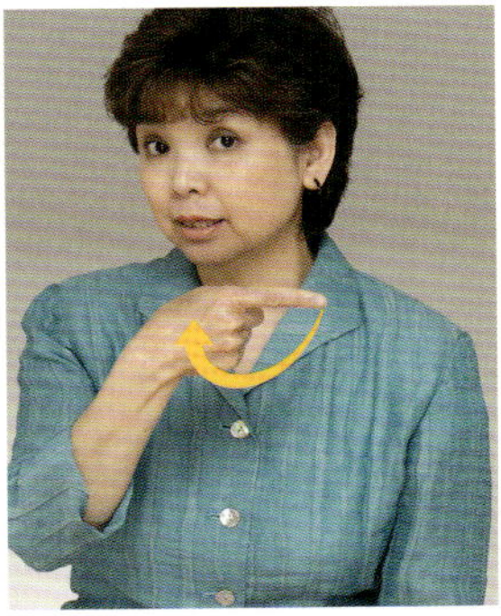

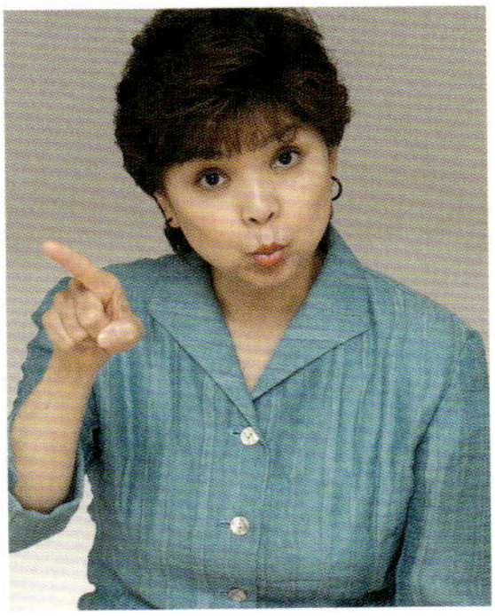

食べる

「そばを食べます」

1 そば

つゆが入った器を左手で持ち、右手の人差し指と中指を、そばを食べるように使う。

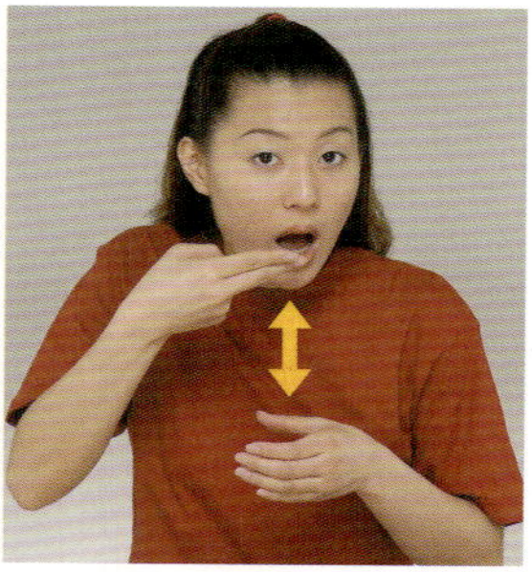

2 食べる、食事

左手をお皿に、右手を箸に見立て、箸を使うように右手を少しひねる。

「スパゲティーを食べます」

1 スパゲティー

フォークのように右手の人差し指、中指、薬指を出し、それにスパゲティーを巻き付けて食べるようにする。左手はお皿を持つように。

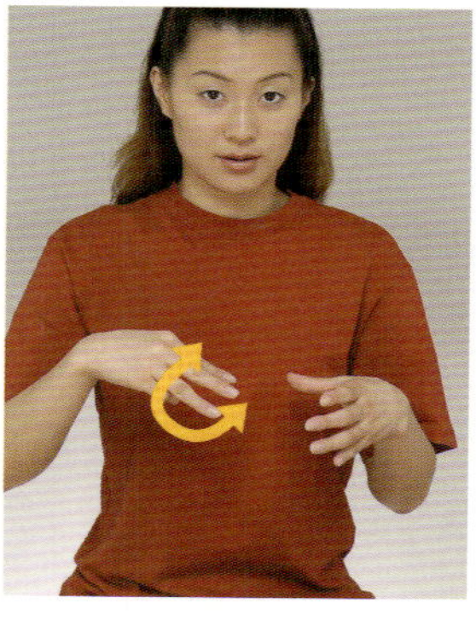

2 食べる、食事

左手をお皿に、右手を箸に見立て、箸を使うように右手を少しひねる。

「ごはんを食べます」

1 ごはん

茶碗を左手で持ち、右手の人差し指と中指でごはんをお箸で食べるしぐさをする。

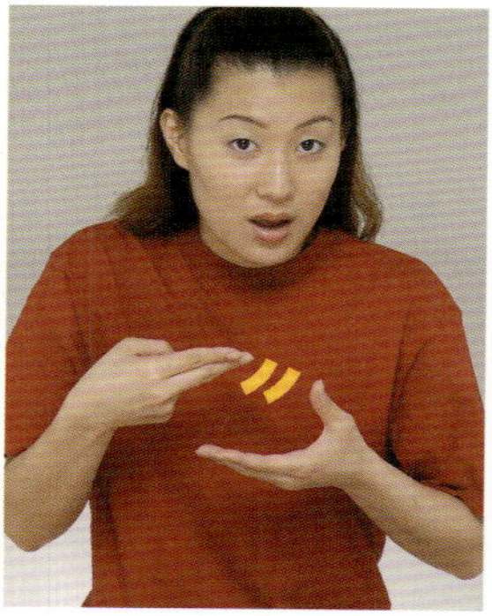

2 食べる、食事

左手をお皿に、右手を箸に見立て、箸を使うように右手を少しひねる。

人を送る、助ける、助かる

「彼を送ってきます」

1 彼

左手の親指を立てて他の指は握り、その親指を右手の人差し指で指す。

2 送る、連れていく

左手の指先を右手でつまみ、そのまま右手で引っ張って斜め前方に移動させる。

3 行く

自分に向けた人差し指を、振り下ろすようにして前に向ける。

「人を助けました」

❶ 人

両手の親指と小指を立て、手の甲を相手側に向け、手首を返して手のひらを相手側に向ける。

❷ 助ける、手伝う

親指を立てた左手を右手のひらで前に押し出すようにする。

❸ ○○した、終わり

両手のひらを上にして軽く開き、胸の前から、指をすぼめながら下げる。

「彼女のお陰で助かりました」

❶ 彼女

左手の小指を立てて他の指は握り、その小指を右手の人差し指で指す。

❷ 支えられる

親指を立てた左手を、右手で斜め下から跳ね上げる。

❸ お礼、ありがとう

左手の甲の上に右手を垂直にのせ、右手だけそのまま上げる。

変える、変わる

「季節が変わりました」

1 寒い、冬、恐い

ブルブルッと震える感じで、こぶしを握った両手を胸元で小刻みに動かす。

2 春、暖かい

両手のひらを上にして胸の前に出し、少し外向きにフワフワと上下させる。

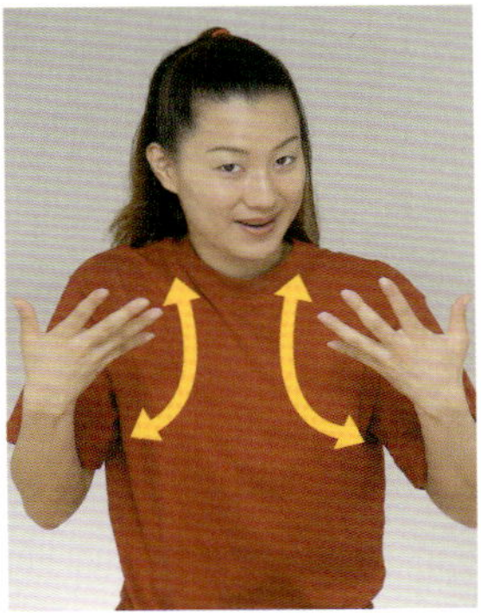

3 季節

左手の親指以外の指を開いて伸ばし、その横で、右手の人差し指と中指を、手首を返しながら上から下に移動させる。

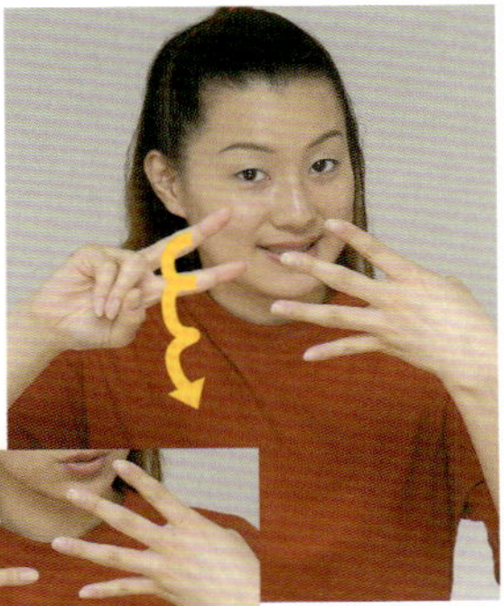

4 ○○した、終わる

両手のひらを上にして軽く開き、胸の前から、指をすぼめながら下げる。

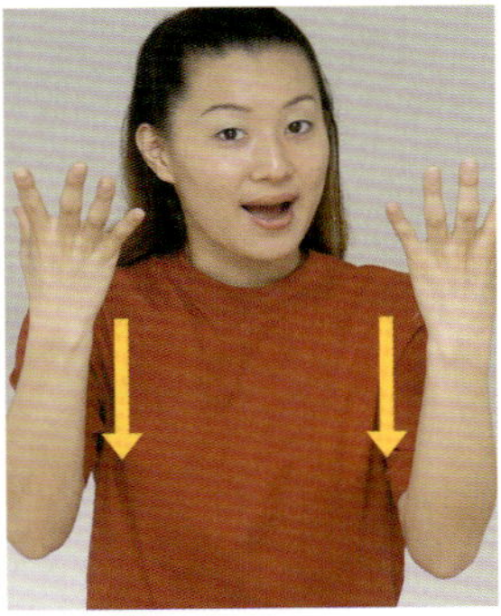

「計画が変わりました」

1 計画、予定

左腕を水平に体の前に置き、腕の外側を手首から指先に向けて右手の指でなぞるようにする。

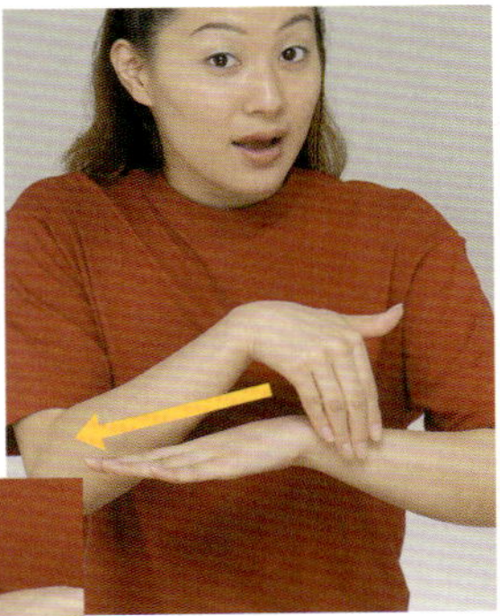

❷ 変わる

指を揃えた両手を、甲を相手に向けて、肩のあたりに立て、サッと中央で交差させる。入れ替わる感じで。

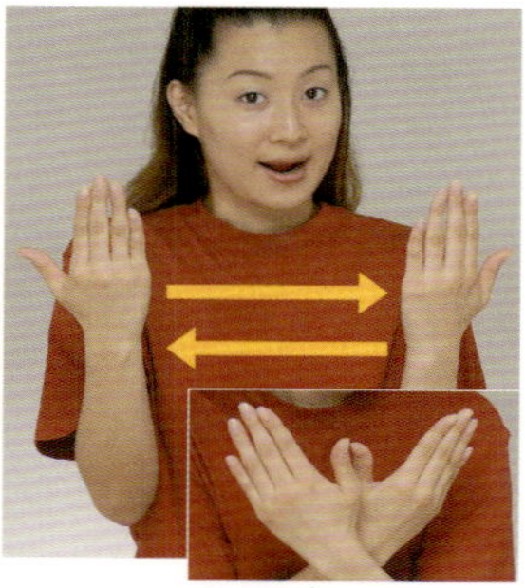

❸ ○○した、終わる

両手のひらを上にして軽く開き、胸の前から、指をすぼめながら下げる。

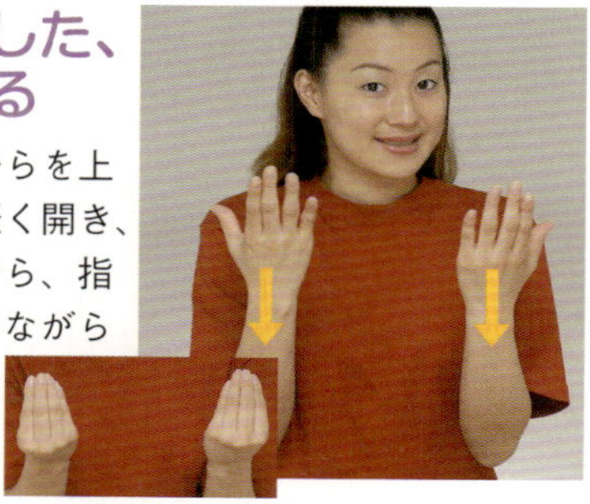

「場所が変わりました」

❶ 場所

ボールを上からつかむようにした右手を体の前に置く。

❷ 変わる

両手で「場所」の手話をし、その場所が入れ替わるように腕を交差させる。

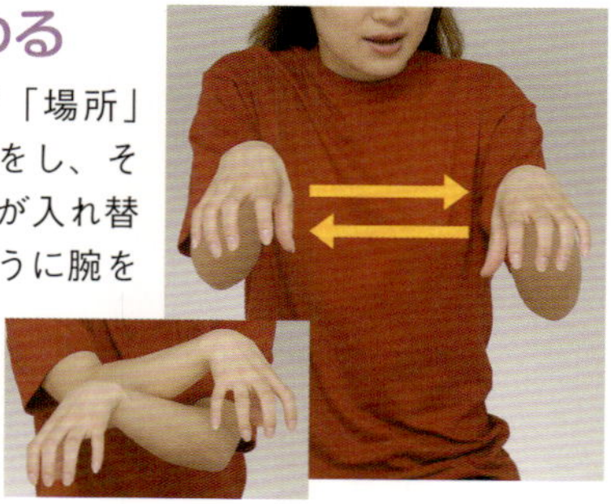

❸ ○○した、終わる

両手のひらを上にして軽く開き、胸の前から、指をすぼめながら下げる。

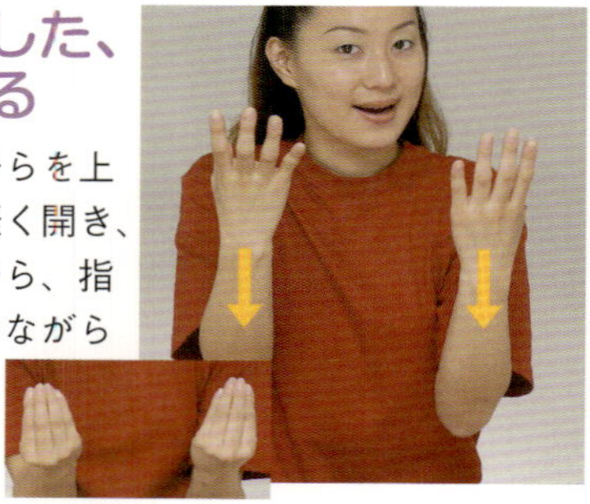

「性格が変わりました」

❶ 性格、くせ

左手の甲で右手の人差し指を跳ねるようにし、右手を握って左手の甲の上におろす。

❷ 変わる

両手の指を広げ、胸の前で向かい合わせ、同時に手首を返して反対側の手の甲を相手側に向ける。

❸ ○○した、終わる

両手のひらを上にして軽く開き、胸の前から、指をすぼめながら下げる。

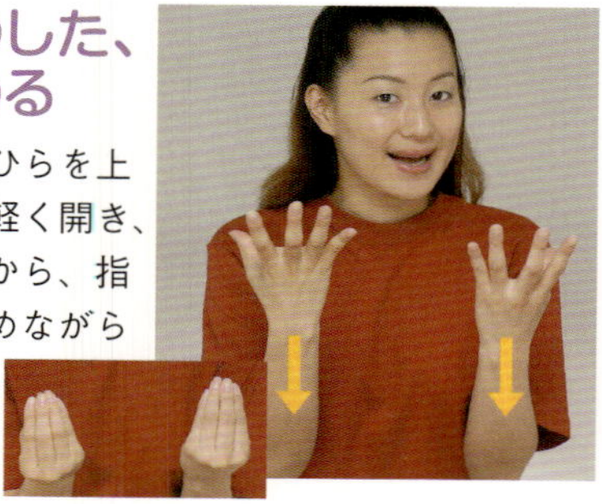

STEP 10 【単語】動詞

始める

両手のひらを相手側に向けて揃えて立て、扉が開くように左右に広げる。

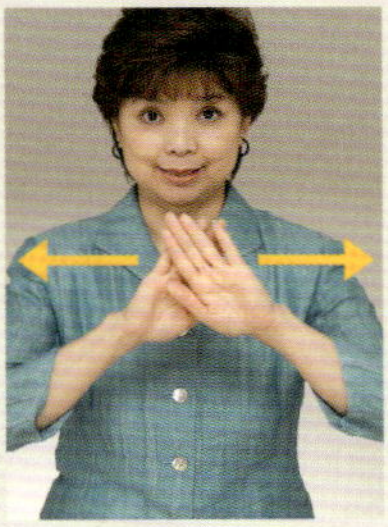

遊　ぶ

両手の人差し指を立てて顔の両側に置き、交互に前後させる。

集まる

指を開いて軽く曲げた両手を肩幅に開き、同時に中央に向かって寄せる。

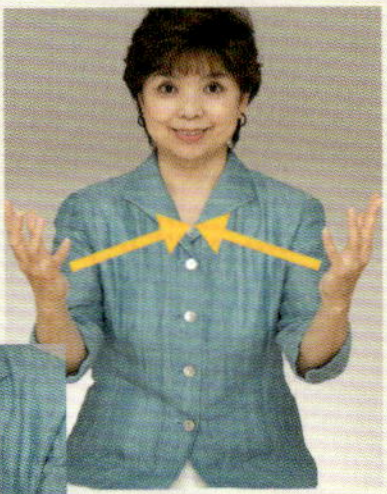

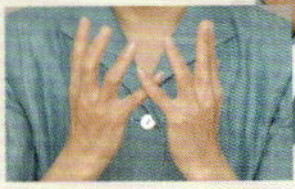

歩　く

右手の人差し指と中指を下向きに出し、歩くように交互に前後させながら移動させる。

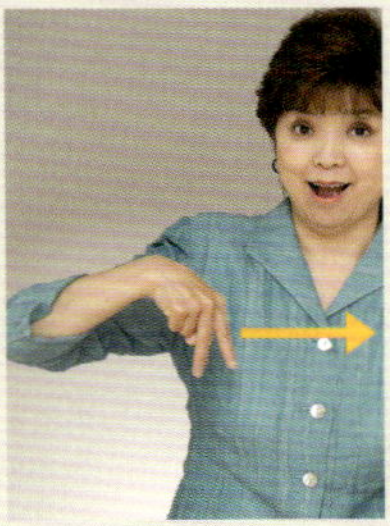

怒る(A)

お腹をつかむように両手を置き、上に振り上げるように動かす。表情も怒っているように。

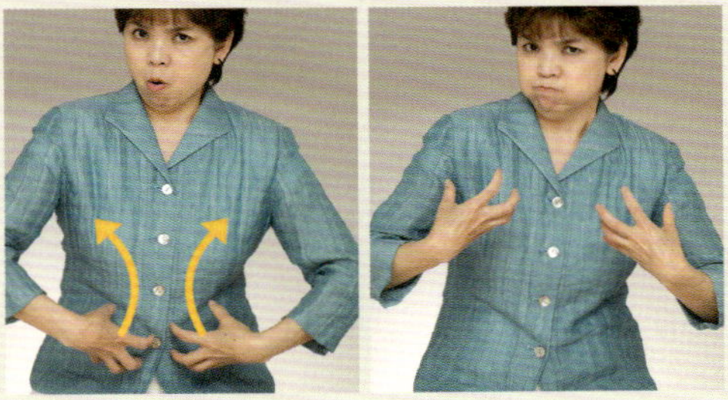

怒る(B)

両手の人差し指を顔の横に立て、同時に上げる。角が生えるように。

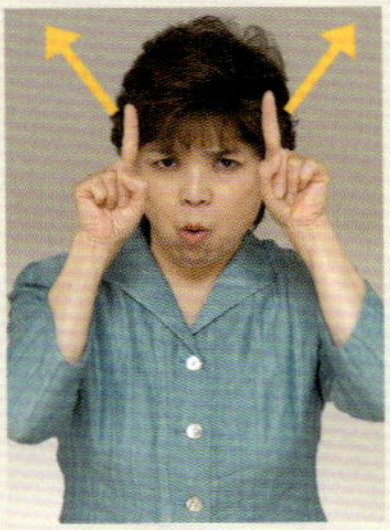

行く(ひとりで)

右手の人差し指を上に向けて前に置き、そのまま前方に出す。

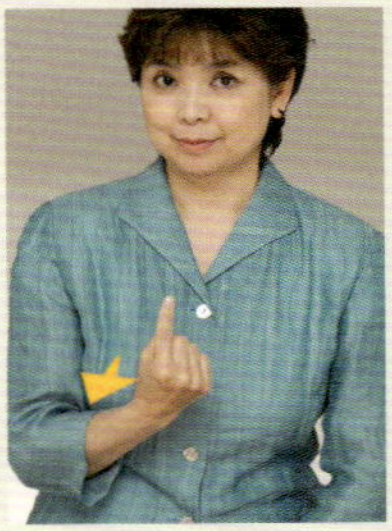

行く(一緒に)

両手の人差し指を上に向けて前に置き、そのまま前方に出す。

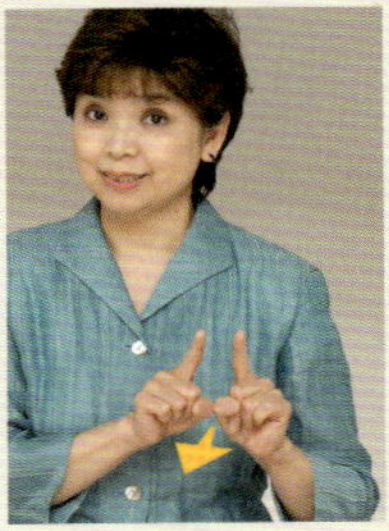

急　ぐ

右手の親指と人差し指で輪を作って、指を開きながら右肩から左肩のほうにサッと出す。

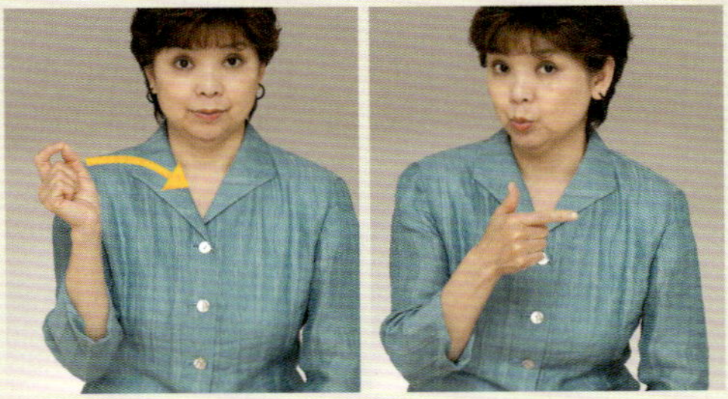

動　く

両肘を張ってこぶしを前のほうに出し、軽く交互に前後させる。

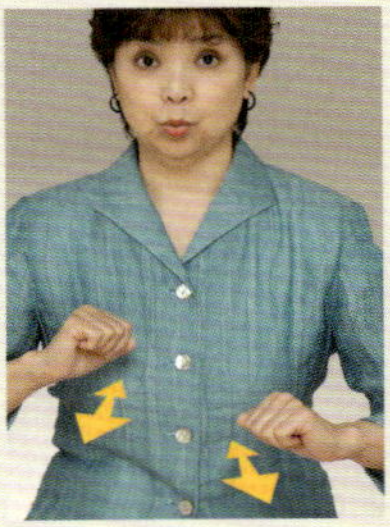

疑う

右手の人差し指をあごの下に当てる。疑うような表情をする。

買う

右手の親指と人差し指で輪を作って左手のひらの上に置き、右手を弧を描くように前方斜め下に移動する。

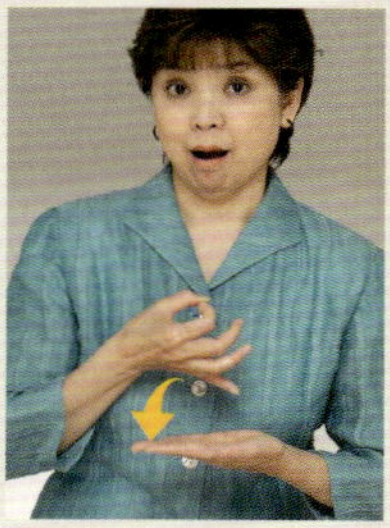

選ぶ

❶左手のひらを自分に向けて立て、右手の人差し指で左手の指先を選ぶようなしぐさをする。

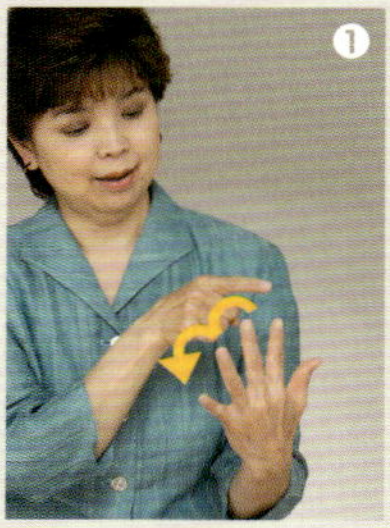

選ぶ

❷左手の中指を右手でつまむようにして引っぱるようにする。

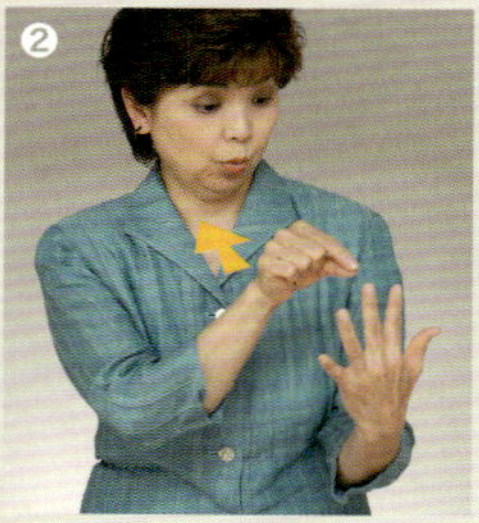

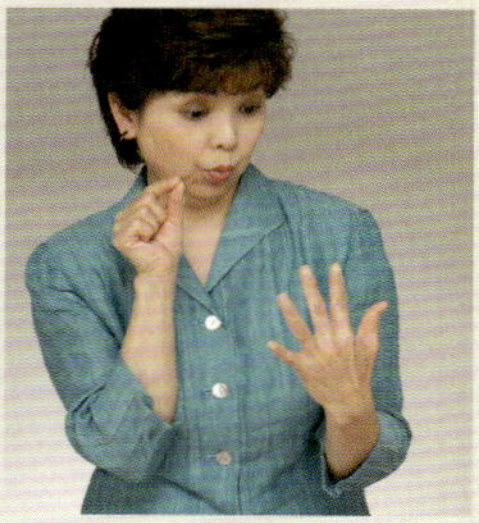

応援する

両手で旗を持ってフレーフレーと応援するように左右に大きく振る。

起きる

❶両手の親指と人差し指で輪を作り、それぞれ目の横に置き、指を開く。
❷左手のひらに右手の人差し指と中指を揃えて寝かせ、右手を起こして指先から立てる。

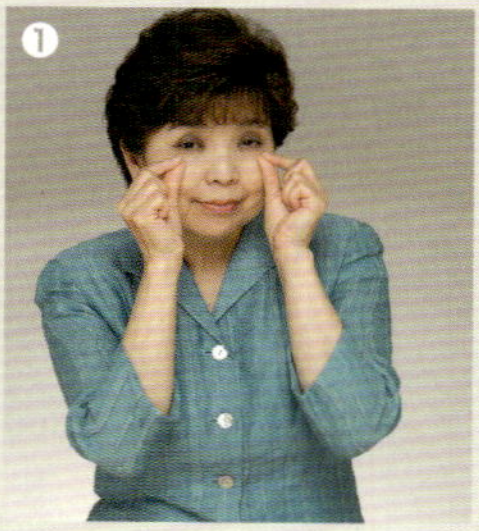

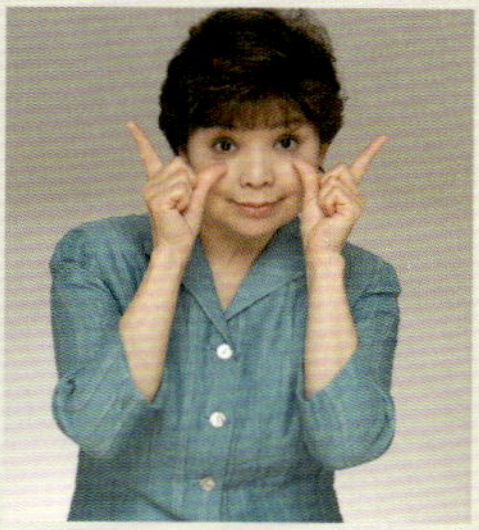

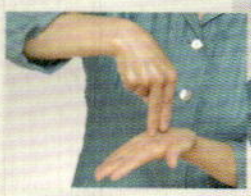

贈る

左手のひらを上向きに、右手の親指と人差し指は紐を持つようにつぼめ、そのまま前方へ差し出す。

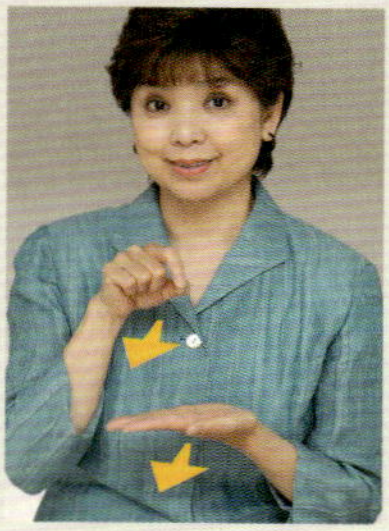

教える

右手の人差し指を自分に向け、弧を描くようにそのまま指先を2、3回前に出す。

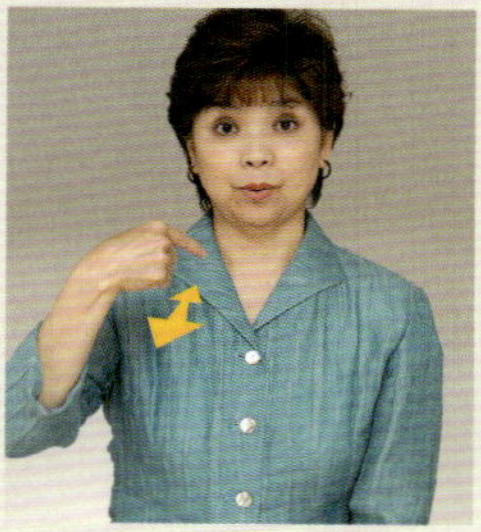

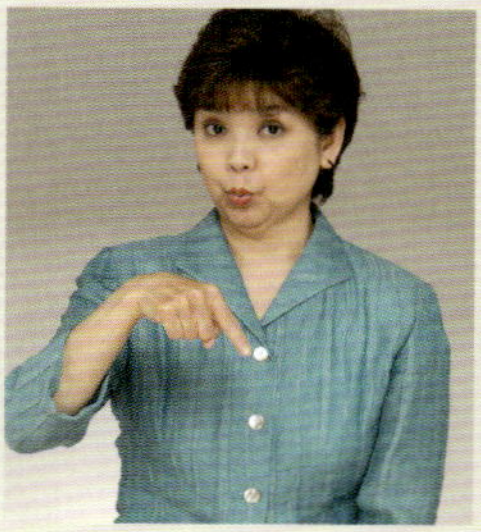

おなかがすく

胸の下に両手を下向きに当て、滑らすようにして下ろし、指先を前に出す。

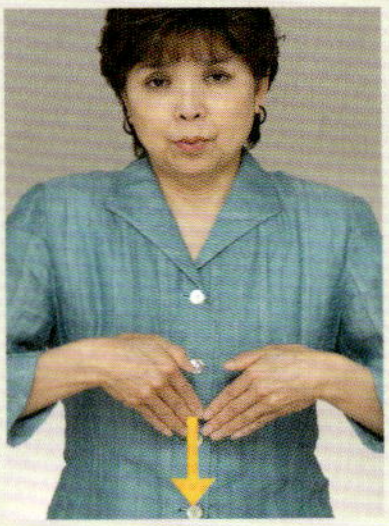

驚く(A)

胸元に両手を重ねて当て、ビクッと驚くように体を後ろに引く。

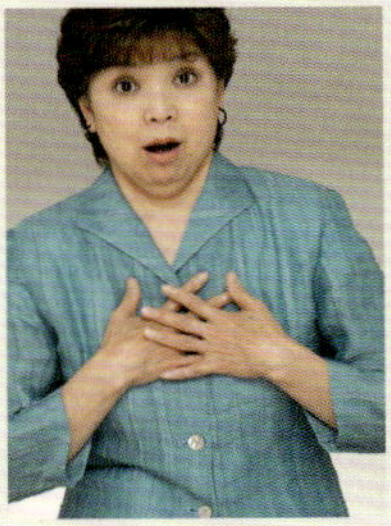

驚く(B)

両手の指を広げて前に置き、ワッと驚くように体を後ろに反らせる。

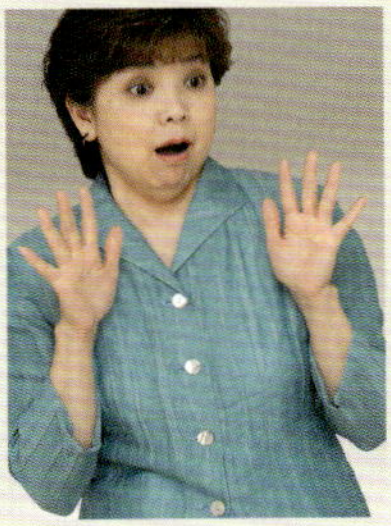

驚く(C)

手を開き、指先を少し曲げて甲を相手側に向けた両手を目の前に置き、目が飛び出る感じで両手を同時に前に出す。

驚く(D)

左手のひらに右手の人差し指と中指をカギ型に曲げてのせ、右手だけサッと引き上げる。

驚く(E)

軽く握った両手を上下に重ねて胸元に置き、手を開きながら同時に上下に引き離す。

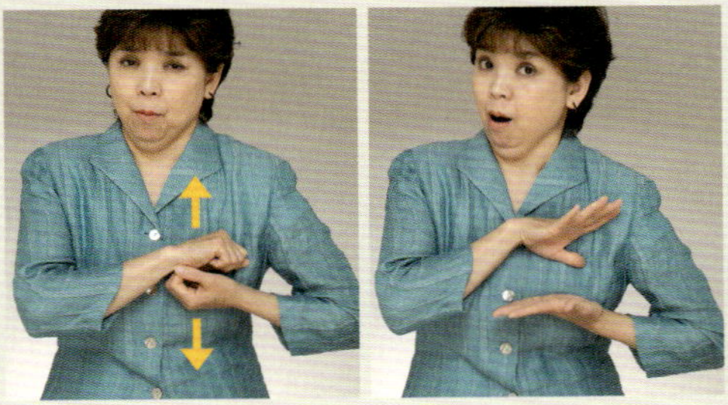

思い出す

右手の人差し指をこめかみに当て、右手を開き、横に流すように動かす。

思　う

右手の人差し指をこめかみに当てる。

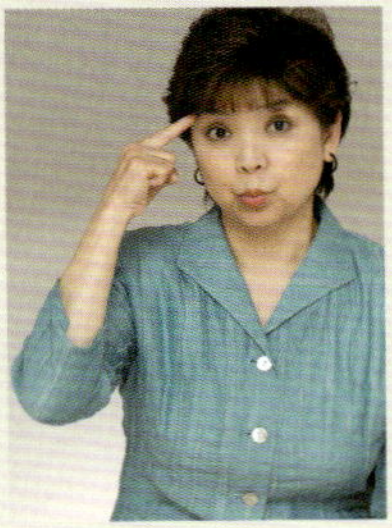

考える

右手の人差し指をこめかみに当て、ねじるようにグリグリ動かす。

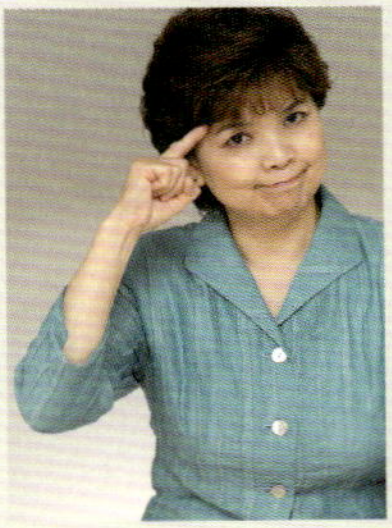

終わる

両手のひらを上向きにして開き、下げながら閉じる。

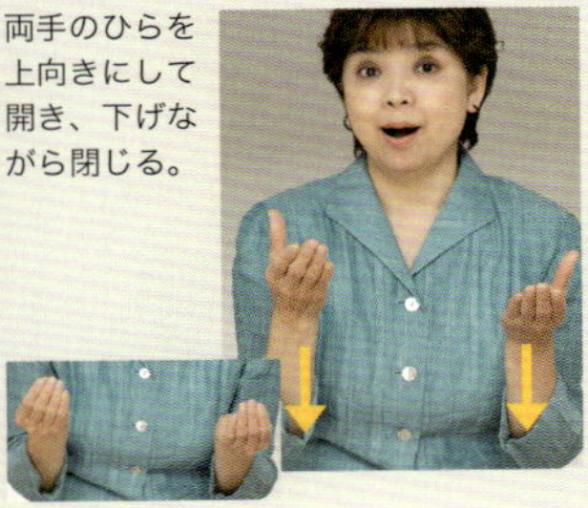

帰る（帰っていく）

右手の親指と他の4本の指を広げて体の前に立て、スッと指先を閉じながら右に引く。

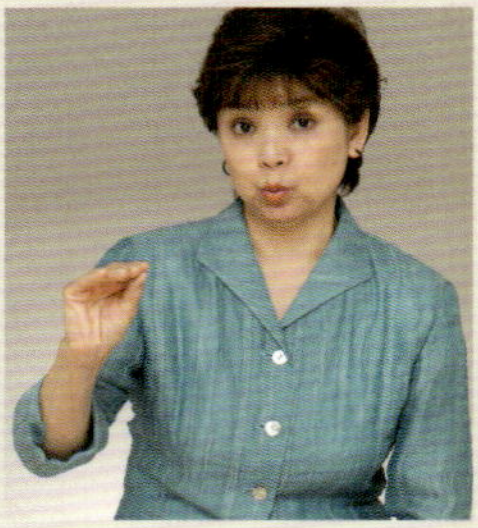

帰る（帰ってくる）

右手の親指と他の4本の指を広げて前方に出し、スッと指先を閉じながら胸元に引く。

貸す

親指と他の4本の指を開いた右手を自分に向け、スッとすぼめながら前方に出す。

借りる

右手の親指と他の4本の指を開いて相手に向け、スッとすぼめながら手前に引く。

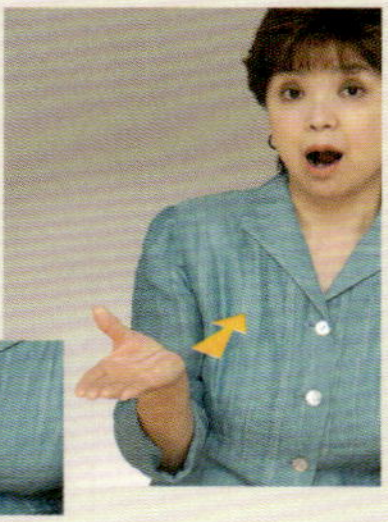

勝つ

右手のこぶしを左手のひらで覆い、両手首を返しながら左手をこぶしにし、その上に右のこぶしを重ねる。

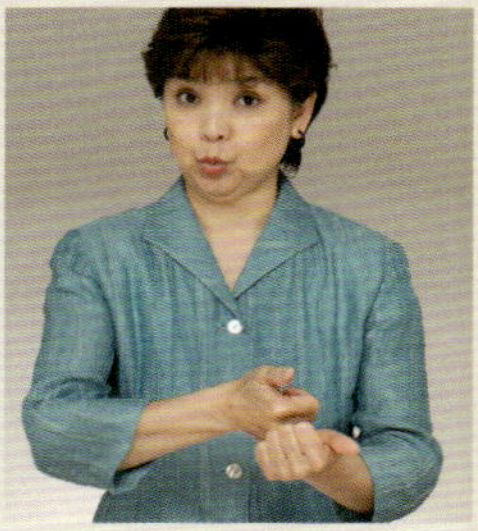

負ける

両手のひらを自分に向けて揃えて立て、全部の指を同時に手前に折り曲げる。

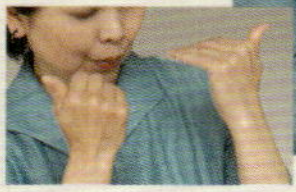

決める

右手の人差し指と中指（人差し指だけでも可）を勢いよく左手のひらに当てる。

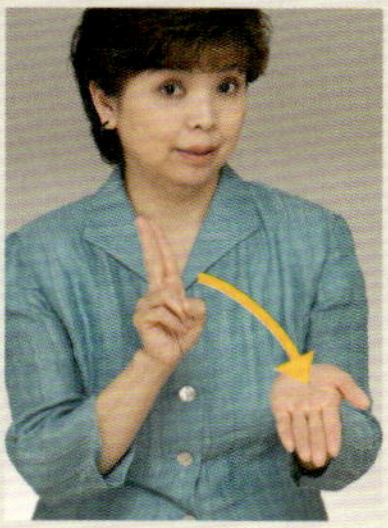

来る（A）

右手の人差し指を上に向けて前方に出し、手前に引き寄せる。

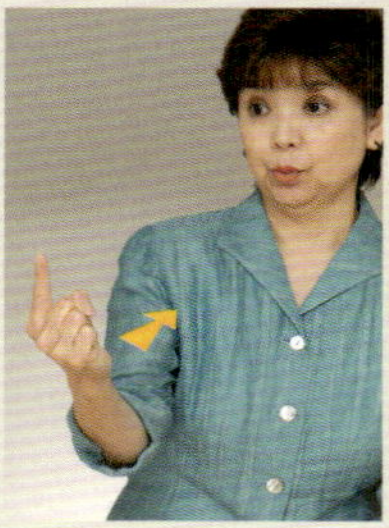

来る（B）

右手の人差し指を相手に向けて前に出し、下に振って自分のほうへ向ける。Aの手話よりもくだけた感じのときに。

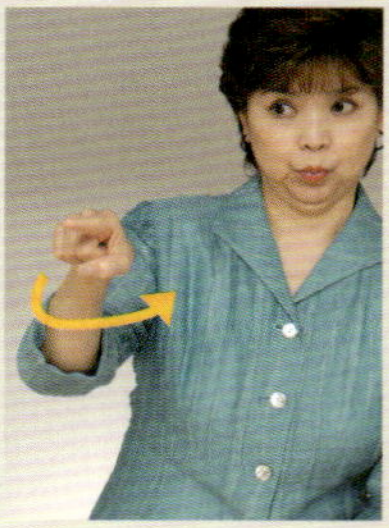

消す（電気を）

軽く結んだ右手の親指と人差し指で電気の紐を持ち、引き下げる動作をする。

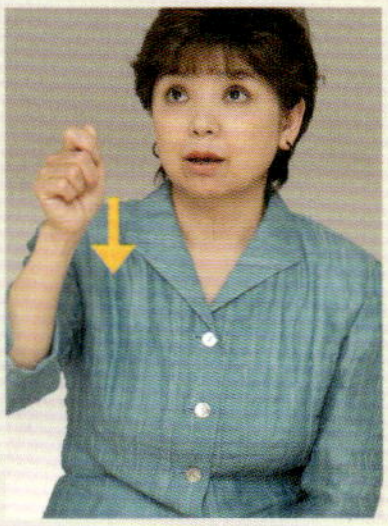

消す（コンロの火を）

ガスコンロの火を消すように、右手でつまみをひねる動作をする。

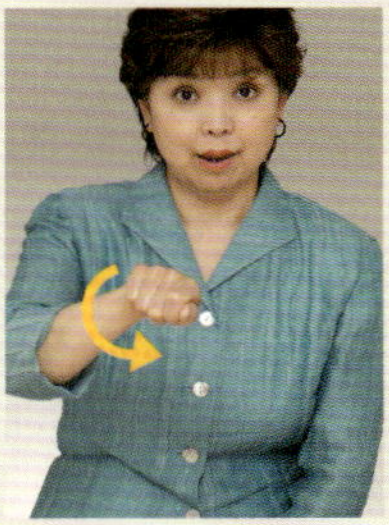

消す（文字を）

左手のひらを上向きに置き、その上を消しゴムを持って消すように右手を動かす。

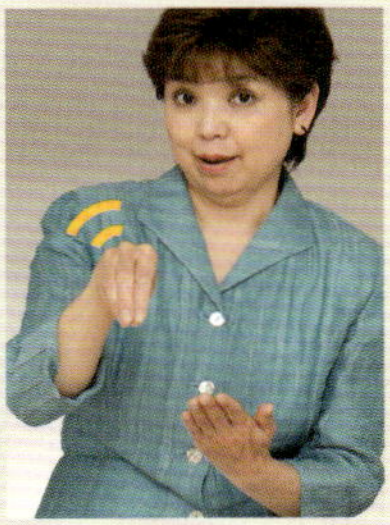

困　る

右手の4本の指を揃えて指先をこめかみに当て、軽く振る。首を傾けて。

探　す

右手の親指と人差し指で輪を作って他の指は広げ、輪をクルクル回しながら左へ移動させる。

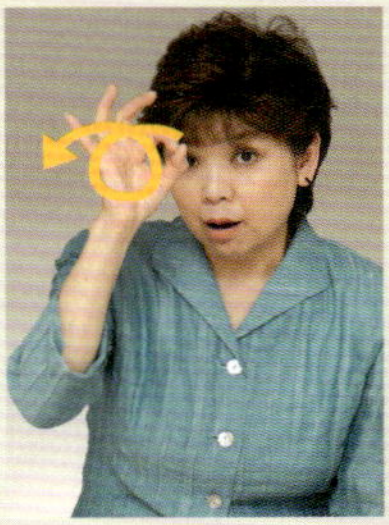

失敗する

上向きに軽く握った左手を前に出し、右のこぶしをパッと開きながら甲を左手に当てる。

成功する

左手のひらを上にして前に出し、鼻先に当てた右のこぶしを左手にポンと置く。

死　ぬ

両手を合わせて、そのまま右側に倒す。

閉める

両手のひらを相手側に向けて左右に開いて立て、扉が閉まるように中央で合わせる。「開ける」の反対。

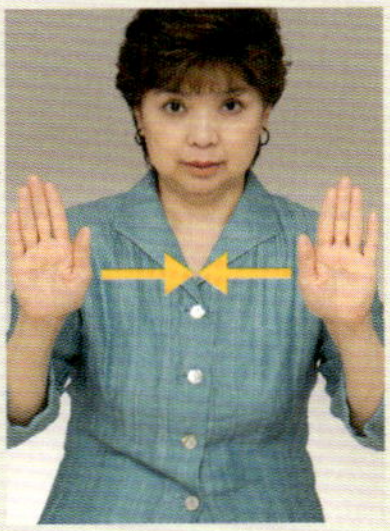

出発する

❶左手のひらを斜めに立て、その下に横に立てた右手を置く。
❷左手のひらに右手を垂直に立て、右手だけ前方にスッと出す。

調べる

右手の人差し指と中指をカギ型に曲げて指先を目に向け、何回か左右に往復させる。

知る・わかる

右手を胸に当て、そのままなで下ろす。

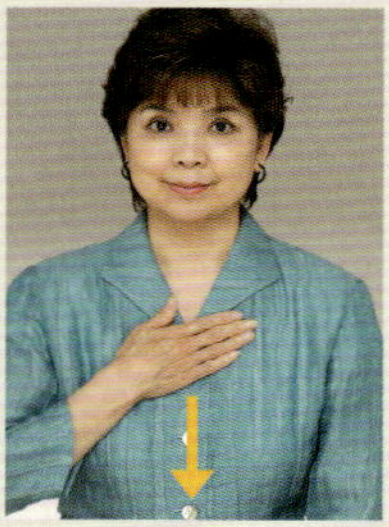

心配する

胸の中央をつかむように左右の手を上下に置く。

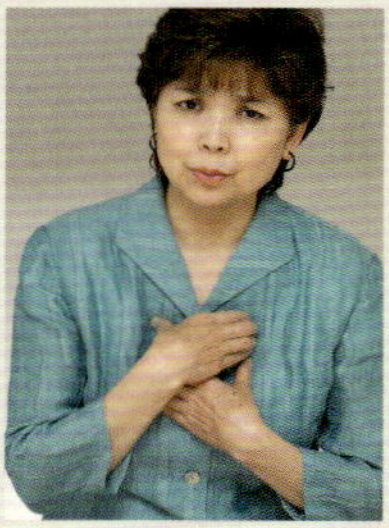

説明する

左手のひらを上にして前に出し、その上を右手の指先で軽く2回程度たたく。

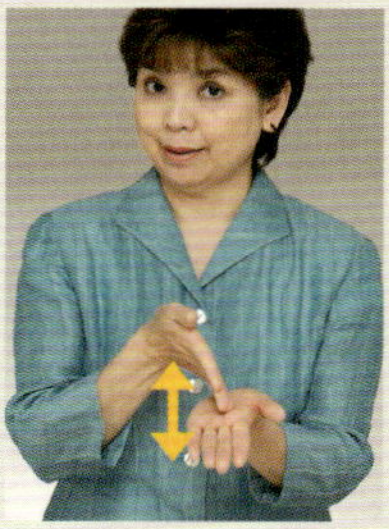

相談する

両手の親指を出し、こぶしを軽く2、3回合わせる。

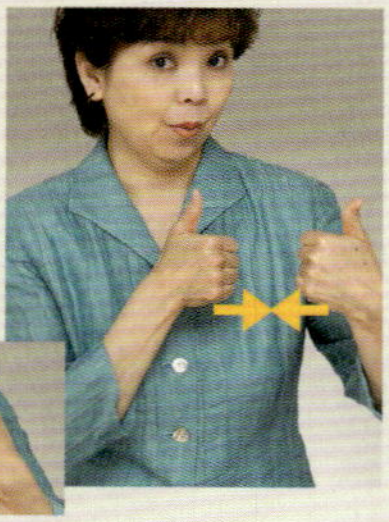

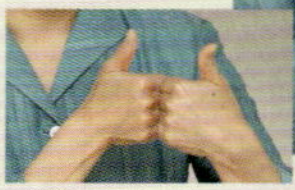

助ける・手伝う

親指を立てた左手を右手のひらで2、3回前に押し出すようにする。

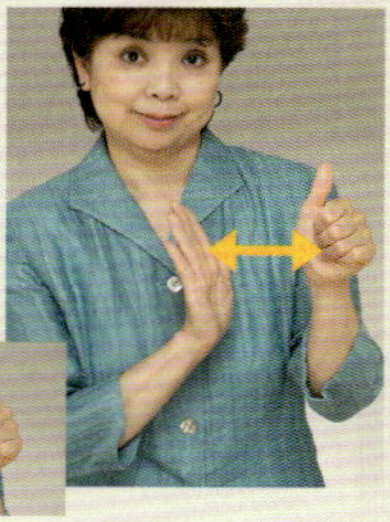

疲れる

両手の指先を両胸に当て、内側に向けて手首からダラッと下げる。

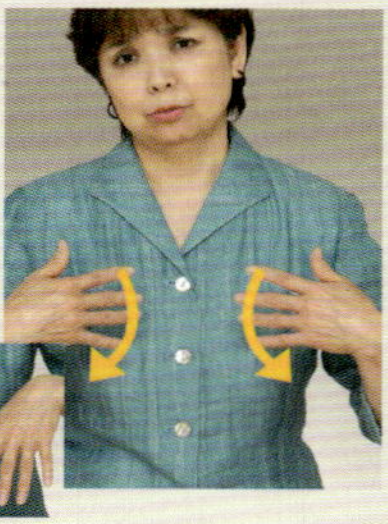

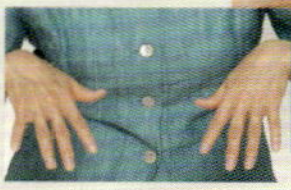

作　る

両手のこぶしを、2回程度打ち合わせる。

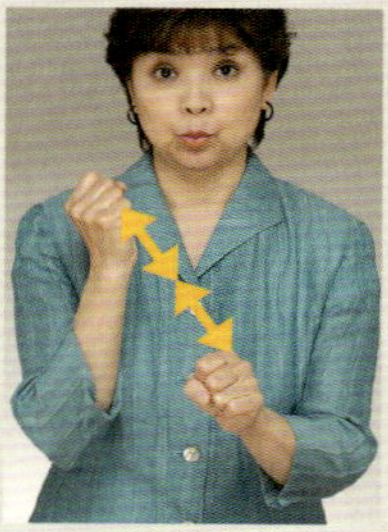

伝える・連絡する

親指と人差し指で作った両手の輪を絡め、前方にサッと出す。

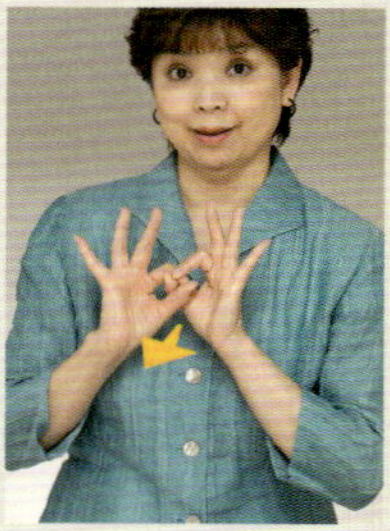

続ける

親指と人差し指で作った両手の輪を絡め、右から左へゆっくり移動させる。前方に出してもよい。

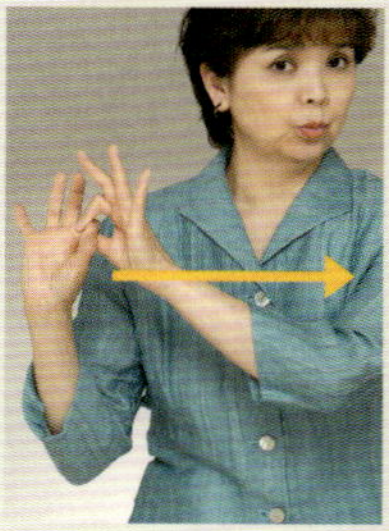

できる

右手の指先を揃えて指先を左胸に当て、弧を描きながら右胸に移動する。

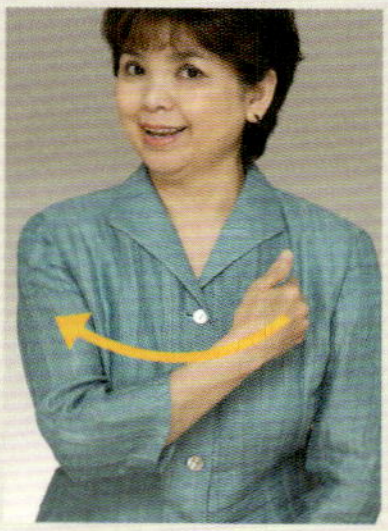

治　る

両手のひらを交差させるようにして合わせ、右手だけ滑らせて右へ移動させる。

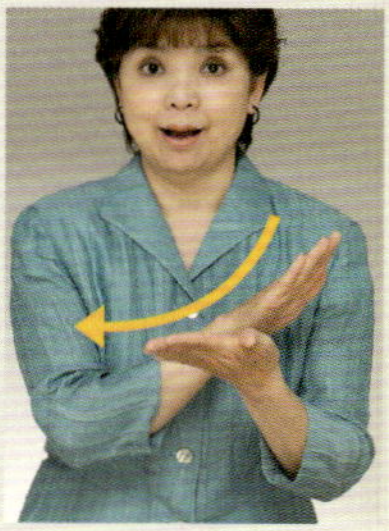

泣　く

右手の親指と人差し指の先をつけ、涙が流れるように目元から下げる。両手でもよい。

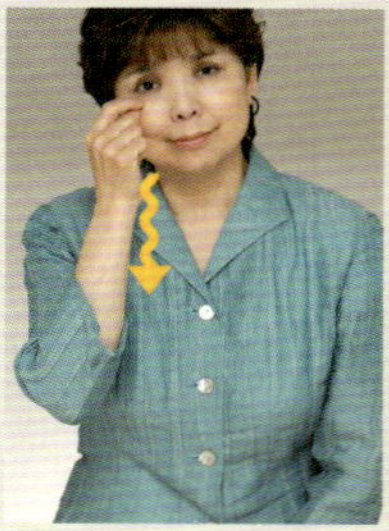

逃げる

両手を握って体の前に置き、急いで逃げるように両手を振る。

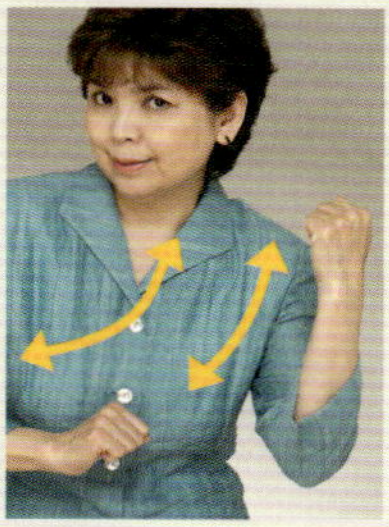

目指す

左手のこぶしに右手の人差し指を勢いよく当てる。

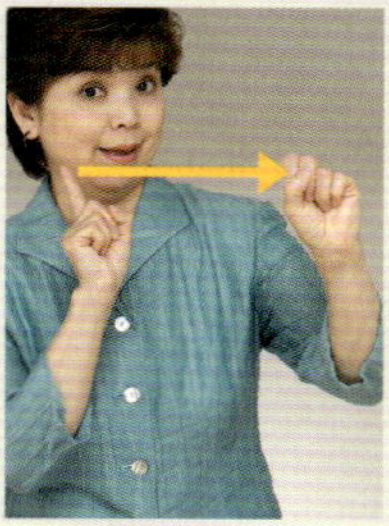

乗る（電車に）

左手のひらの上に、右手の人差し指と中指を下向きに出しのせる。

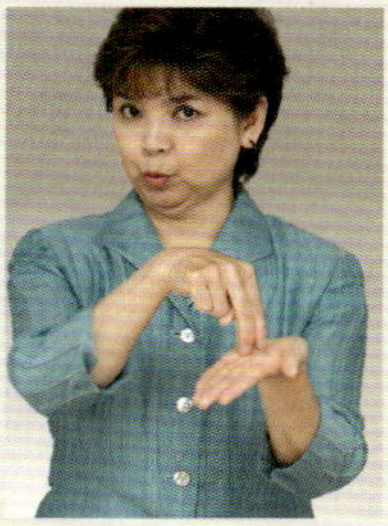

乗る（バイクに）

左手の指先を相手側に向けて垂直に立て、それにまたがるように右手の人差し指と中指をのせる。

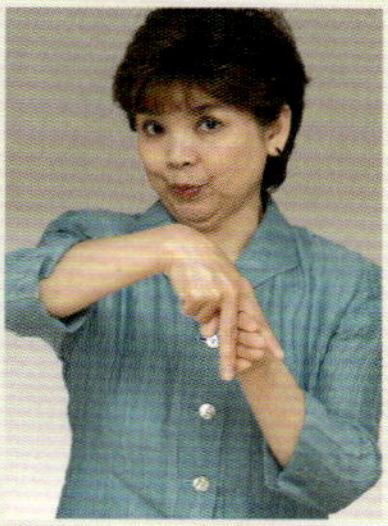

乗る（台に）

下に向けた右手の人差し指と中指を台にのせるように前に出す。

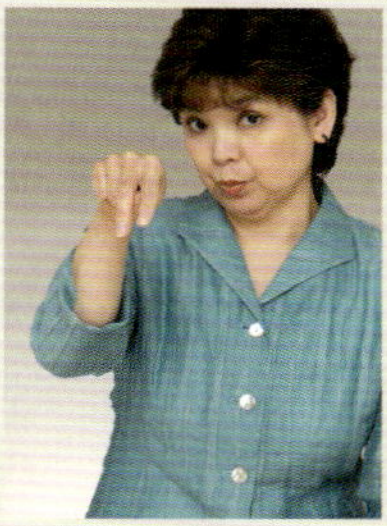

走　る

走るように両手を前後に大きく振る。

引っ越す

体の左側で両手の先を合わせて屋根の形を作り、そのまま左から右へ移動させる。

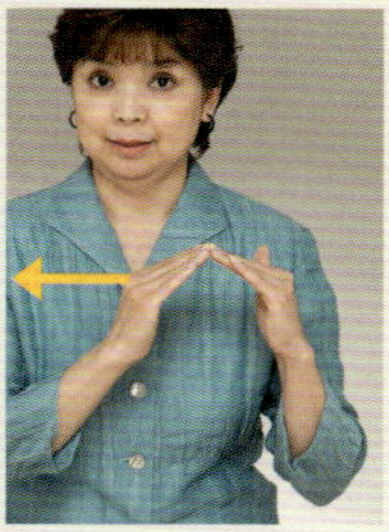

増える（A）

親指と人差し指をV字に広げた両手を中央で合わせ、振りながら左右斜め上に上げる。

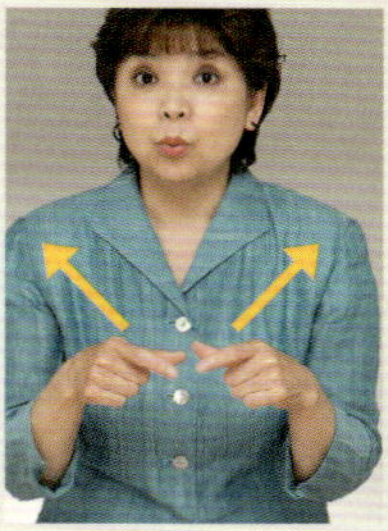

増える（B）

親指と人差し指の先を閉じた右手を、開きながら左側に移動させる。数値が増えるときに使う。

減る（A）

親指と人差し指をV字に広げた両手を振りながら左右から中央で合わせる。

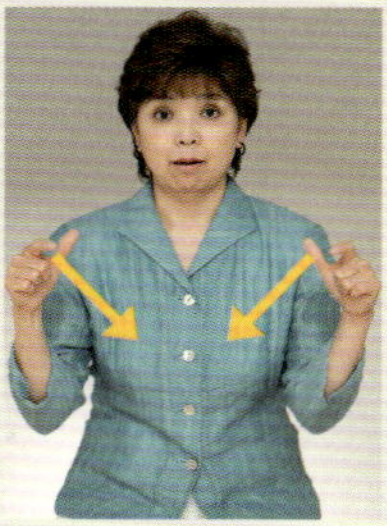

減る（B）

親指と人差し指をV字に広げた右手を、指先を閉じながら右から左に移動させる。数値が減るときに使う。

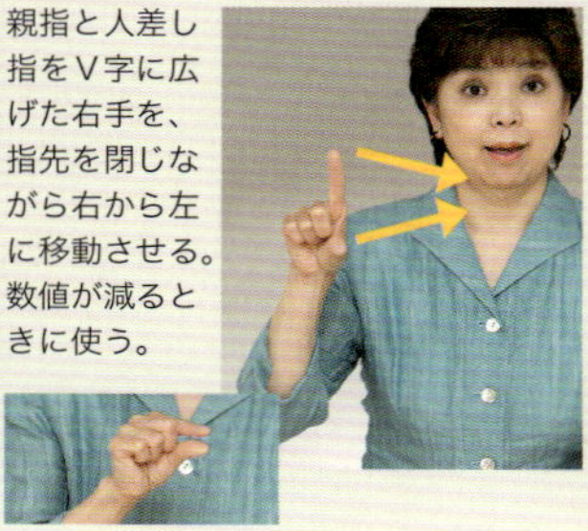

間違える

親指と人差し指をつけた両手を顔の両側に置き、少し左右に開いたあと、サッと胸の前に下げて交差させる。

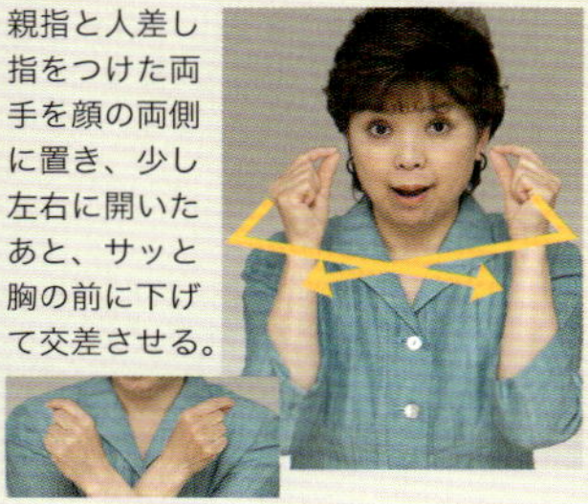

表現力

間に合う（時間に）

右手の指を揃えて指先を左胸に当て、弧を描きながら右胸に移動する。

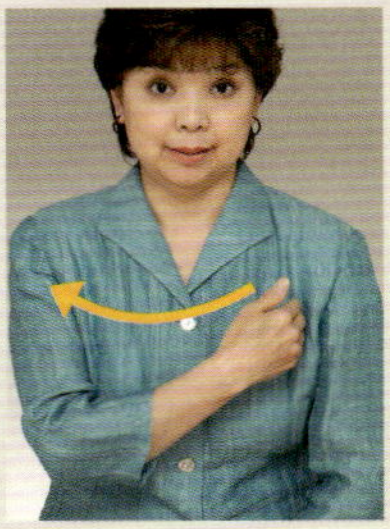

待　つ

右手の4本の指を揃えて折り曲げ、指先をあごの下に当てる。

迷う（心が）

両手の指先を重ねて前に置き、両手同時に左右に揺らす。

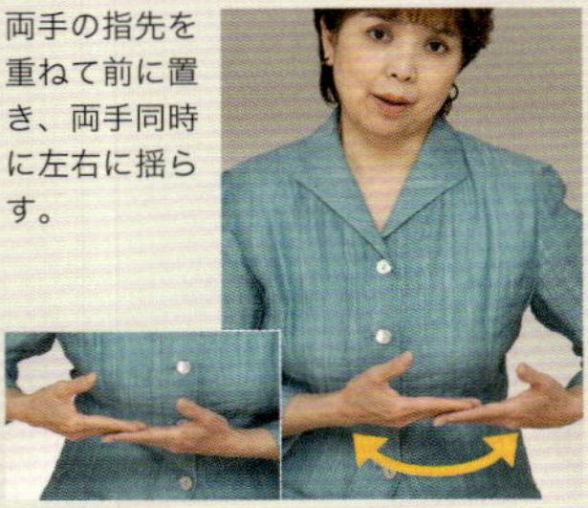

迷う（道に）

指先を曲げた両手を顔の前に上下に置き、交互に回転させる。

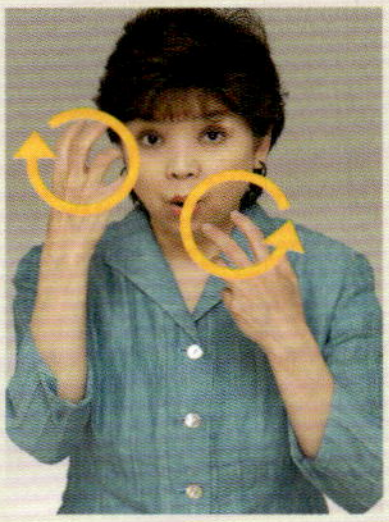

見る（A）

右の人差し指を立てて右目に当てるようにし、斜め前に出す。

見る（B）

右手の人差し指と中指を出して、手のひらを相手側に向けて右目の前に置き、斜めに出す。

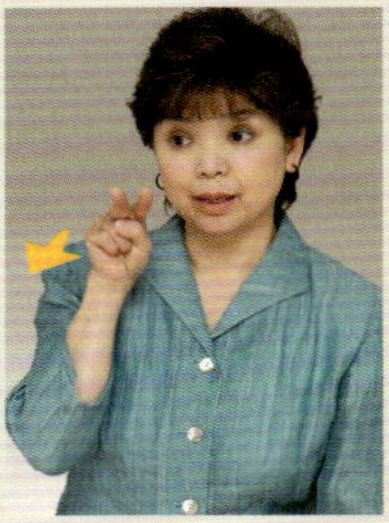

見る（C）

右手の親指と人差し指で輪を作って右目の前に置き、斜め前に出す。

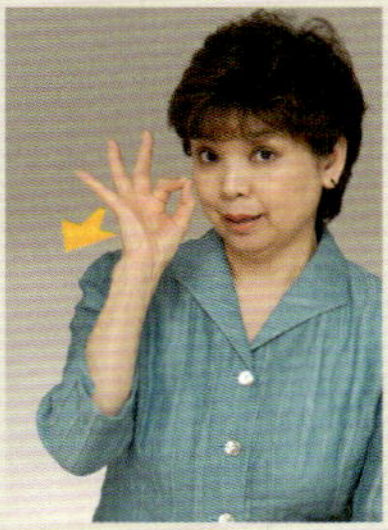

やめる

左手のひらの上に右手を垂直に当てる。

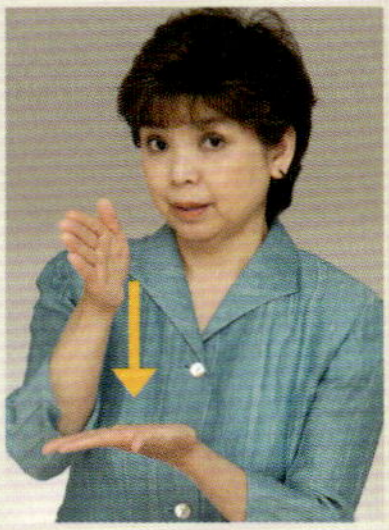

酔　う

両手の人差し指を両目に向け、目の前でクルクルと円を描く。体も少しフラフラさせて。

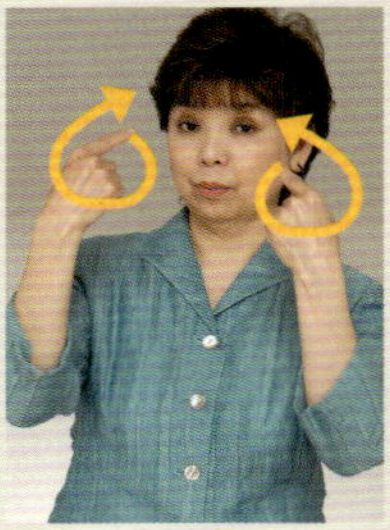

読　む

左手を本のように立て、その字面をなぞるように右手の人差し指と中指を上下させる。

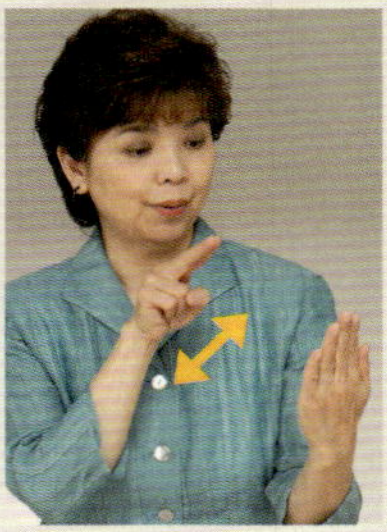

忘れる

軽く握った右手の甲を相手側に向けて頭の横に置き、頭の横でパッと指を開く。

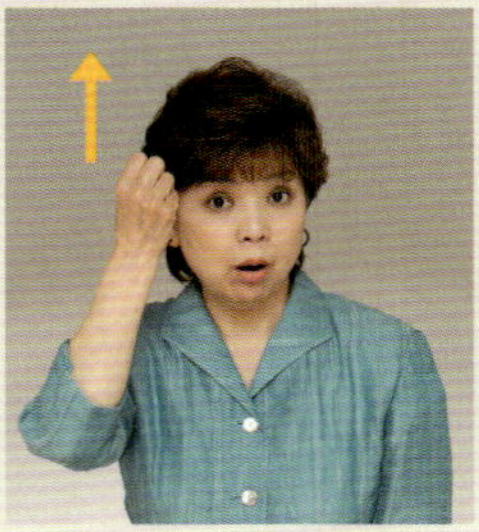

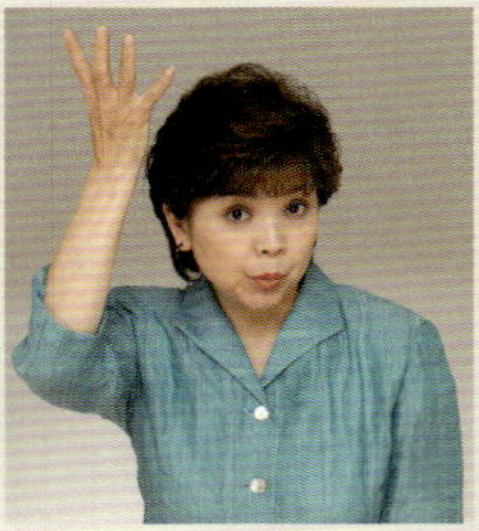

感情を表そう

「うれしい！」

1 うれしい、楽しい、喜ぶ

左手を左肩に、右手をおなかのあたりに置き、左右交互に上下させる。

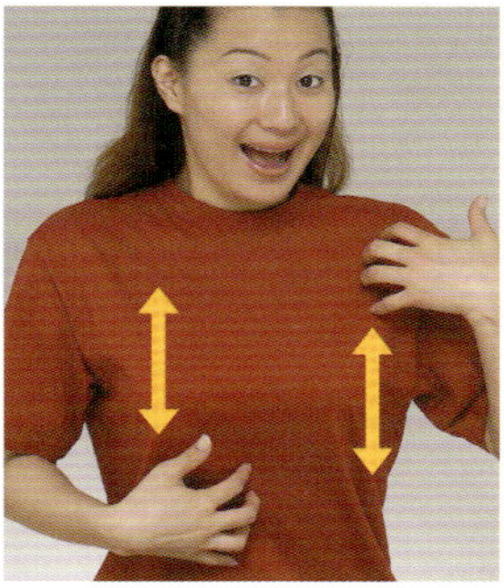

「うらやましい！」

1 うらやましい

右手の人差し指を口の右側に当て、少し下げる。うらやましそうな顔で。

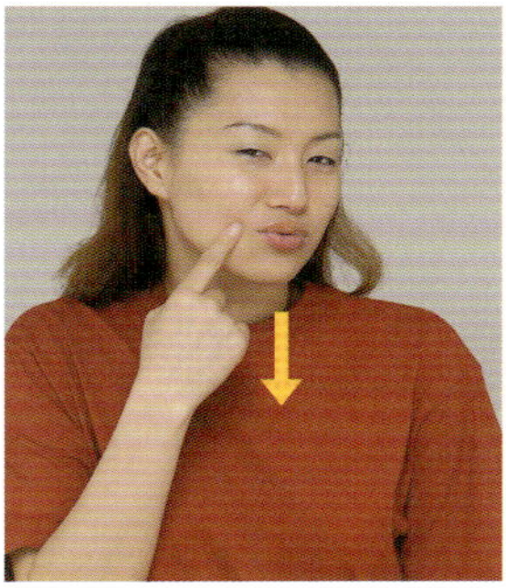

「すごい！」

1 すごい

右頬の横にボールをつかむようにした右手を置き、手首をひねって前に回転させる。「すごい」とほめるときに。

「きれい！」

1 きれい、美しい

両手のひらを胸の前で水平に合わせ、滑らせるようにしてサッと左右にずらす。「手の上がきれい、何もない」ことを表す。

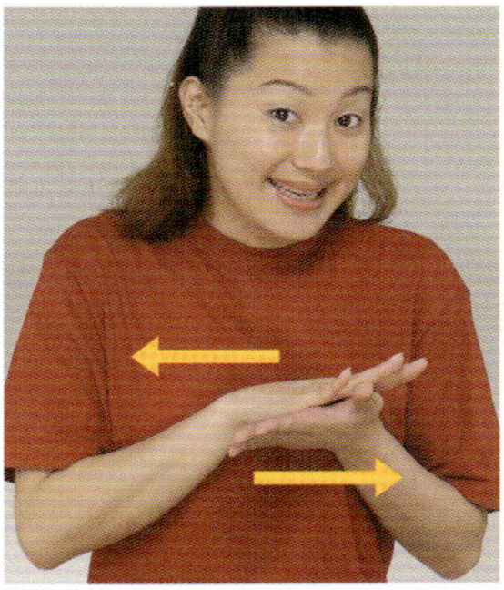

「残念！」

❶ 残念

右手のこぶしで左手のひらをポンと勢いよくたたく。

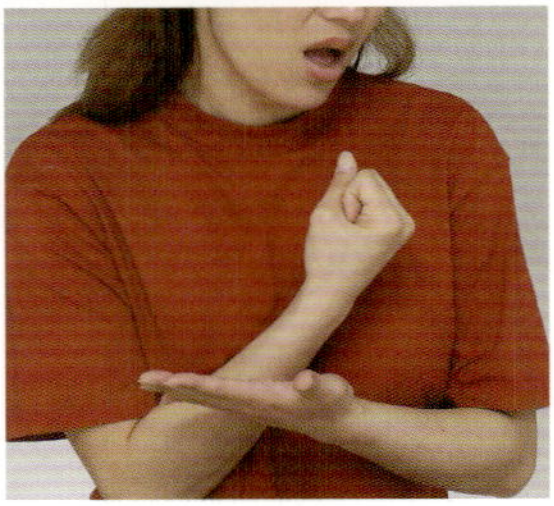

「最高！」

❶ 最高、限界

左手のひらを下にして顔の前あたりに置き、それに向かって、指を揃えた右手を勢いよく当てる。

「やったね！」

❶ やったね

両手をグッと握り、ガッツポーズをする。

「かっこいい！」

❶ かっこいい

右手の指を開いて少し丸くし、手のひらを相手側に向けて前に出し、手首を返して自分のほうに向ける。

「素晴らしかった！」

❶ 素晴らしい

右手のひらを下にして鼻の下に当て、水平に右へ移動させる。

「上手ね！」

❶ 上手

左腕を水平に体の前に出し、右手を左手のひじから指先に向けて滑らせる。「腕がいい」ことを表す。腕をたたくだけでもよい。

【単語】形容詞

忙しい

軽く指を折り曲げた両手を下向きにして前に出し、両手をずらして内側に回転させる。

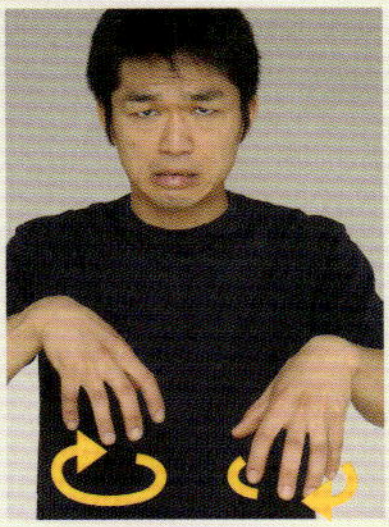

恐ろしい

ブルブルッと震える感じで、こぶしを握った両手を胸元で小刻みに動かす。

おとなしい

両手の親指以外の指を揃えて胸に当て、同時にサッと下ろす。

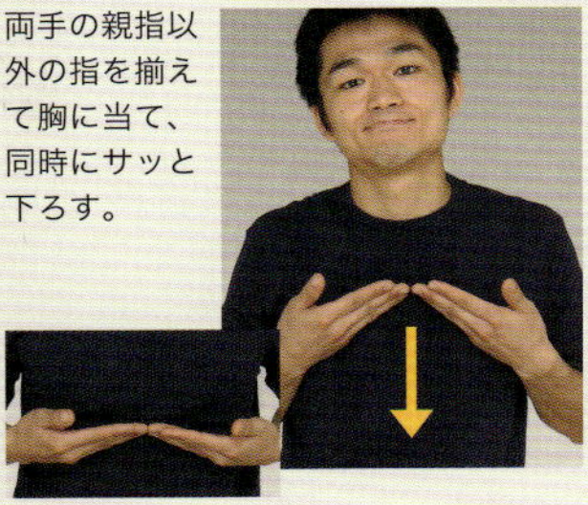

おもしろい（興味ある）

右手のこぶしの親指側で2回程度左胸をたたく。

おもしろい（笑える）

❶右手の指先を軽く曲げて口を覆い、軽く振る。
❷右手のこぶしの小指側でおなかを何回かたたく。両手でしてもよい。

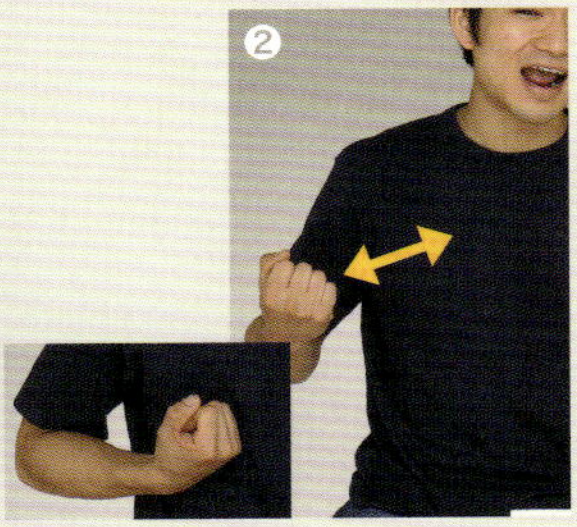

悲しい

右手の親指と人差し指の先をつけ、涙が流れるように目元から下に下げる。両手でもよい。

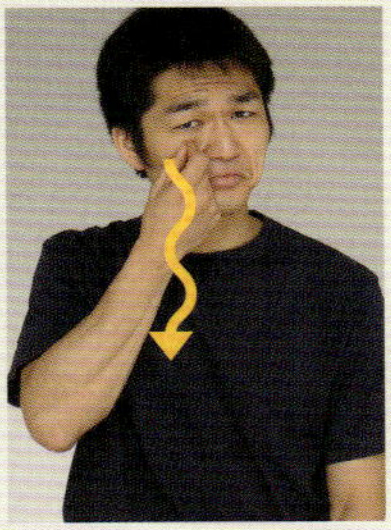

悔しい

右手の指先を少し曲げ、胸に当て、掻きむしるように回す。

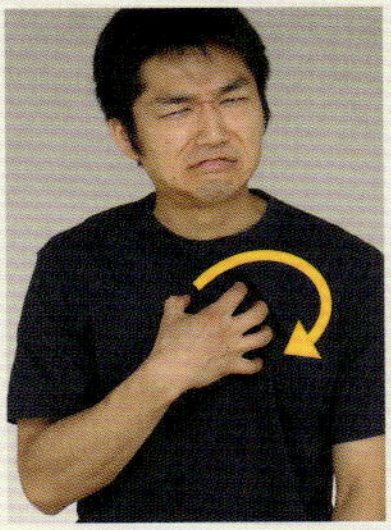

詳しい

親指と人差し指の先をつけた両手を合わせ、ノミをつぶすように指先を動かす。

寂しい（A）

右手の親指と他の4本の指を離して右胸に当て、そのまま指を閉じる。

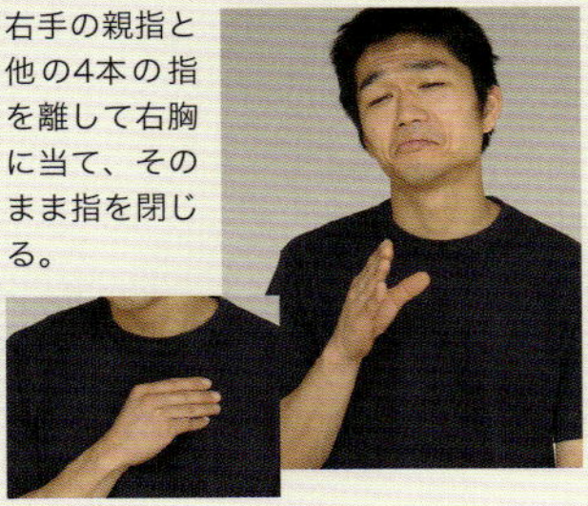

寂しい（B）

親指と他の4本の指を離した両手を両胸に当て、すぼめながら同時に下げる。

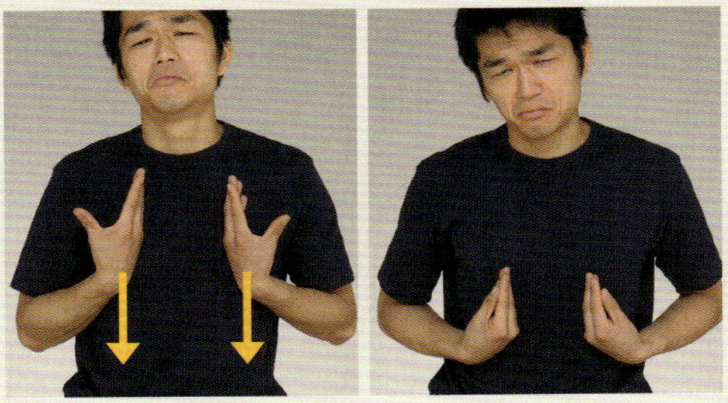

しかたない(A)

右手の小指側を左肩に当て、そのまま右下に下げる。「犠牲」を意味する。

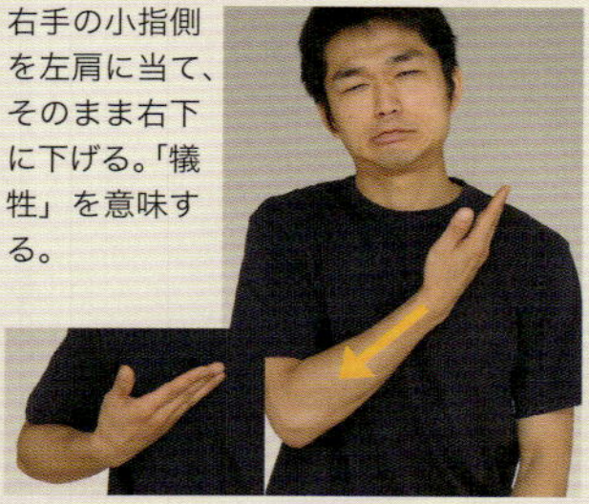

しかたない(B)

右手の小指側で首筋をたたく。

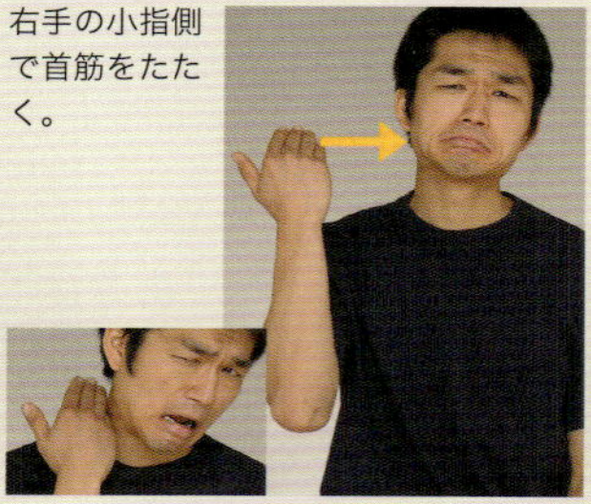

しかたない(C)

右手の親指と人差し指で眉間をつまむようにし、パッと指を開きながら前に出す。

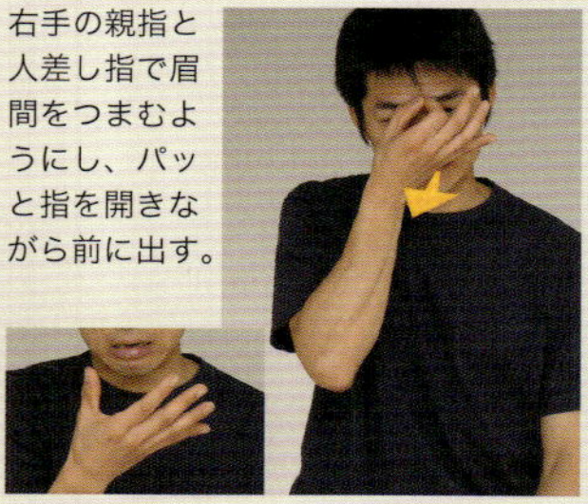

ずるい(A)

右手の甲を左頬の横に置き、右斜め下へ下げながら軽くこする。性格がずるいというときに。

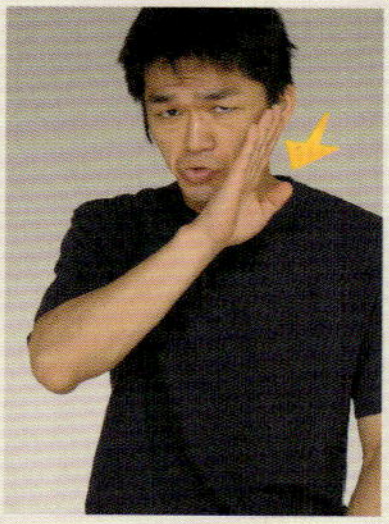

ずるい(B)

左ひじを曲げて体の前に置き、右手の親指と人差し指で作った輪を左腕に沿って2回移動する。金銭面でずるいというときに。

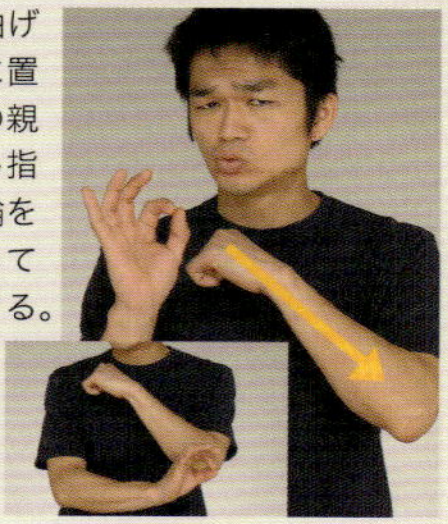

たくましい

❶右手を胸に当て、そのまま円を描く。

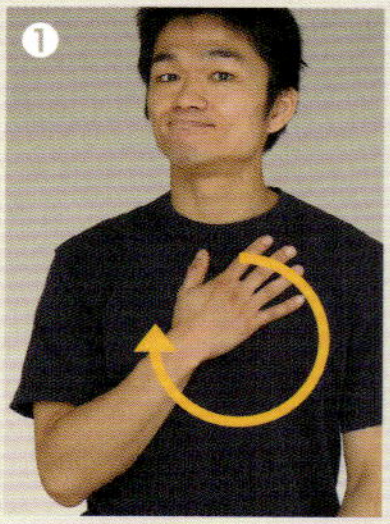

たくましい

❷両手を握り、ひじを曲げてグッと力を入れる。

強　い

両手を握り、ひじを曲げてグッと力を入れる。

弱　い

指を広げた両手を自分側に向け、手首を回してダラッと下に垂らす。

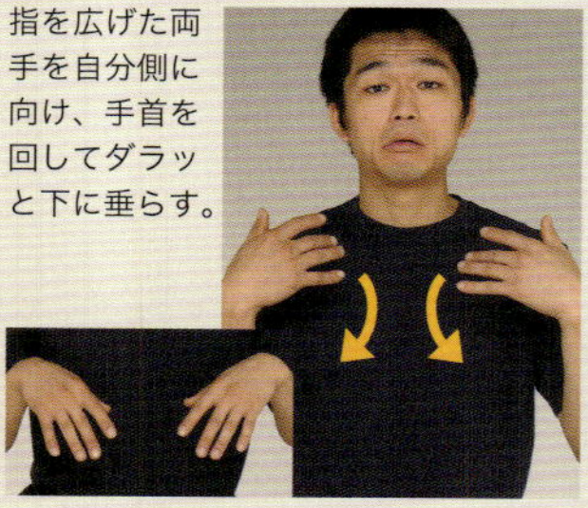

調子がいい(好調)

❶右手を胸に当て、そのまま円を描く。❷両手のひらを向かい合わせに立てる。「よい」の手話（P202参照）をしてもよい。

眠　い

❶左手のひらを上向きにし、右手の人差し指で目を指す。

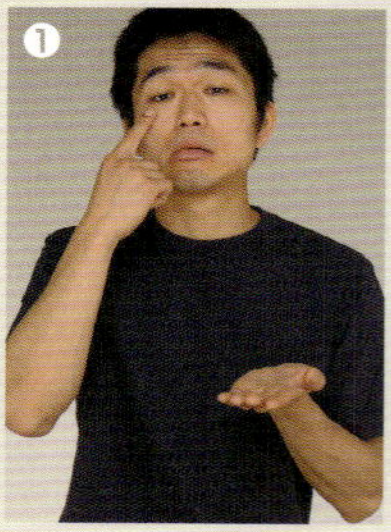

眠い

❷右手の人差し指を左手のひらに当て、そのまま人差し指を跳ね上げる。

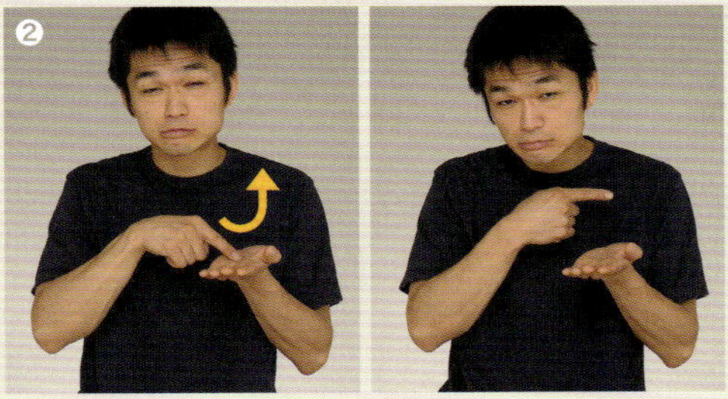

貧しい

❶親指と人差し指で輪を作り、体の中央で上下に置き、少しずらして回転させる。「経済」を表す。

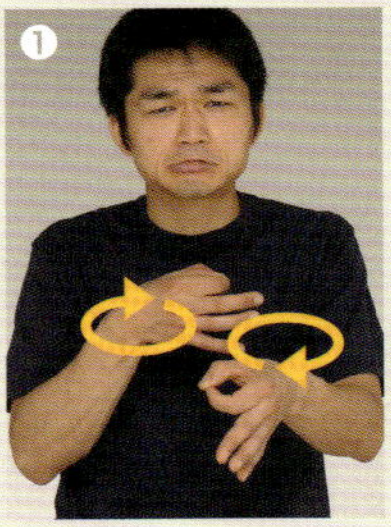

貧しい

❷左手はそのままで、右手のみ握り、親指を立ててあごの下に当てる。「足りない」の意味。

かわいい

左手の甲を右手のひらでなでるようにする。

明るい

両手のひらを中央で重ね合わせ、パッと左右に広げる。

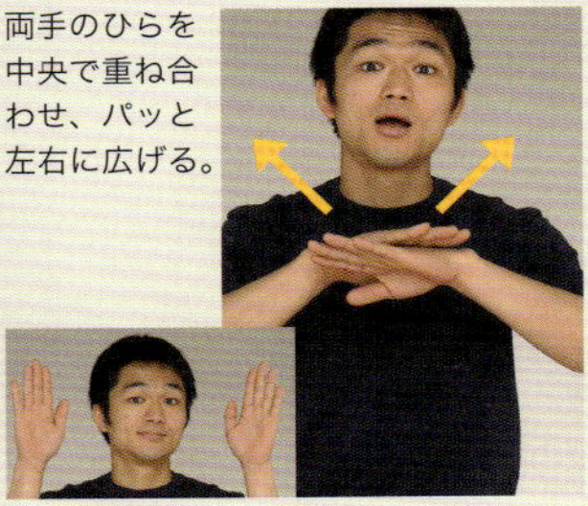

暗い

手のひらを相手側に向け肩のあたりに開いた両手を中央で交差させる。

古い

右手の人差し指を少し曲げて当て、鼻の横に左へ払う。

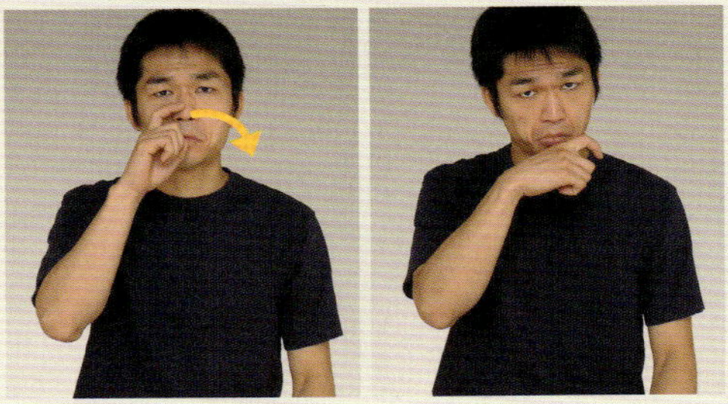

新しい

甲を相手側に向けて指をすぼめた両手を肩の前に置き、パッと開きながら前に出す。

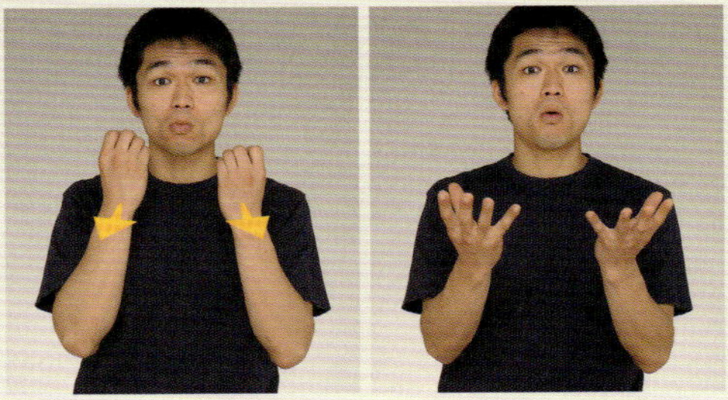

濃い

4本の指を折り曲げた両手を出し、そのまま手前にグッと引く。

淡い

手を広げて両手を向かい合わせ、何回かすり合わせるように回す。

薄い

両手のひらを相手側に向け体の前に置き、細かく揺らしながら下げる。

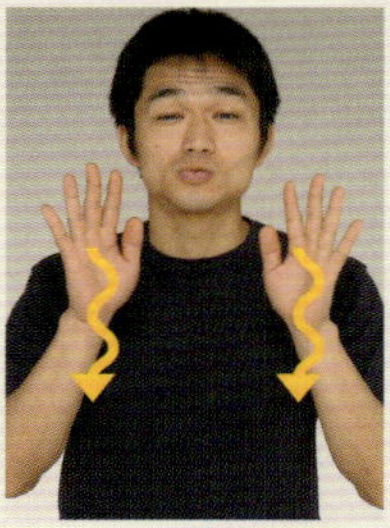

柔らかい

両手とも親指を立てて4本の指を揃え、体の前に置き、左右交互にフワフワと上下させる。

硬い

右手の親指と人差し指を少し曲げ、グッと力を入れる。

狭い

両手のひらを向かい合わせに開き、そのまま中央に寄せる。

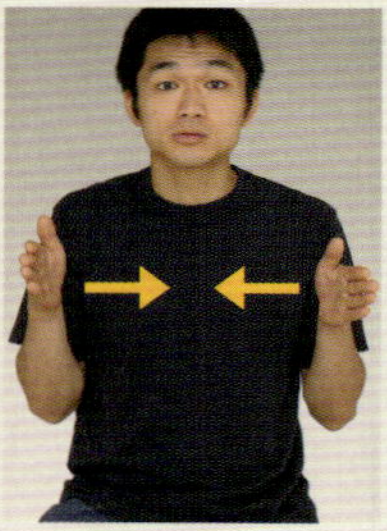

広い

両ひじを曲げて体の中央に腕を置き、そのまま両ひじを左右に引く。

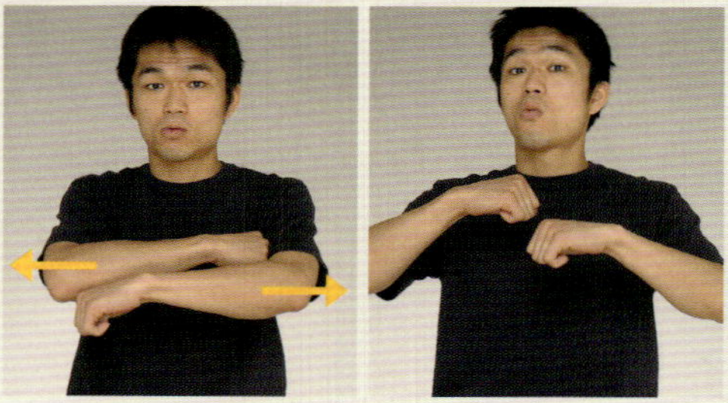

大きい

両手でボールをつかむようにし、そのまま左右に引き離す。

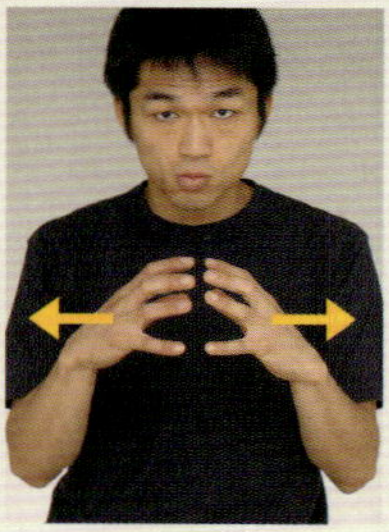

小さい

両手で大きいボールをつかむようにし、そのまま中央に寄せる。

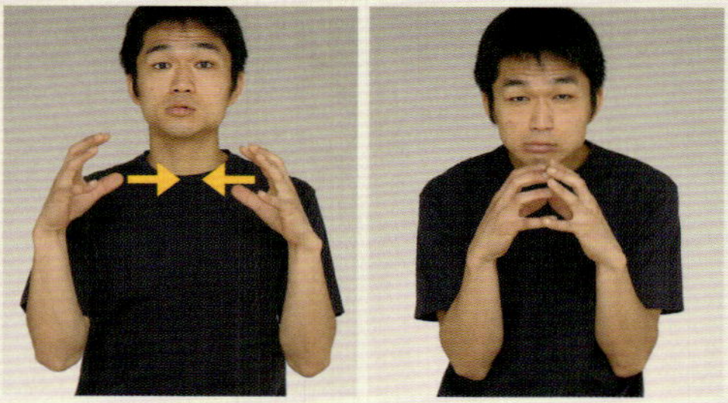

高　い

右手の指を揃えて折り曲げ、まっすぐ上げる。

低　い

右手の指を揃えて折り曲げ、まっすぐ下げる。

偉　い

❶右手の4本の指を揃えて鼻の下に当て、滑らすようにして右へ移動させる。

偉　い

❷親指を立てこぶしを握った右手を左手のひらにのせ、上げる。

重　い

荷物を持つように両手を捧げ、そのまま下げる。

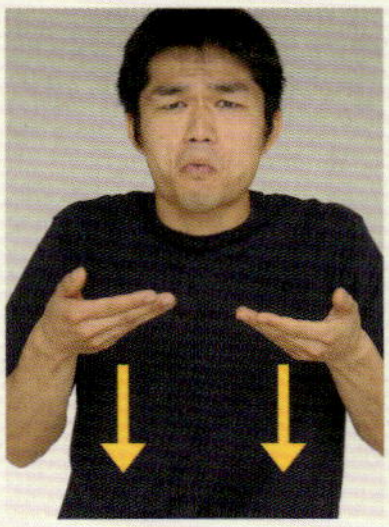

軽　い

物を下から抱えるようにし、軽そうに両手を上げる。

安　い

右手の親指と人差し指で輪を作り、その手を上向きにした左手のひらの上にのせる。

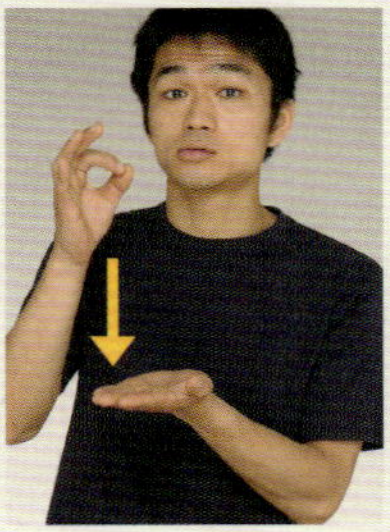

高い（値段が）

親指と人差し指で輪を作った右手を、左手のひらの上に置き、持ち上げる。

遅　い

両手の親指と人差し指でL字を作り、人差し指を向かい合わせて弧を描くように右へ動かす。

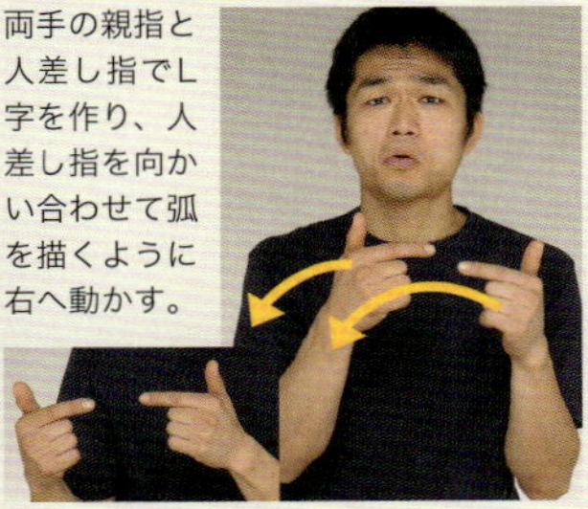

速　い

親指と人差し指を合わせた右手を、指を開きながら左にサッと出す。

おいしい（男性）

右手のひらを左頬に当て、あごをなでるように右へ移動させる。男性がよく使う手話。

おいしい（女性）

右手で軽く頬をたたく。女性がよく使う手話。

まずい

右手を頬に当て、その手を右に出し、サッと下に振り下ろす。

よい

右手のこぶしを鼻先に当て、少し前に出す。

悪い

右手の人差し指を鼻の右側に当て、左に払うようにして下げる。

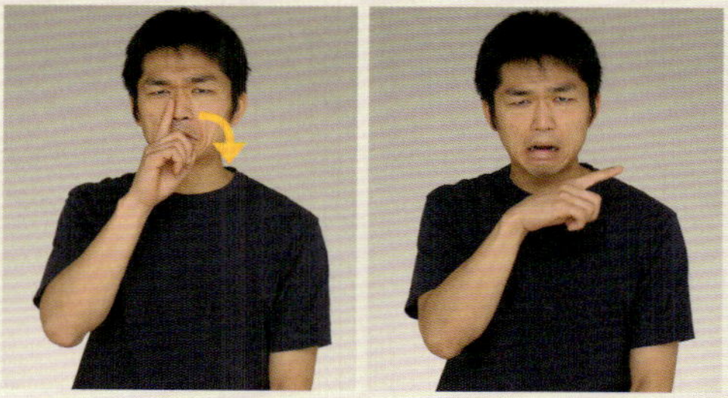

恥ずかしい

右手で鼻と口を隠すようにし、その手を斜め右下に2、3回下げる。「恥ずかしい」という表情で。

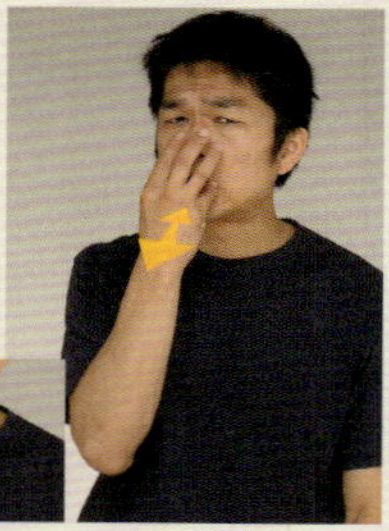

賢い

親指と人差し指の先をつけて他の指は握った右手を額の横に置き、親指と人差し指をピンと開く。

正しい

指先をすぼめた両手をおなかのあたりで上下に置き、上にした手だけをそのまま上げる。

つまらない

軽く開いた右手を顔の前に置き、ダラッと手首を下げる。「つまらない」という表情で。

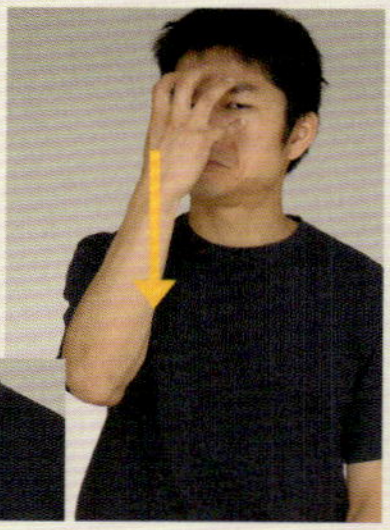

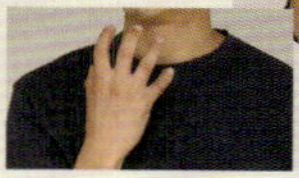

STEP 10　表現力をさらに豊かに6

接続詞・副詞をうまく使おう

「しかし、大丈夫ですか？」

1 しかし、でも

右手のひらを相手側に向けて顔の横に立て、手首を返して甲を相手に向ける。

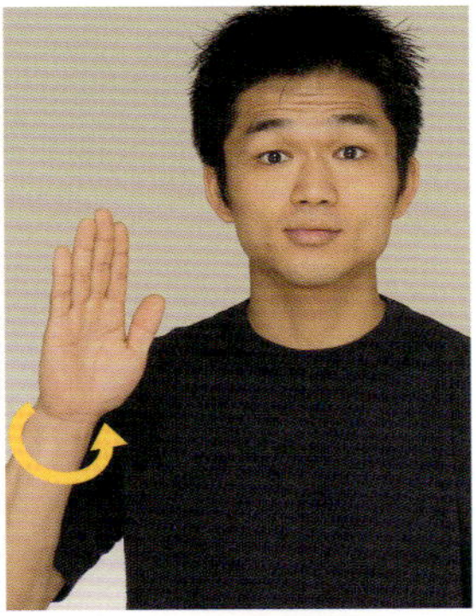

2 大丈夫、できる

右手の指を揃えて指先を軽く左胸に当て、そのまま前に弧を描きながら右胸に移す。尋ねる表情で。

「ところで、あの話はどうなりましたか？」

1 ところで

「ちょっとちょっと」と相手の注意を呼ぶように、右手で軽く手招きするようにする。

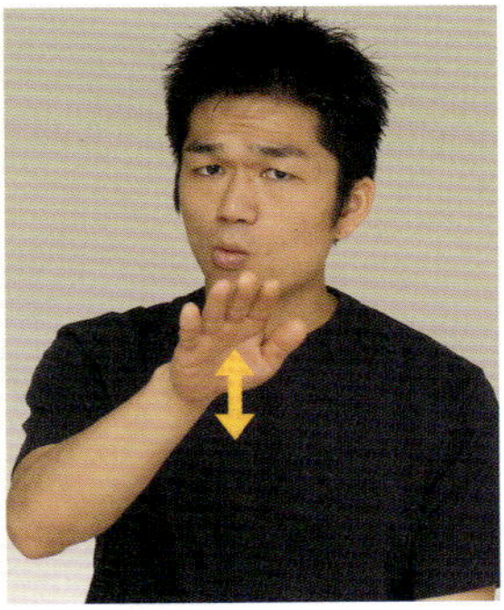

2 あの

「あの」と横を指さす。

3 話

相手から言われた話は、右手の指先を自分に向け、左手のひらをトントンたたく。相手に言った話は指先を相手に向ける。

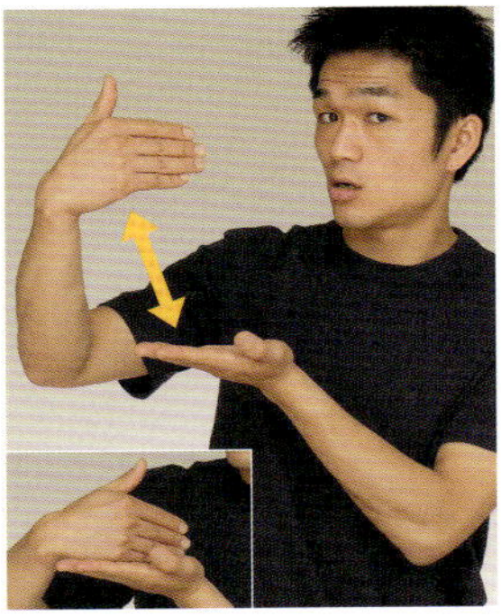

④ 結果

両手の親指と人差し指の先をつけて、水引きを結ぶように描く。

⑤ 何?

右手の人差し指を立て、軽く2、3回左右に振る。尋ねる表情で。

「もし本当ならいいですよね」

① もし

右手の人差し指を右目の下に当て、人差し指を払うようにして下げる。

② 本当

右手を縦にしてあごをポンポンと2、3回たたく。

③ よい

右手のこぶしを鼻先に当て、少し前に出す。

「きっと来てくださいね」

① きっと、約束

両手の小指同士を、指切りするように絡める。

❷ 来る

右手の人差し指を上に向けて前方に出し、手前に引き寄せる。

❸ お願い

右手を縦にして、顔の前で拝むようにする。両手を合わせて拝むようにしてもよい。

「なかなかできないことですね」

❶ なかなか

右手の指を少し開いて（揃えてもよい）顔の横に置き、手首を返しながら上げる。

❷ 普通、平等

両手の親指と人差し指を開いて他の指は握り、親指同士、人差し指同士の先を合わせ、そのまま左右に引き離す。

❸ できない、難しい

右手の親指と人差し指で頬を軽くつねるようにする。

❹ 同じ、同意

右手の親指と人差し指を開き、他の指は握り、親指と人差し指の先を軽く閉じたり開いたりする。この動作を両手で行うこともある。

「すぐに来てね」

❶ すぐに、早い、急ぐ

右手の親指と人差し指で輪を作り、他の指は握って、右肩に置き、親指と人差し指を開きながらサッと左肩のほうに出す。

❷ 来る

右手の人差し指を上に向けて前方に出し、手前に引き寄せる。

❸ お願い

右手を縦にして、顔の前で拝むようにする。両手を合わせて拝むようにしてもよい。

「たぶん大丈夫でしょう」

❶ たぶん、想像

額の横あたりに軽く開いた右手を置き、フワフワと２段階ぐらいで上げる。

❷ 大丈夫、できる

右手の指を揃えて指先を軽く左胸に当て、そのまま前に弧を描きながら右胸に移す。

❸ 思う

右手の人差し指を右のこめかみあたりに当てる。

STEP 10 【単語】副詞

本当に

右手を立てて人差し指側をあごに軽く2回当てる。

もうすぐ

❶右手のひらを相手側に向けて顔の横に置き、軽く1、2回前に出す。
❷右手の親指と人差し指を軽くこすり合わせる。

たくさん(数)

両手の指を開いて前に出し、親指から順に指を折り曲げながら左右に引く。

たくさん(量)

両手を揃えて指先を相手側に向け、下に向かって楕円を描く。

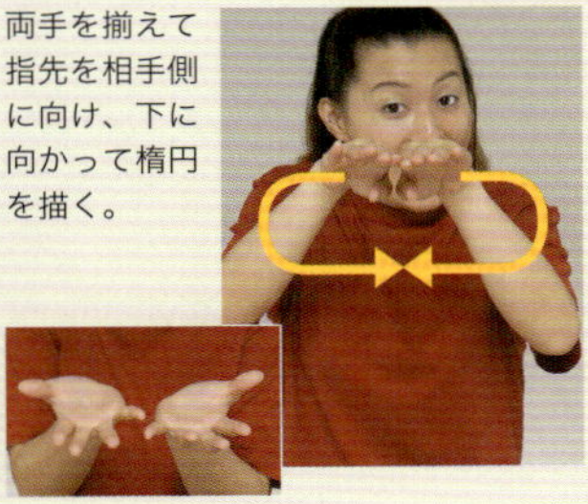

もう少しで

右手の親指と人差し指を出し、少しだけ間を開ける。「少ーし」という表情で。

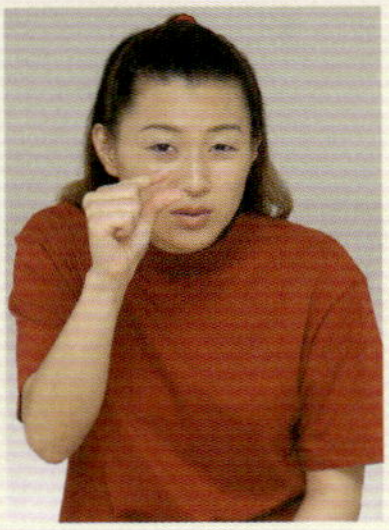

ようやく

右手を額の前に置き、右に引いて、下に払う。汗を払うように。

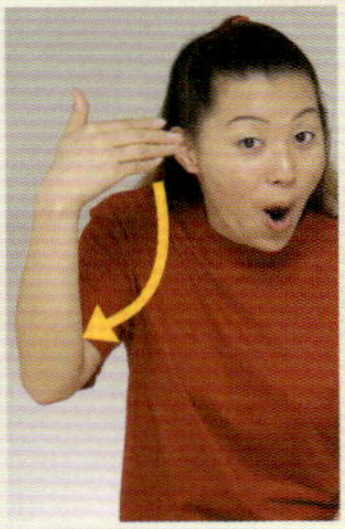

あとで

右手のひらを相手側に向けて立て、2回手首から前方に倒す。

いろいろ

右手の親指と人差し指でL字を作り、手首を返しながら左から右へ移動させる。

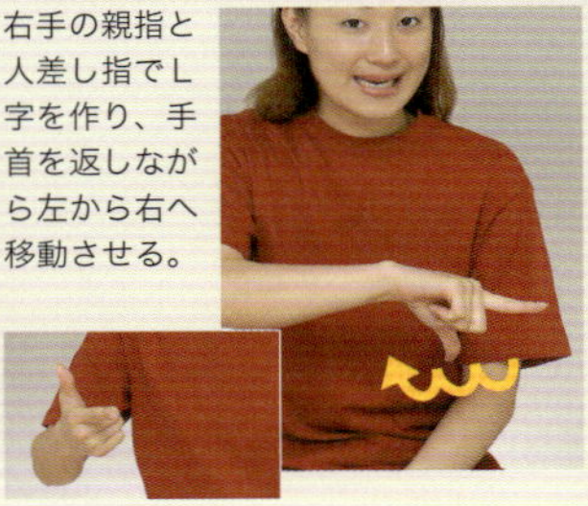

例えば

左手を胸に当てるように置き、その甲に右手の親指と人差し指で作った輪を2、3回当てる。

とても

右手の親指と人差し指で輪を作って、指を開きながら左から右へ移動させる。

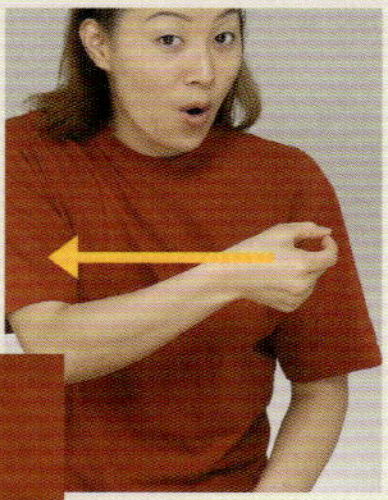
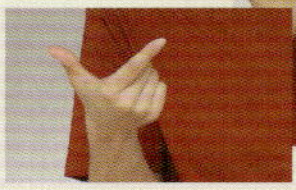

〇〇ごろ(〇〇くらい、おおよそ)

右手の指先を相手側に向けて立て、左右に軽く振る。

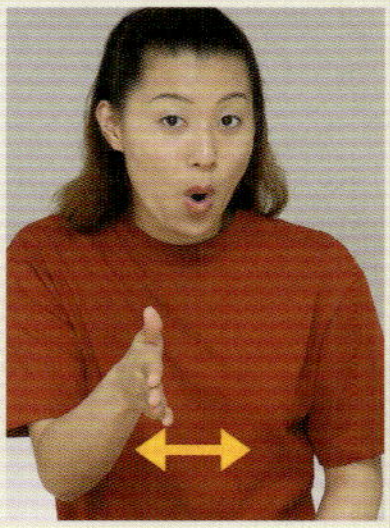

さっぱり(A)

顔の下あたりで両手の指先を合わせ、横長の楕円を下に向かって描く。

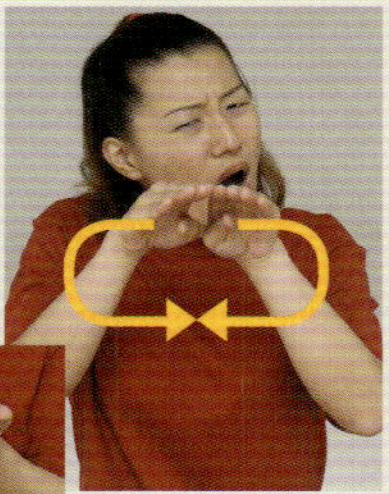
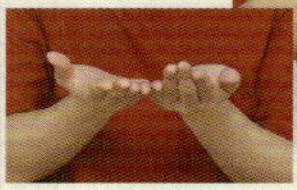

さっぱり(B)

両手のひらを体の前で合わせ、右手を滑らすようにして右へ動かす。

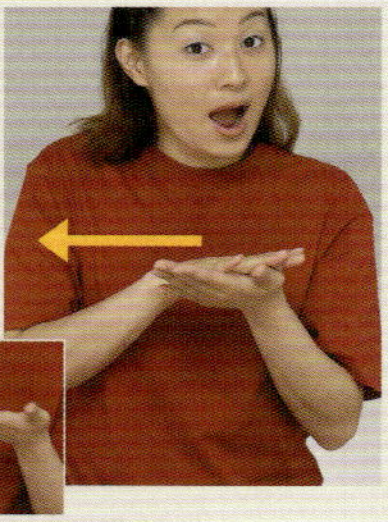
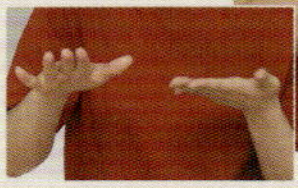

次　に

右手のひらを上にして出し、ポンポンと弾むように右に移す。

ますます

親指と人差し指でU字を作った両手を上下に重ね、下になった右手を左手の上に重ね、さらに左手をもう1段上に重ねる。

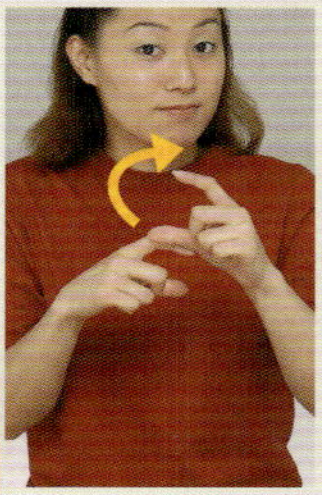

ま　だ

左手の指先を相手側に向けて体の横に立て、右手は指先を左手に向けて手首から2回程度振る。

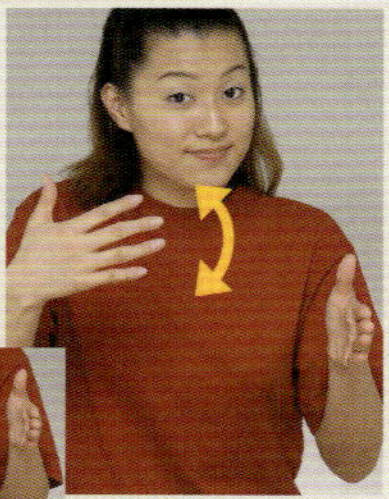
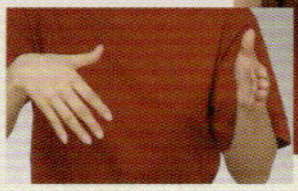

〇〇まで

左手の指先を相手側に向けて立て、右手の指先を移動し左手のひらに当てる。

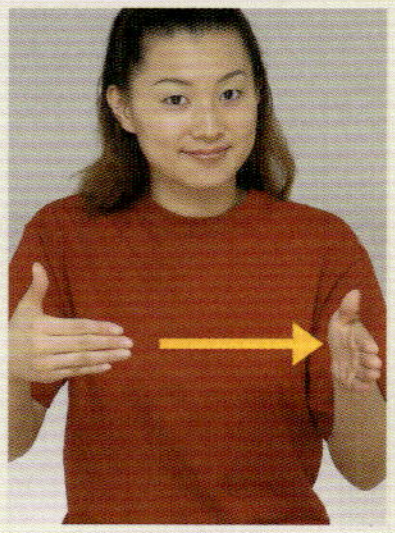

わざわざ

指を軽く折り曲げた両手の甲を相手に向けて顔の横に置き、2回前後させる。

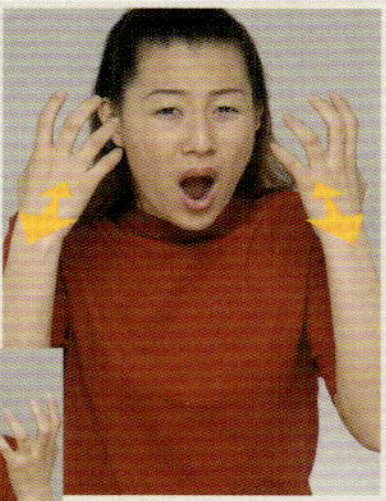
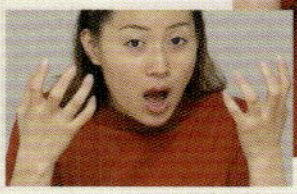

〇〇らしい(ふさわしい)

両手の人差し指の指先を2、3回たたき合わせる。

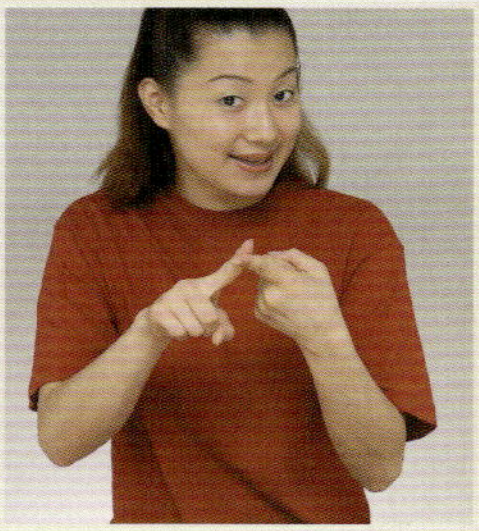

〇〇らしい(たぶん、予想)

右手の人差し指と中指を揃えて顔の横に立て、大きく「?」を描く。「そうらしい」の意。

さくいん

あ

あ……33, 36
あいさつ……12, 14
アイスクリーム……125
アイスコーヒー……125
会う……16, 31, 107
青……78
赤……75, 77
明るい……199
秋……20
開ける……66
朝……14, 15, 105
あさって……102, 105
明日……30, 101, 102, 105, 121, 138, 139, 180, 181
遊ぶ……187
暖かい……21, 89, 185
頭……177
新しい……199
暑い……19, 21
集まる……122, 187
あと……97, 99, 130, 179
あとで……207
アトピー……151
アトム……33
アドレス……62
あなたは……32
兄……41
姉……41
あの人……100
甘い……100
雨……21
ありがとう……23, 76, 128, 138, 169, 184
ある……46, 71, 98, 141, 157, 161, 168
歩く……187
アルバイト……85
淡い……200
い……36
いい……108, 122, 160
いいえ……23, 25, 123, 127
いいですよ……24, 26, 131
Eメール……62, 63
言う……32, 33
胃がん……152
生きる……12, 13
行く……20, 45, 116, 121, 130, 139, 155, 180, 181, 183, 187
いくつ……50, 112, 162
医師……86, 142
以上……176
以前……43, 44
忙しい……197
急ぐ……114, 117, 159, 187, 206
痛い……177
いただく……166
1……54
一……54
1億……56
1月……53
1時間……105
1日……103
1年……103
1秒……105
1万……56
いつ……27, 52, 101
5日……53
1か月……103
1週間……103
いっしょ……39
いっしょに……122
いっしょに行く……99, 180
1兆……57
1分……105
今……17, 19, 45, 65, 82, 112, 115, 127, 131, 149, 158
妹……40, 41
いらっしゃいませ……169
要らない……24, 150
いる……40, 59
色……74
いろいろ……207
祝う……58
言われる……147
～員……79
印鑑……156
インフルエンザ……146, 151, 152
う……36
ウイスキー……126
ウェイトレス……85
ウオーキング……69
受付……143
動く……187
薄い……200
疑う……188
美しい……32, 195
生まれる……51, 52
うらやましい……195
うれしい……23, 100, 195
え……36
絵……99
映画鑑賞……67
ええっ？……147
駅……107, 109
偉い……201
選ぶ……188
エレベーター……171
円……57, 161
お……36
おいしい……129, 201
応援する……188
大きい……200
OK……102, 124, 131
大阪……47
オートバイ……68
大晦日……106
おおよそ……208
お金……161, 164
お代わり……123, 175
沖縄……48
起きる……188
送る……183
贈る……188
遅れる……114
おこしください……170
行う……149, 159
おごり……127

怒る……187
おじ……42
教える……188
遅い……18, 201
恐ろしい……197
教わる……62, 66
弟……40, 41
男……59
おとなしい……197
驚く……189
おなかがすく……189
同じ……71, 76, 83, 205
お願い……18, 29, 30, 35, 63, 108, 138, 153, 155, 156, 163～166, 168～171, 173, 174, 179, 205, 206
おば……42
おはよう……14, 15
おめでとう……58
重い……201
思い出す……189
思う……46, 149, 150, 189, 206
おもしろい……66, 197
おやすみなさい……14
泳ぐ……71
お礼……23, 128, 138, 169, 184
オレンジ……77
オレンジジュース……125
終わり（終わる）……44, 123, 176, 184～186, 189
温泉……69
ー（音引き）……38

か

か……36
科……140
課……155
が（濁音）……38
ガールフレンド……60
～階……154, 155, 171
海外旅行……68
会計……144
改札……107, 109
会社員……84
買い物……129, 172
買う……188
返してもらう……30
帰る……124, 138, 147, 190
係長……87
書く……153, 156, 164, 165, 168
～学……18
学生……88, 96
カクテル……126
過去……23, 43～45, 128
賢い……202
貸す……158, 190
数……57, 163
風……22
風邪……146, 151
数える……162
家族……41
硬い……200
肩こり……136
課長……87
勝つ……190
かっこいい……196
学校……110
神奈川……47
悲しい……197
彼女……60, 184
花粉症……151
かまわない……17, 24, 26, 29, 108, 122, 150, 160
紙……156, 165
～かもしれない……124
通う……72
火曜日……104
体……131, 137
借りる……30, 190
軽い……201
彼……35, 183
カレー……120
彼氏……60
かわいい……199
代わりに……128
変わる……186
がん……152
考える……24, 26, 150, 189
～関係……81, 84, 90
関係……18, 73
看護師……86, 142
関西……49
患者……142
簡単……178
関東……49
頑張って……83
き……31, 36
木……141
黄色……77
気温……22
技術者……84
季節……185
北……109
喫茶店……111
きっと……99, 159, 204
気にしない……150
気にしないで……24
希望……76, 83
決める……108, 190
キャンプ……69
9……55
球技……73
救急車……145
休日……103
九州……48
90……55
今日……17, 19, 45, 65, 82, 105, 112, 115, 127, 131, 149, 158
教師……85
京都……47
嫌い……71
霧……22
着る……174
きれい……32, 195
気をつける……133, 179
金色……78
銀色……78
銀行……110
金曜日……104
く……36
具合……137
薬……143, 166, 177
薬を飲む……179
くせ……186
ください……26, 34
口……107
曇り……21
悔しい……197
～くらい……208
暗い……14, 199
暮らす……39

比べる……93
クリスマス……106
来る……115, 122, 190, 205, 206
車いす……145
グルメ……67
グレー……77
黒……77
詳しい……197
郡……49
け……36
計画……58, 89, 139, 185
警官……85
経験……46
警察署……110
計算……57
携帯電話……62
ケーキ……125
けが……136
外科……140, 142
消す……191
結果……204
けっこうです……123
結婚……58, 61
結婚式……61
月曜日……103
下痢……134
券……25, 162, 167
県……49
限界……196
元気……12, 13
こ……36
5……54
濃い……199
恋人……59
公園……111
合格……98
高血圧……134
高校……94
合コン……60
交際……60
交差点……111
紅茶……125
好調……198
校長……96
後輩……91, 96
幸福……76, 90, 155
神戸……48
公務員……79, 84
コーヒー……125, 175
ゴールデンウィーク……106
ここ……172
午後……101, 104, 108
腰……132
50……55
午前……104
ごちそうになる……128
こちらに……153, 156
このごろ……82, 131
ごはん……182
困る……191
ごめんなさい……24
これ……27, 63, 178
～ごろ……208
恐い……185
今度……97, 99, 130, 179
こんにちは……12, 13
今晩は……14
コンピュータ……81
婚約……61

さ

さ……36
最近……82, 131
最高……196
最初……31, 165
サイズ……173
探す……83, 171, 173, 177, 191
昨日……105
酒を飲む……121
支えられる……184
誘う……100
札……162, 167
サッカー……69
さっぱり……208
札幌……47
佐藤……100
砂糖……100
寂しい……197
寒い……21, 185
さようなら……16
サラダ……126
3……54
三……54
30……55
30分……105
賛成……26
産婦人科……143
残念……196
し……36
4……54
四……54
～士……80
市……49
社……90, 155
幸せ……76, 90, 155
JR……109
しかし……73, 114, 141, 149, 203
しかたない……138, 198
時間……26, 108, 112, 113, 116, 160
時間が進む……113
試験……97
四国……48
仕事……79～84, 90
40……55
～した……44, 123, 176, 184～186
下……140
～したい……76, 83, 90, 117, 130, 149, 160, 176
～しだい……159
～したことがある……46
～したばかり……66
7……54
70……55
試着……174
湿しん……135
湿度……22
実は……92
失敗する……191
質問……165
失恋……61
～している……71, 81, 168
～してください……153, 155, 156, 164～166, 168～171, 173, 174, 179, 205
死ぬ……191
耳鼻科……143
～しましょう……20
しまった！……114
閉まる……138, 141
事務……84

閉める……191
市役所……109
社交ダンス……66
写真撮影……68
～しやすい……178
社長……86
シャンパン……126
10……55
11……55
住所……168
集中……65
出発する……191
主婦……85
趣味……64
手話……18
紹介する……34
正月……106
小学校……94
正午……106
上司……87
少々……169
上手……196
小数点……56
小児科……143
商売……129, 172
消費税……57
消防署……110
証明する……161
職業……79, 84
食後……179
食事……116～119, 179, 182
書棚……157
処方箋……144
調べる……191
知る……129, 130, 192
白……76, 77
神社……111
親戚……42
心配する……98, 192
す……36
水泳……69, 71
水曜日……104
スープ……126
末っ子……42
好き……70, 73～76, 83, 90, 117, 130, 149, 160, 176
スキューバダイビング……65
過ぎる……114
少ない……97, 113, 148, 169
すぐに……114, 117, 147, 159, 206
すごい……13, 23, 72, 75, 98, 163, 195
少し……17, 97, 113, 148, 169
寿司……119
涼しい……20, 21
頭痛……135
頭痛薬……177
ストレス……136
砂……32
スパゲティー……120, 182
素晴らしい……196
スポーツ……69, 71
すみません……24, 115, 153, 163, 170
住む……43～45
～する……149, 159
ずるい……198
～するつもり……139
せ……36
性格……186
生活……39
成功する……83, 191
生徒……88, 96
咳……134, 146
説明する……192
狭い……200
世話する……80
1000……56
先日……23, 128
先週……103
ぜん息……151
先輩……92, 96
専門学校……94
そ……36
想像……206
早退……137
相談（相談する）……154, 192
そうでしょう……71, 76, 83
そこ……140, 141
育てる……80
そちらの……34
卒業……89
卒業式……95
その人……91, 92
そば……117, 120, 129, 182
祖父……41
祖母……41
空……22
それでは……118
それはよくない……133
そろそろ……124

た

た……36
田……31, 32, 91, 92
退院……145
ダイエット……149
体温計……145, 166
大学……88, 94, 97
大丈夫……101, 108, 174, 175, 203, 206
体調……131, 137
台風……22
大変……23, 70, 75, 98, 147, 163
高い（高さが）……201
高い（値段が）……201
だから……18
たくさん……207
タクシー乗り場……109
たくましい……198
助かる……23, 184
助ける……184, 192
訪ねる……155
正しい……202
建物……99, 111, 140
例えば……207
七夕……106
楽しい（楽しみ）……23, 100, 195
たぶん……206, 208
食べる……116～118, 179, 182
ダメ……132, 133, 138
試す……100, 174
だれ……28
短期大学……94
誕生……51, 52
誕生日……52, 53
ち……36
小さい……200
違う……148, 150
地下鉄……109

チケット……162, 167
父……41
千葉……47
茶……77
～中……18, 65, 159
注意……179
中学校……94
中華料理……118, 120
中国……118
注射……145
駐車場……111
昼食……119
注文……175, 176
調子……131
調子がいい（好調）……198
長女……42
朝食……119
長男……42
ちょっと……17
っ（促音）……38
つ……36
疲れる……192
月……46
次……46
次に……208
作る……192
都合……102
伝える……159, 192
土……32
続ける……192
つまらない……202
つもり……89
梅雨……21
強い……198
釣り……69
連れていく……183
て……36
手……164
低血圧……135
定食……119
デート……60
できない……26, 71, 122, 205
できる……101, 108, 174, 175, 192, 203, 206
できれば……108
～です……81
手数料……164
～ですが……149
～ですね……19
手伝う……184, 192
テニス……69
手に入る……159
では……118
でも……73, 114, 141, 203
寺……111
天気予報……22
電車……124
天秤……93
電話……163
電話番号……163
と……33, 36
都……49
どう？……12, 28, 50, 102, 108, 116, 118, 123, 131, 167, 168
同意……205
どういたしまして……23
動悸……135
同級……93
同級生……96
東京……43, 47
どうして……28
同棲……61
どうぞ……169
同窓生……96
同等……93
どうなる……204
東北……48
どうも……132
ドキドキする……98
得意……72
読書……67
どこ？……28, 107
ところで……203
途中……137
どちら……98
とても……13, 208
友達……35, 59
土曜日……104
ドライブ……68
取り扱わない……172
取る……162
ドル……57
ドレッシング……176
どんな……154

な

な……37
ない……124, 150, 158, 172
内科……142
内容……80, 154
直す……174
治る……192
中……31, 35, 92
なかなか……205
泣く……192
名古屋……44, 47
なぜ……28
夏……19
夏休み……96
何？……28, 29, 64, 74, 80, 89, 107, 117, 154, 167, 171, 175～177, 204
名前……32, 35, 164, 168
習う……62, 65, 66
何月何日……27, 52, 101
何時？……112
に……37
2……40, 54
二……54
似合う……75, 174
苦手……71, 73
逃げる……193
西……109
20……55
2004年……53
日曜日……104
～になる……89
2年……44
2倍……57
日本酒……126
日本茶……125
入院……145
入学……97
入学式……95
ぬ……37
ね……37
ねえ……17, 29
寝たきり……136
熱……136
熱を測る……166
眠い……198

眠る……178
寝る……14, 147
年……51, 53
〜年……88
ねんざ……136
年齢……40, 50
の……37
登る……70
乗り物……167
乗る……193

は

は……37
ぱ（半濁音）……38
パート……85
はい……25, 137
倍……57
秤……93
吐き気……134
初めて……165
はじめまして……31
始める……66, 187
場所……20, 28, 107, 166, 186
走る……193
恥ずかしい……202
バス停留所……109
パスポート……25, 167
外れる……82
働く……79〜83, 90
8……54
8月……52
80……55
発表……97
話……203
話す……17, 18
ハネムーン……61
母……41
速い（早い）……114, 117, 159, 201, 206
春……89, 185
晴れ……21
バレンタインデー……106
〜番……155, 157
番号……162, 163
反対……26, 137
ハンバーガー……117, 120
半分……112
ひ……37
日……52
ビール……126
東……43, 109
低い……201
久しい……122
久しぶり……122
美術館……99
非常に……75
引っ越し（引っ越す）……46, 193
必要……133, 164
ビデオ鑑賞……67
人……184
人々……34
100……55
111……56
100万……56
病院……139, 140, 142
病気……134
美容師……86
平等……160, 205
平社員……87
昼……106
広い……200
広げる……173
広島……48
ピンク……77
貧血……135
ふ……37
府……49
ファミリーレストラン……119
増える……193
服……173
福……76, 90, 155
福岡……48
福祉……90
福祉課……155
不合格……98
ふさわしい……208
再び……16, 123, 170, 175
部長……86
普通……160, 205
太る……148
冬……185
古い……199
振る舞う……127
へ……37
平成……53
ベージュ……77
別……167
減る……193
勉強……18
弁当……120
便秘……134
ほ……37
保育……80
保育園……95
保育士……80, 85
保健所……109
放送……168
ボーイフレンド……60
ボール……73
北海道……47
ホテル……110
本……30, 157, 158
本当……20, 24, 91, 133, 204
本当に……207

ま

ま……37
まあまあ……12
毎週……72, 141
毎日……103
前に……159
前もって……159
任せる……118
負ける……190
孫……42
まずい……202
ますます……208
また……16, 123, 170, 175
まだ……208
町……49
待合室……144
待ち合わせ……107
間違える……193
待つ……100, 107, 162, 163, 169, 170, 194
〜まで……44, 176, 208
間に合う……194
迷う……194
み……37

見える……93
水……125
水色……78
店……129, 172
緑……78
皆さん（みんな）……122
南……109
耳鳴り……135
脈……139, 140
見る……73, 93, 173, 194
ミルク……125
む……33, 37
昔……45
虫歯……134
難しい……71, 122, 205
息子……40, 41
娘……42
夢中……65
村……35, 92
紫……78
無理……26
無理をしない……138
め……37
メールをもらう……63
目指す……193
メスを入れる……140
めまい……135
メル友……63
も……37
もう……116, 147
もうすぐ……97, 113, 207
もう少しで……207
木曜日……104, 141
もし……204
持ち物……27
持つ……156
もらう……166
問診……165
問診票……165

や

ゃ（拗音）……38
や……37
野球……69, 72
役員……86
約束……99, 159, 204
やけど……136
安い……201
休み（休む）……138, 141
痩せる……148, 149
薬局……144, 166
やったね！……196
山……70, 91, 92, 140
山登り……70
やめる……194
辞める……82
柔らかい……200
ゆ……37
結納……61
夕方……105
夕食……119
郵便……160, 161
郵便局……110
雪……21
ゆっくり……18
よ……32, 37
よい……59, 83, 101, 132, 138, 140, 178, 202, 204
酔う……194
用紙……156, 165
洋食……120
幼稚園……95
ようやく……207
横浜……45, 47
予想……208
予定……58, 89, 139, 185
呼び出し……168
呼ぶ……168
読む……194
予約……159
夜……14, 105
喜ぶ……195
よろしくお願いします……33
弱い……198

ら

ら……37
ラーメン……120
来月……46
来週……103
来年……58, 88
～らしい……208
り……37
理由……28
両親……39, 41
料理……67
旅行……68
る……38
れ……38
0……57
レストラン……119
恋愛……59
練習……72
連絡する……159, 192
ろ……38
ろう学校……95
6……54
60……55

わ・ん

わ……38
ワイン……126
若い……93
わからない……25
わかる……25, 30, 192
わざわざ……208
和食……119
忘れる……194
私……31, 32, 35, 81
割り勘……127
悪い……102, 137, 202
を……38
ん……38

●監修者　田中　清
［たなか　きよ］

通訳士、ＮＨＫ手話ニュースキャスター。
聴覚障害者の両親の元、四女として横浜に生まれる。1967年（昭和42年）、横浜市手話通訳奉仕団の講師を皮切りに、講習会、各種サークル、カルチャースクールの講師を務める。著書に「写真と絵でおぼえる手話」「写真と絵でわかる手話単語・用語辞典」（監修、西東社刊）がある。

●モデル――砂田アトム　山岸咲子
●写真――野澤雅史
●イラスト――宮崎淳一
●デザイン――志岐デザイン事務所（岡崎善保）
●ＤＴＰ――明昌堂
●編集協力――ピークワン

※本書は、多数のご要望により『DVDだからよくわかる基本の手話』（2003年12月発行）をオールカラーに全面改定したものです。

DVDだからよくわかる基本《きほん》の手話《しゅわ》

●監修者――田中 清［たなか きよ］
●発行者――若松 和紀
●発行所――株式会社 西東社《せいとうしゃ》
〒113-0034 東京都文京区湯島2-3-13
営業部：TEL（03）5800-3120　FAX（03）5800-3128
編集部：TEL（03）5800-3121　FAX（03）5800-3125
ＵＲＬ：http://www.seitosha.co.jp/

ISBN978-4-7916-1512-4